経済法への誘い

宮井 雅明 編著
Masaaki Miyai

齊藤 高広
柴田 潤子
池田 千鶴
長谷河 亜希子

八千代出版

執筆分担(掲載順)

宮井　雅明　　立命館大学法学部教授
　　　　　　　第1章、第2章、第10章、第13章～第17章、補章
齊藤　高広　　金沢大学人間社会研究域法学系教授
　　　　　　　第3章～第5章
柴田　潤子　　香川大学大学院香川大学・愛媛大学連合法務研究科教授
　　　　　　　第6章、第7章
池田　千鶴　　神戸大学大学院法学研究科教授
　　　　　　　第8章、第9章
長谷河亜希子　弘前大学人文学部准教授
　　　　　　　第11章、第12章

はしがき

　「経済法」という科目は、日本の多くの大学で教えられている。法学部だけでなく、経済学部や経営学部などでも教えられている。それは、「経済法」で教えられる内容が、現代の日本の社会、とりわけ、企業法務の世界において、必要とされているからである。しかし、高校を卒業して数年ほどしか経っていない若者にとって、「経済法」という科目は、けっしてわかりやすい科目とはいえない。

　消費生活に関わるような、身近な法律問題の場合には、具体的なイメージをもって理解しやすい。しかし、たとえば、「経済法」の中核である独占禁止法が扱う事象は、企業間取引に関わることが多く、企業対消費者の取引に関わる場合でも、取引そのものというよりは、その背後にある経営戦略に関わることが多い。企業間の取引には、それぞれの業界に固有の約束事が多く、業界外の人にはその実態がわかりにくい。また、企業の経営戦略の策定において、何がどのように考慮されるのかといった事柄も、実際に企業の中でそれに携わった経験がないと、実感しにくい。しかも、独占禁止法の解釈運用は、今日、ますます、経済学の知見を参考にして行われるようになってきており、そのこともまた、とっつきにくいという印象を与える一因となっているように思われる。

　しかし、独占禁止法をはじめとする「経済法」に関する素養は、単に企業法務の実務に不可欠であるだけではない。たとえば、談合は、今日の日本では一応建前では禁止されるべきものとされているが、実際にはなかなかなくならない。談合の存在をあらかじめ組み込んだビジネス・モデルが、当たり前のものとして通用する世界がまだ残っているからである。独占禁止法は、そのような世界とは対極の世界を想定している。独占禁止法の考え方を学ぶということは、おおげさかもしれないが、将来の日本の経済や社会のあり方を展望する手がかりをつかむことにもつながる。その意味で、「経済法」は、本来は、高等教育段階で学生が身につけるべき一般教養としても位置付けら

れるべきではないかと思われる。

　本書は、大学の学部学生が、「経済法」に関わる様々なテーマについて、問題の所在を実感してもらい、より発展的な学習につなげるための道しるべを提供することを目的として書かれた。読者としては、法学部の学生はもとより、それ以外の学生に対しても教科書として使えることを目指した。

　そのために、できる限り、具体例を出発点として問題の所在を具体的に示すことに努めた。また、「事案を読み解くポイント」という項目が示すように、取り上げた事案の社会的背景やそこに現れた取引の仕組みについて丁寧に説明することに努めた。「経済法」が難しいと感じられるのは、「経済法」に固有の論点にたどりつく以前に、その前提となる知識、たとえば、特定の業界における取引の仕組みやビジネス・モデルについての知識が不足しているからではないかと考えたからである。もっとも、記述のスタイルに一貫しない部分があったり、執筆者間で記述に整合性がない部分があったりすることは否めない。これらの点は、機会があれば、修正していきたいと考えている。

　他方、本書は、学部学生向けにわかりやすさを重視して書かれているため、「経済法」で取り上げられてきた諸事象、諸論点を網羅的に取り上げているわけではない。したがって、本書だけで司法試験等に対応することはできないので、その点はご了解いただきたい。ただ、本書には、既存の教科書では取り上げられていない論点を独自の視点で取り上げ、解説した部分もある。その意味では、司法試験用の教科書と本書を合わせて読むことによって、「経済法」の世界をより多面的に見ることができるようになるのではないかと思う。

　本書を準備するにあたっては、八千代出版株式会社の代表取締役である森口恵美子さんに大変お世話になった。企画の相談から刊行まで数年を費やしてしまい、大変ご迷惑をおかけしたにもかかわらず、最後まで辛抱強くお付き合いいただいた。また、校正段階では編集部の御堂真志さんに的確なサポートをいただいた。お二人にこの場をお借りして厚く御礼申し上げたい。

　　2016 年 2 月

編　者

目　次

はしがき　*i*
凡　例　*vii*

第1部　経済法理解のための基本ツール

第1章　経済法の見取り図 ……………………………………… 2
第1節　経済法の起源と対象　*2*
第2節　経済法の2つの類型　*5*
第3節　他の法学科目との関係　*8*

第2章　独占禁止法の見取り図 ………………………………… 9
第1節　独占禁止法の概要　*9*
第2節　独占禁止法の目的　*10*
第3節　独占禁止法違反行為の主体　*11*
第4節　独占禁止法の禁止行為　*12*
第5節　独占禁止法の基本概念　*15*

第2部　カルテル規制

第3章　カルテル ………………………………………………… *22*
第1節　概説―カルテルをめぐる実体規定の概観　*22*
第2節　共同性の立証方法　*26*
第3節　競争の実質的制限と公共の利益　*32*
コラム：国際カルテル　*37*

第4章　入札談合 ………………………………………………… *38*
第1節　談合の仕組みと法律構成　*38*
第2節　競争制限効果の判断　*43*
第3節　官製談合　*48*
第4節　公共の利益論と中小企業保護　*51*

iii

第5章　事業者団体と自主規制 55
第1節　事業者団体と活動規制の概要　55
第2節　自主規制（安全性の確保）　60
第3節　環境規制　65

第3部　私的独占規制と政府規制

第6章　私 的 独 占 72
第1節　取引相手への融資をテコとした同業者の排除　73
第2節　取引相手へのリベート供与による競争者の排除　77
第3節　公的な制度（医療食品加算制度）を利用した私的独占行為　81
第4節　「仕様標準」を利用した排除行為と入札談合における支配行為　85

第7章　政府規制法 91
第1節　政府規制と規制緩和　91
第2節　政府規制と独占禁止法との接点　93
第3節　競争的政府規制と独占禁止法の接点　106

第4部　M&Aと企業結合規制

第8章　M&Aと企業結合規制の概要 114
第1節　概説—企業結合をめぐる実体規定の概観　114
第2節　手続規定の概観—事前届出制度　120

第9章　企業結合審査の実態 122
第1節　一定の取引分野の画定方法　122
第2節　競争の実質的制限の評価　132
第3節　問題解消措置の内容とその評価　143

第 5 部　流通取引

第 10 章　問題の見取り図 152
第 1 節　流通取引とは何か　*152*
第 2 節　流通取引をめぐる主導権　*153*
第 3 節　経済法における問題の所在　*156*

第 11 章　流通系列化 160
第 1 節　再販売価格の拘束と流通系列化・製品差別化　*160*
第 2 節　専売店制と不当な排他条件付取引の規制　*168*
第 3 節　化粧品業界の流通系列化と拘束条件付取引　*172*
コラム：並行輸入と独占禁止法（取引妨害：一般指定 14 項）　*181*

第 12 章　大規模小売業者 182
第 1 節　大規模小売業者による納入業者に対する優越的地位の濫用①　*182*
第 2 節　大規模小売業者による納入業者に対する優越的地位の濫用②　*191*
第 3 節　コンビニエンス・ストア本部と加盟者間の問題　*196*
コラム：金融機関による優越的地位の濫用　*203*

第 13 章　取　引　拒　絶 204
第 1 節　共同の取引拒絶　*204*
第 2 節　単独の取引拒絶　*209*

第 14 章　抱　合　せ 214
第 1 節　具体例（日本マイクロソフト事件・勧告審決平 10・12・14）　*214*
第 2 節　事案を読み解くポイント　*218*
第 3 節　問題の所在　*220*
第 4 節　法的論点の解読　*221*
第 5 節　発展的論点　*222*

第 6 部　独禁法の執行

第 15 章　行政上の措置 226
第 1 節　公正取引委員会の役割　*226*
第 2 節　独占禁止法違反に係る行政調査手続の概要　*228*
第 3 節　排除措置命令　*233*
第 4 節　課徴金納付命令　*238*

第 16 章　民事救済 245
第 1 節　民事救済の概要　*245*
第 2 節　損害賠償の論点　*247*
第 3 節　入札談合事件における新たな展開　*256*

第 17 章　刑　事　罰 262
第 1 節　制度の概要　*262*
第 2 節　不当な取引制限の罪の性格　*265*

補　章　技術取引と法 272
第 1 節　企業活動における研究開発の意義と位置付け　*272*
第 2 節　知的財産保護制度の存在意義　*273*
第 3 節　技術取引の実態　*276*
第 4 節　技術取引に関わる独占禁止法上の問題　*277*

参　考　文　献　*281*
判例・審決等索引　*285*
事　項　索　引　*288*

凡　例

1　法令等の略称は、以下の略語による。

　公取委　→　公正取引委員会
　独禁法、独占禁止法　→　私的独占の禁止及び公正取引の確保に関する法律（昭和22年4月14日法律第54号）
　一般指定：不公正な取引方法（昭和57年6月18日公取委告示第15号、平成21年10月28日公取委告示第18号改正）
　届出規則　→　私的独占の禁止及び公正取引の確保に関する法律第九条から第十六条までの規定による認可の申請、報告及び届出等に関する規則（昭和28年9月1日公取委規則第1号）
　FCガイドライン　→　フランチャイズ・システムに関する独占禁止法上の考え方について（平成14年4月24日公取委、平成23年6月23日改正）
　企業結合ガイドライン　→　企業結合審査に関する独占禁止法の運用指針（平成16年5月31日公取委、平成23年6月14日改定）
　事業者団体ガイドライン　→　事業者団体の活動に関する独占禁止法上の指針（平成7年10月30日公取委、平成22年1月1日改正）
　優越的地位の濫用ガイドライン　→　優越的地位の濫用に関する独占禁止法上の考え方（平成22年11月30日公取委）
　リサイクルガイドライン　→　リサイクル等に係る共同の取組に関する独占禁止法上の指針」（平成13年6月26日公取委事務局、平成22年1月1日改正）
　流通・取引慣行ガイドライン　→　流通・取引慣行に関する独占禁止法上の指針（平成3年7月11日公取委事務局、平成27年3月30日改正）

2　判例・審決は、下記のように表示する。なお、本文では日付までを記し、巻末の判例・審決集等索引で判例集等を記載している。

　（例）　最判平24・2・20　→　最高裁判所平成24年2月20日判決
　　　　審判審決昭24・8・30　→　公正取引委員会昭和24年8月30日審判審決

　判例集・判例雑誌の略称
　　民（刑）集　　　最高裁判所民（刑）事判例集
　　高民（刑）集　　高等裁判所民（刑）事判例集
　　行集　　　　　　行政事件裁判例集
　　判時　　　　　　判例時報
　　判タ　　　　　　判例タイムズ

3　判例・法令の引用の場合を除き、年号については、原則として元号により表示し、必要に応じて（　）内に西暦を記した。

第 1 部

経済法理解のための基本ツール

第1章
経済法の見取り図

　何が待ち受けているかわからない長旅をするとき、大雑把であっても、おおよそ、どこに何があるかを示す地図があると心強いものである。本章が目指すのは、本書を読みすすめるうえで役立つような「経済法」の見取り図を提供することにある。

第1節　経済法の起源と対象

　「経済法」は、司法試験の選択科目に含まれていることからもわかるように、日本の大学の法学部または法科大学院で教えられる専門科目のひとつとして確立されている。しかし、たとえば、「憲法」、「民法」、「刑法」といった科目の場合は、それぞれに科目名に対応する法典があるので、何を勉強するのかイメージしやすい。「経済法」の場合は、第2節で取り上げる「独占禁止法」が中心的に教えられることが多いが、必ずしもそれに限定されない。
　名前からすると、およそ経済に関わるすべての法令を対象としているかのようにも見えるが、そういうわけでもない。たまに「経済法」の講義を聴いていた人が、講義の中身とはまったく関係のない、特定の会社の株価の動向について質問してくることがある。何を勉強するのかが、科目名からは直ちにイメージしにくいのであろう。
　なぜ「経済法」という名前なのかについては、歴史的な背景があって、簡単には説明できないし、それを説明したところで何かに役立つというわけでもない。ここでは、「経済法」という名前の下で、どんなことが教育・研究の対象とされているのかを、できる限りわかりやすく説明したいと思う。
　世の中には無数の法令が存在するので、原理原則の共通性を見いだせるよ

うな、いくつかのグループに分けて教育研究するのが効率的である。「憲法」、「民法」、「刑法」の場合は、それぞれの分野で原理原則を定める法典が現に存在するので、各法典を中心にしてグループ分けするのがわかりやすかったのである。それに対して、「経済法」の場合は、法典の存在ではなくて、ある社会現象の出現に着目した分類といえる。その社会現象とは、聞きなれない言葉かもしれないが、一言でいえば「企業集中」である。「企業集中」という言葉は、経済活動の担い手に関わる。

　今日の「憲法」、「民法」、「刑法」のもとになる考え方は、封建制度を克服して、すべての人が生まれながらにして自由で平等な社会を目指した近代市民革命にルーツがある。近代市民革命の時期は国によってまちまちだが、その当時の主力産業といえば、農業か家内制手工業だった。その担い手は、生身の自然人、今日風にいえば、個人事業主だった。それまで営業上の特権（つまり、独占的に営業できる権利）を認められていた商人や同業者の組合からこの特権を奪い、個人事業主が何の拘束も受けずに自由に活動できるということが、近代市民革命のひとつの成果だったのである。

　そこでは、個人事業主が各自の自己利益を追求して自由に活動するとしても、価格の上がり下がりによって自然と経済活動が調整される結果、社会全体にとっても、おおよそ満足のゆく結果がもたらされると考えられていた。このような仕組みは、後世の学者によって「市場メカニズム」と呼ばれることになるが、これが円滑に機能するということが、経済活動の自由が保障される前提条件と考えられていた。

　しかし、近代市民革命後に起こった産業革命により、経済活動の担い手は変化してゆく。産業革命は、内燃機関の生産現場への応用によって生産性を飛躍的に高めることになった。さらに、鉄道の普及による輸送手段の発達と電信の発明による通信手段の発達の結果、市場は拡大し、市場の拡大は大量生産を可能にした。およそ何かモノを生産するためには従来よりも巨額の設備投資が必要になってきた。そのためには、ある程度大きな額の元手、つまり資本が必要になる。これを自前で準備できた者だけが、事業主として生き残ることになった。

その中には個人もいただろうが、個人の力では資金集めに限界がある。やがて、多くの人から少しずつ資金を集めて事業活動を行う会社、特に株式会社が、経済活動の担い手として台頭してきた。たとえば、米国では、会社というのは、建国当初は、ごく限られた、巨大プロジェクトのためだけに利用されていたが、19世紀半ば以降の一般会社法制定運動を経て、やがて個人事業主を押しのけて経済活動の主役となっていったのである。会社の活動範囲が拡大し、それに伴って会社の組織も拡大すると、やがて、事業主から日常的な経営を委ねられる専門職業人としての経営者が台頭してくる。

こうして比較的大規模な会社が経済活動の担い手となると、個人事業主が担い手であったころと比べて企業間の競争の様相が変化するようになった。たとえば、「破滅的競争（過当競争）」の問題が浮上してきた。

最初に巨額の設備投資が必要となるような産業では、供給における「規模の経済性」が働くようになった。これは、より多くの商品を供給できる企業ほど、最初の設備投資にかかった費用を商品一単位分の価格に転嫁する分が少なくてすむので、コスト競争力が高まるという現象である。これが強く働く産業では、競争を勝ち抜くためには、利益を上げるより先に、まず同業他社より多くの売上げを上げること、言葉を換えると、市場占拠率（シェア）を高めることが至上命題となる。そのためには同業他社よりも価格を下げなければならない。しかし、同じ産業に属するすべての企業が同じ行動を取るので、価格引き下げ競争がエスカレートしてゆき、利益が圧縮され、やがて、損失覚悟の販売競争に突入してゆく。これが「破滅的競争」と呼ばれるものである。

この「破滅的競争」を回避するために、最初は、同業他社が集まって価格を引き上げ、供給量を抑える約束、つまり、カルテルが行われた。しかし、カルテルは、産業によっては、内部の裏切り行為や、最初からこれに与しない同業他社（アウトサイダー）の行為によって崩壊しやすいという性質をもっていた。そこで、カルテルがうまく機能しなかった産業では、より固い企業間の結合、つまり、株式や資産の譲渡を伴う企業結合が進行した。このようにして、各産業分野における事業活動の担い手は、より少数の、より大規模

な企業に集約されていったのである。これが、「企業集中」の意味である。

　近代市民革命にルーツをもつ「憲法」、「民法」、「刑法」等は、（少なくとも暗黙のうちに）市場メカニズムがうまく機能することを前提として経済活動の自由を保障していたのだが、企業集中が進行すると、この前提が充たされるかどうか怪しくなる。現に、カルテルは、企業間の話合いに基づく調整をもって市場メカニズムを置き換えるものといえる。これは、企業を主体とする計画経済にほかならない。企業集中の出現とそれに伴う様々な諸問題に対して、法はいかに対応すべきか。これこそが、経済法の主題にほかならない。

　この主題に取り組むに際しては、どうしても、企業の私的活動への国家による介入の是非とそのあり方が問われざるを得ない。なお、国家といっても、より具体的には、行政機関の命令が多用されるので、経済法は、表面的には行政法の問題として現れることが多い。

第2節　経済法の2つの類型

1　独占禁止法

　さて、企業集中に対する法の対応といっても、時代により、また国により、様々だった。しかし、少なくとも日本のようにある程度経済発展が達成された社会では、それは、おおよそ2つのパターンに収斂するようになった。

　ひとつは、「公正かつ自由な競争」の促進を掲げて、企業集中を抑制し、あるいは、それに伴う弊害を是正するという対応である。これを主として担うのが「独占禁止法」である。ちなみに、日本では、「私的独占の禁止及び公正取引の確保に関する法律」の略称として「独占禁止法」ないし「独禁法」という名称が用いられている。

　独占禁止法は、「公正かつ自由な競争」を理念として、これに著しく反する行為を禁止することにより、全体として「公正かつ自由な競争」に近づくことを狙っている。けっして企業に「公正かつ自由な競争」を押し付けるものではなく、禁止行為に触れなければ企業活動は自由に行える。それは、独占禁止法が、市場メカニズムを何か別のものに置き換えるのでなく、むしろ、

その機能を十分に発揮させることを狙いとすることに由来している。今日では、日本をはじめとする多くの国で、独占禁止法が、企業集中に対処するための原則だと考えられている。

独占禁止法に相当するものを、米国では、歴史的経緯から「反トラスト法（Antitrust Laws）」と呼んでいる。米国では、企業集中の主たる形態として会社の議決権の信託という手段が取られたことから、「信託＝トラスト（trust）」という言葉が企業集中の代名詞としても使われるようになり、これに対抗する法という意味で、「反トラスト法」の名称が一般化した。ちなみに、これは、同じ目的をもつ複数の法律の総称である。日本の独占禁止法は、反トラスト法を参考にして作られている。

他方、ヨーロッパ連合（EU）では、独占禁止法に相当するものを「競争法」と呼ぶのがならわしになっている。EU は、もともと国と国との間の貿易を自由化して、ヨーロッパ諸国をひとつの経済圏とする試み（ヨーロッパ経済共同体）から始まっているが、「競争法」は、国による貿易に対する障壁（関税や数量制限など）が取り払われた後に、企業の行為によって自由な貿易が妨げられることを防ぐために条約の中で定められたルールが基礎になっている。「競争法」という名称も、このような成り立ちと関係があるのかもしれない。EU の加盟国は、それぞれ国内に独占禁止法に相当する法律を有しているが、今日では、EU レベルでの競争法の方が実務上重要となっている。

この米国の反トラスト法と EU の競争法をはじめとして、今や、一定の経済発展の段階に達した、ほとんどの国が独占禁止法を有している。

2 政府規制

もうひとつは、「政府規制」と呼ばれるもので、これは、特定の産業において、自由な競争の維持を全面的ないし部分的に放棄し、商品役務の価格、品質、数量等についての企業の判断を、政府の判断をもって置き換えるという対応である。たとえば、家庭用電気料金は認可制度の対象となっていて、電力会社が申請した料金を政府が審査して、法令の基準に合致していると認められないと有効な料金とはならないことになっている（第7章第2節参照）。

独占禁止法は、企業が価格・品質・数量について意思決定する際に絶えず競争の圧力がかかるような環境を作ることに主眼がある。したがって、独占禁止法は、価格・品質・数量等に関する意思決定に直接介入することはない。これに対して、政府規制の方は、独占禁止法の適用によっても市場メカニズムが機能しないことを前提として、価格・品質・数量等に関する意思決定に直接介入することを狙っている。独占禁止法が原則であるのに対して、政府規制は、それに対する例外として位置付けられる。

　独占禁止法に比べると、政府規制は、より頻繁に見直される傾向がある。近年、政府の政策文書やマスメディアで「規制緩和」という言葉が多用されているが、これは政府規制の緩和ないし撤廃のことを指している。経済活動の基盤となる科学技術や人々の生活習慣は、絶えず変化しており、かつて政府規制が必要とされた産業分野においても企業間競争が可能になるということがあり得る。たとえば、電気通信（電話）、電気、ガスといった分野は、かつては、独占企業による全国一律の条件でのサービスの提供（ユニバーサル・サービス）が当たり前だと思われていた。しかし、今日では、それぞれの分野で技術革新が起こり、少なくとも部分的には競争が可能だと認識されるようになった。そこで、規制緩和が進んだわけである。

　この規制緩和に関して2つのことに注意する必要がある。ひとつは、ここでいう規制緩和は、前述した意味での政府規制の緩和を意味している。したがって、規制緩和がなされるということは、独占禁止法の適用範囲が広がることを意味する。まったくの自由放任とは違うということである。現に、日本では、その是非はともかくとして、1990年代以降、政府規制は全般的には緩和傾向にあるが、そのことと反比例するかのように、独占禁止法の運用は全般的には強化されてきている。また、規制緩和がなされた産業においては、過去の政府規制の恩恵によって独占的な地位を得た既存企業が新規参入を阻止することがあるが、このような行動を規制するために独占禁止法が活用されるようになってきている。

　もうひとつは、規制緩和の根拠についてである。さきほどの説明では、技術変化や人々の生活習慣の変化が規制緩和のきっかけとなり得ると述べたが、

現実に推進されている規制緩和のすべてがそれだけで説明されるわけではない。規制緩和によって新たなビジネス・チャンスが期待できる企業は、いろいろな理屈をつけて政治家や官僚に規制緩和の必要性を訴える。他方で、政府規制によって利益を得ている企業は、いろいろな理屈をつけて規制緩和に反対しようとする。要するに、規制緩和が正しい選択肢かどうかは、ほとんど常に、政治的な争点となるということである。この問題を調べるときには、各論者の立場も見極めないといけない。

第3節　他の法学科目との関係

　独占禁止法にしても政府規制にしても、行政機関による企業活動の取締りを伴うので、経済法は行政法の一分野とみることができる。しかし、たとえば、独占禁止法は、企業間、あるいは企業と一般消費者との間の権利義務関係にも影響するので、その限りでは民法や商法の修正原理としても現れる。さらに、独占禁止法も政府規制も、刑罰によって実効性を確保しようとするので、その限りでは刑法の一分野ともいえる。

　このように、経済法は、いろいろな法学科目と範囲が重なっている。しかし、他の法令にない、経済法に固有の原理原則があるので、その固有の原理原則を軸にして体系的に学ぶ科目として経済法の存在意義があるのだといえる。いずれにせよ、本書の中でも、たまに、他の法学科目における知識（といっても、ごく基本的な知識だが）を前提とする箇所があるので、注意してほしい。

第2章
独占禁止法の見取り図

　本章では、経済法の中でも独占禁止法を取り上げ、その概要と基本概念について解説する。どの法学科目でも同じだが、独占禁止法でも、専門用語を駆使して議論が組み立てられる。いわば議論の作法として、どうしても知っておかなければならない基本概念があるのだ。それは、最初は意味が漠然としていて気持ちが悪いが、具体的な事案にあてはめて、使えば使うほどに存在意義がわかってくる、そんな性質をもっている。だから、本章を読んだだけで、独占禁止法の基本概念の意味を十分に理解できる人はほとんどいないだろう。しかし、漠然とした一般的な説明にも効用はある。頭の中に、いわば独占禁止法専門の整理棚を作るだけでも意味はある。そのようなものとして本章を読んでいただければと思う。

第1節　独占禁止法の概要

　独占禁止法は、昭和22（1947）年に、戦後改革における経済民主化政策の一環として制定され、それ以降、幾度かの改正を経て今日に至っている。

　独占禁止法は、その1条で、「公正且つ自由な競争」の促進を理念として掲げ、これに近づくために、いくつかの行為を禁止の対象としている。

　禁止行為の存在について調査し、取り締まるための専門の行政機関として公正取引委員会（以下、「公取委」と略称する）が設置されている。第15章で詳しく説明するように、公取委は5人の委員（そのうち1人が委員長）から成る組織で、その下に、実務を行う事務総局が置かれている。独占禁止法の厳正で中立的な運用のために、5人の委員の身分と職権行使の独立性が保障されている。

独占禁止法違反行為に対してとり得る措置としては、公正取引員会による排除措置命令（違反行為を排除するため等に必要な措置を命じること）と課徴金納付命令（違反行為期間中の売上額に一定の比率を乗じた金額を違反企業から徴収すること）が挙げられる。そのほか、独占禁止法違反行為によって被った損害を回復するため民事訴訟で損害賠償等を請求することもできる。さらに、公取委による告発を経て、独占禁止法違反者等に対して刑罰が科されることもある。

独占禁止法を理解するための第一歩は、それが何を目的としているのか、その目的のためにどのような行為が禁止されるのかを知ることである。

第2節　独占禁止法の目的

独占禁止法1条は、その目的を定めている。その中でも、「公正且つ自由な競争を促進し」という文言が、独占禁止法全体の理念を示している。

ここで、「競争」とは、同業他社から顧客を奪う努力（競い合い）を指し、それが「自由」であるとは、文字通り、自らの創意工夫により顧客を奪う努力が妨げられていない状態を指す。この競い合いがかなりの程度で消滅すると、特定の企業ないし企業の集団が自らの都合に従って、商品役務の価格、品質、数量等を左右できる力、つまり、後述する「市場支配力」が生まれる。商品役務の売手を念頭に置くと、要するに、品質が同じなのに価格を引き上げたり、価格が変わらないのに品質を下げ、供給量を削減したりできるということである。

他方、「競争」が「公正」であるとは、競い合いが価格や品質を手段として行われる状態を指す。「競争」が「自由」であることによって、企業の顧客（一般消費者）は、多様な選択肢の中から選択できるという意味での豊かさを保障される。しかし、多様な選択肢が目の前にあったとしても、選択の過程が歪められて、自分が本当は望んでいなかったものを買わされるのでは意味がない。そこで、「競争」の手段が「公正」でなければならないという縛りをかけて、企業が本当の品質、本当の取引条件を歪めて伝えるような行為を禁止の対象にすることを狙っているのである。

独占禁止法1条は、「公正且つ自由な競争」について定めた後に、さらに続けて「一般消費者の利益を確保するとともに、国民経済の民主的で健全な発達を促進すること」をも目的として掲げている。これは、独占禁止法の究極目的を定めたものと解されている。

これが定められているのは、「公正且つ自由な競争」を妨げるような違反行為が存在する場合でも、なお正当化される（したがって、違反でなくなる）行為があり得ることを示唆している。そうはいっても、違反行為が違反でなくなる場合を安易に認めてしまうと独占禁止法の実効性が損なわれる。だから、この例外が認められるのは、「一般消費者の利益」によって説明可能な目的が主張され、しかも、その目的を達成するのに違反行為以外の手段をとり得なかったことが必要だと解されている。これは、後の第5節3にでてくる、不当な取引制限における「公共の利益に反して」という要件の解釈と対応している。具体的には、これまで、消費者の安全性の確保や環境保護が、究極目的に適うものと認められてきている。

第3節　独占禁止法違反行為の主体

独占禁止法2条1項は、ほとんどの独占禁止法違反行為の主体となり得る者として「事業者」の概念を定めている。条文から、商業、工業、金融業を行う者が「事業者」にあたることは明白だが、それ以外でも、およそ、反復継続的に経済的給付の見返りに反対給付を得る行為は「事業」だと解されているので、個人であれ法人であれ、また、民間企業であれ国・地方公共団体であれ、それを営む者は「事業者」とされる。

もともとは労働者と労働組合を独占禁止法の適用から除外するために、このような表現が採用されたと考えられる。また、資格をとって個人で営業する専門職（弁護士、司法書士、行政書士、弁理士等）が「事業者」にあたるかどうかが議論になったこともあるが、現在では事業者性は肯定されている。専門職の場合は、その団体（後述の「事業者団体」にあたる）の行動が独占禁止法違反を問われることが多い。

事業者がその「共通の利益」の増進を目的として結合するものを「事業者団体」と呼ぶ（独禁法2条2項）。俗にいう「業界団体」がこれにあたり、独占禁止法上は、カルテルの温床となりやすいことから、事業者によるカルテルよりも厳格な規制の対象とされている（独禁法8条）。

第4節　独占禁止法の禁止行為

1　禁止行為の4本の柱

　独占禁止法の禁止行為は多岐にわたるが、これを4本の柱に整理するとわかりやすい。

　1本目の柱は「私的独占」で、禁止の根拠規定は3条前段、定義規定は2条5項である。2本目の柱は「不当な取引制限」で、禁止の根拠規定は3条後段、定義規定は2条6項である。3本目の柱は「企業結合規制」で、これについては、独占禁止法の第4章に禁止の根拠規定が分散している。4本目の柱は「不公正な取引方法」で、禁止の根拠は19条、定義は2条9項1号から5号までと同6号を受けた「一般指定」および「特殊指定」に定められている。

　このうち、1本目の柱は、一社で市場全体を支配する大企業が形成される場合やそのような大企業による力の濫用を主として念頭に置いている。

　2本目の柱は、要するにカルテルの規制を念頭に置いていて、前述の事業者団体の規制もこれに含まれる。1本目の柱も2本目の柱も、自由な競争を制限する行為として位置付けられている。

　3本目の柱は、株式や資産の移転を伴う企業結合、俗にM&Aと呼ばれる行為の規制に関わる。M&Aの手段行為それ自体は直ちに違反とされるわけではなく、M&Aがもたらす市場の変化が自由な競争の制限を予想させる場合に規制する。これに含まれる禁止行為のほとんどは、公取委への事前の届出義務の対象とされている。

　4本目の柱には多様な禁止行為が含まれるが、自由な競争の制限をもたらしそうな行為を予防的に規制する趣旨の規定が多い。ただ、それだけではな

くて、自由な競争の前提としての自主的な判断が阻害される場合や、競争の手段が不公正な場合も含まれる。

2　実体規定の構造

　これらの禁止行為を定める規定のことを「実体規定」と呼ぶが、独占禁止法の実体規定には、全体を通じての共通の特徴がある。それは、どの実体規定を見ても、行為の外見的特徴を示す要件と、当該行為の結果としてもたらされる経済的効果を示す要件とに分けることができるということである。

　この分類に従って前述の４本の柱の要件を整理すると、表2-1のようになる。

　これをみるとわかるように、私的独占と不当な取引制限とでは、効果要件はまったく同じである。企業結合規制の場合、規定上は、不公正な取引方法による場合も禁止対象であるが、実務上は、「一定の取引分野における競争を実質的に制限することとなる場合」かどうかが唯一の規制基準となっている。これも、末尾の部分（「することとなる」）以外は、私的独占および不当な取引制限と同じ表現が用いられていることがわかる。

　競争の実質的制限という効果要件は、独占禁止法が最も回避すべき結果を表現しており、目的規定における「自由な」競争の制限を意味する。それをもたらすような行為、すなわち、私的独占と不当な取引制限（それから、表に

表2-1　独占禁止法の禁止行為とその要件の比較

	私的独占	不当な取引制限	企業結合規制	不公正な取引方法
行為要件	他の事業者の事業活動の「支配」または「排除」	事業活動の「相互拘束」（意思の連絡ないし合意）	企業結合の手段行為（株式取得・所有、役員兼任、合併、会社分割、共同株式移転、事業譲り受け）	2条9項1～5号、2条9項6号を受けた一般指定1～15項や特殊指定のそれぞれにおいて定義
効果要件	公共の利益に反して一定の取引分野における競争を実質的に制限すること	公共の利益に反して一定の取引分野における競争を実質的に制限すること	一定の取引分野における競争を実質的に制限することとなる場合	公正な競争を阻害するおそれ（「正当な理由がないのに」、「不当に」、「正常な商慣習に照らして不当に」）

はないが、事業者団体に関する8条1号違反）は、独占禁止法上は最も重大な違反行為と位置付けられている。

　これに対して、企業結合規制では、企業結合の手段行為自体に問題があるというよりも、企業結合によって結合当事者が競争する際の環境が変化して、競争の実質的制限がもたらされそうかどうかが問題となる。企業結合は、それまで独立していた複数の事業活動の主体が、法的に一体になることを指す。独占禁止法は、企業結合が完成する前の段階で競争の実質的制限が起こりそうかどうかを予測して、その蓋然性がある場合に、問題の企業結合を禁止したり、あるいは、それに条件を付けたりしようとする。そのような意味で企業結合規制は事前規制なので、効果要件の末尾が「することとなる」という表現になっているのである。

　最後に、不公正な取引方法では、独占禁止法2条9項1号から5号までが具体的に禁止対象とされる行為を定めるほか、2条9項6号は、公取委に不公正な取引方法の定義を委ねている。これを受けて公取委は、すべての産業に適用される「一般指定」と特定の産業ないし事業活動にのみ適用される「特殊指定」とを定めている。なお、「一般指定」については、どんな種類の六法にも「不公正な取引方法」という表題で掲載されているので、各自で確かめてほしい。

　どの規定を見ても、「正当な理由がないのに」とか「（正常な商慣習に照らして）不当に」といった要件があり、これは、2条9項6号にいう「公正な競争を阻害するおそれ」と同じ意味だと理解されている。これは、たいていの教科書で「公正競争阻害性」と略称されている。

　不公正な取引方法の趣旨を一言で表現するのは難しいが、他の禁止規定と比較していえば、ひとつには、競争の実質的制限をもたらしそうな行為を、競争の実質的制限に至る前の段階で規制できるという意味で、私的独占や不当な取引制限（特に前者）の予防規定としての意味合いをもつ。もうひとつには、他の禁止規定がカバーできない問題、より具体的には、競争手段が前述の意味で「公正」でない場合や、競争が始まる前提としての事業者の主体性が確保されていない場合を規制できるという意味で、他の禁止規定を補完

する意味合いがある。

　なお、独占禁止法2条9項1号～5号で定義される不公正な取引方法は課徴金の対象となり得るのに対して、一般指定や特殊指定で定義される不公正な取引方法は課徴金の対象とならない。平成21年独占禁止法改正によって、不公正な取引方法の中でも悪質性が高いものを選りわけて、独占禁止法本体に定義規定をおいて課徴金の対象としたわけである。

第5節　独占禁止法の基本概念

1　競争の実質的制限

　これは、一言でいえば、特定の企業ないし企業の集団が自らの都合に従って、商品役務の価格、品質、数量等を左右できる力としての市場支配力が形成、維持、または強化されることを指す。企業間で競い合いが活発に行われていれば、自分だけ（品質をそのままにして）価格を引き上げる者は、たちまち売上げを減らして利益を得られなくなる。同業他社に客を奪われるからである。ところが、何らかの原因で競い合いが消滅したり、競い合いが不十分であったりすると、（品質をそのままにして）価格を引き上げても、客が減ることによる減収効果よりも、既存の客への値上げによる増益効果が上回る場合がでてくる。

　カルテルが組織される場合が典型だが、規模の経済性その他の原因により一社のみが市場支配力をもつ場合もある。さらに、少し難しい話だが、カルテルがないのに、つまり、価格や生産量についての合意がないのに、同業他社どうしが、互いの行動に対する互いの反応を予測し合う結果として競争が自然と消滅する場合があることが知られている。この場合も、カルテルと同様、市場支配力が複数の企業で共有されていると見ることができる。

　いずれにせよ、市場支配力の存在が証明されなければ競争の実質的制限の要件が充たされたとはいえないことになる。価格の引上げや生産量の縮減のみを目的とするカルテルが組織される場合には、市場支配力が形成されたことは明白なので、市場支配力の証明は難しくない。しかし、それ以外の場合

には、一定の段取りを踏んで市場支配力の存在を証明しなければならない。

　一般的には、まず市場（後述の「一定の取引分野」と同じ意味）を画定した後、問題の企業の市場占拠率（市場全体の売上高ないし生産量に対する問題の企業の売上高ないし生産量の割合）や市場全体の集中率（上位企業への市場占拠率の偏りの程度）を調べる。それが高いほど、市場支配力の存在が疑われる。市場占拠率が高いほど、価格の引上げによって客が減ることによる減収効果よりも、既存の客への値上げによる増益効果が上回る可能性が高いと考えられるからである。また、集中率が高いほど、カルテルやその他の要因によって上位企業間で競争が消滅する可能性が高いと考えられるからである。

　しかし、市場占拠率や集中率は、市場支配力の絶対的な指標とはなり得ないことにも注意する必要がある。たとえば、参入障壁といって、特定の市場によそからはいってきて事業を行う費用がどれくらい高いかということも関わってくる。ある市場で価格が引き上げられれば、よそで事業を行っている企業からすると新たなビジネス・チャンスとなる可能性があり、新規参入が容易だと、既存の企業は、そう簡単には値上げできなくなる。安易な値上げは、新規参入者への客の移動をもたらすからである。同じ理屈で、外国からの競合製品の輸入がどれだけ容易かとか、同業他社がどれだけ増産余力をもっているかということも関わってくる。

　上に述べたこととも関わるが、ある特定の期間だけ市場占拠率が高かったとしても、変化が激しい市場では、すぐに他の商品に追い抜かれてしまうかもしれない。だから、市場占拠率や集中率の数字を見るときは、どの時点での数字なのかにも注意しなければならない。

　以上に述べたような分析が最も詳細に行われるのは、企業結合規制においてである。企業結合規制では市場支配力の事前の予想に基づいて規制が行われるが、安易な予想に基づく規制は、かえって将来の競争の芽を摘みかねない。だから、分析は慎重に行わざるを得ないのである。

2　一定の取引分野

　これは、特定の商品役務についての売手と買手との間に成立する取引の場

のうち、市場支配力が成立し得る範囲を指す。一定の取引分野は、競争の実質的制限の要件と密接不可分で、それを証明する前提としてのみ意味がある。だから、一定の取引分野の範囲を画定する基準は、市場支配力の定義から導かれる必要がある。

先に、市場支配力の存在は、市場占拠率や集中率から推測されると述べた。しかし、市場占拠率や集中率を測定する前提として、市場全体の売上高ないし生産量がどれくらいかを確かめないといけない。市場支配力の存在を疑われている企業の売上高ないし生産量は自明だが、「市場全体の売上高」というのは、実は自明ではない。問題の企業の市場占拠率がその市場支配力の程度を正確に反映できるためには、問題の企業による価格引上げを牽制できる要素がどれだけ存在するかが問われる。

一定の取引分野を確定するに際しては、まず、商品役務の範囲の問題（「商品市場」とも呼ばれる）と取引の地理的範囲の問題（「地理的市場」とも呼ばれる）とに分ける必要がある。手順としては、まず商品市場が画定された後、それを前提として地理的市場が画定される。ただ、いずれについても、画定の基本的な考え方は変わらない。

商品市場についていえば、まず、問題の企業が供給する商品役務と「需要面で代替可能」な商品の範囲が調べられる。「需要面で代替可能」というのは、問題の企業の商品役務の値上げに対抗して客がどれだけ他の商品役務に転換できるかという問題である。

たとえば、市場支配力をもつと疑われている企業がコーラを製造販売している場合には、コーラ全体の値上げに対抗して客がどのような商品にどれだけ転換するかが問われる。ジンジャーエールに転換する客が多くて値上げが利益を生まない場合は、ジンジャーエールとコーラとは同じ市場にあると考える。オレンジジュースに転換する客はそれほど多くないので、コーラ全体の値上げを阻止できないとしたら、オレンジジュースはコーラと同じ市場にはないと考える。

ここで注意すべきことは、値上げに応じて客が別の商品に転換するかどうかが問題ではなくて、あくまでも、値上げを牽制できるほどの量の転換が起

きるかどうかが問題だということである。

次に問題となるのは、「供給面で代替可能」かどうかである。たとえば、需要面での代替可能性に照らしてコーラだけが商品市場を構成するとする。仮に、コーラの値上げに応じて、ジンジャーエールの生産をコーラの生産に即座に切り替えてコーラ市場に参入でき、しかも、そのような製品の転換が価格引上げを牽制できるほどの速さと量をもつ場合には、ジンジャーエールの生産量も商品市場に加えるというわけである。

地理的市場を画定する場合も考え方は同じで、需要面及び供給面での代替可能性が問われる。この場合の需要面での代替可能性とは、客から見て、どの範囲の供給地が代替可能かを問うことである。供給面での代替可能性とは、ある地域での値上げに応じて、現在は別の地域に供給されている商品役務が、値上げが起こった地域にどの程度振り向けられ、問題の地域での値上げを牽制できるかを問うことである。

一定の取引分野の画定のあり方は、競争の実質的制限と同様、主として企業結合規制で議論され、定式化されてきた。今日では、SSNIPテストという形で定式化されている。詳しくは、第4部を参照してもらいたい。

3　公共の利益に反して

この要件は、私的独占と不当な取引制限との両方にはいっているが、それが判決例で頻繁に取り上げられるのは不当な取引制限と関わってである。具体的には、不当な取引制限の他の要件をすべて充たすカルテルであっても、「公共の利益」に反しないから禁止されないといえる場合があるかどうか、というかたちで問題とされてきた。

今日の判例では、「公共の利益」は、原則として「自由競争経済秩序」を指し、したがって、不当な取引制限の他の要件を充たすカルテルは禁止されるのが原則であるが、「自由競争経済秩序」という利益とカルテルを容認することによって得られるメリットとの比較衡量によって1条の究極目的に実質的に反しない場合には、例外的にカルテルを禁止しない趣旨だとされる。その意味で、刑法にいう、違法性阻却事由を定めたものと理解されている。

究極目的の内容については、本章第2節も参照してもらいたい。より具体的には、第4章第4節、第5章第2節および第3節を参照してもらいたい。

4 公正競争阻害性

この概念についてはこれまで多くの議論があったが、今日では、次のように説明するのが通例となっている。

議論の出発点として、公正競争を成り立たせる3つの前提条件が確認されなければならない。それは、①自由な競争の確保（事業者相互間の自由な競争が妨げられていないこと、および、事業者が競争に参加することを妨げられていないこと）、②競争手段の公正さの確保（自由な競争が価格・品質を中心としたもの〔能率競争〕であることにより自由な競争が秩序付けられていること）、③自由競争基盤の維持（取引主体が取引の諾否および取引条件について自由かつ自主的に判断することにより取引が行われているという、自由な競争の基盤が保持されていること）、である。公正競争阻害性とは、この3条件のいずれか、ないしいくつかが侵害されることと解される。

①が侵害される場合は「自由競争減殺」とも呼ばれるが、これは、競争の実質的制限と区別するためである。前述のように、不公正な取引方法には、私的独占や不公正な取引方法の予防規定の性格があり、自由な競争に悪影響を及ぼすが、その悪影響が競争の実質的制限の程度にまでは至らないという場合でも禁止対象にできる。①の侵害が公正競争阻害性の一場合とされているのは、このことを反映しているのである。具体的には、第11章、第13章、第14章を参照してもらいたい。

②が侵害される場合は、前述の意味での競争の「公正」さに関わる。独占禁止法の特別法で、消費者向けの商品役務の表示や景品を規制する、不当景品類及び不当表示防止法（通称「景表法」）も、②が侵害される場合を問題にしている。

③が侵害される場合とは、主として長期継続的な取引関係の中で、およそ競争が成り立つための前提条件である、主体的な経営判断が抑圧される場合を念頭に置いている。不公正な取引方法の中でも、2条9項5号および一般

指定13項に規定される優越的地位の濫用がこれに関わる。また、独占禁止法の特別法である、下請代金支払遅延等防止法（通称「下請法」）も③が侵害される場合に関わる。この場合の公正競争阻害性は、競争の多い少ないとは直接的には関係がないことに注意する必要がある。より具体的には、第12章を参照してもらいたい。

第2部

カルテル規制

第3章

カルテル

　第2部ではカルテル規制について扱う。本章では、主として価格カルテルを中心に、不当な取引制限の成立要件を概観する。第4章では、談合事件を中心に、また、第5章では、事業者団体の活動規制を取り上げる。

第1節　概説―カルテルをめぐる実体規定の概観

　【例題】A県自動車教習所協会は、県内の自動車教習所15社を会員としている。平成28（2016）年1月13日、定例の会合後、会員15社の部長が近くのホテルに別途集まって、次のように取り決めた。「普通自動車の教習料金を35万円以上とし、値引きは最大でも5％までとする。」

1　事案を読み解くポイント

　利潤を追求する企業は、自己が製造・販売する商品の価格・数量・品質などを競争手段にして、ライバルと競い合い、少しでも多くの顧客を獲得しようと努めている。消費者は、競争によって決められた価格で商品を購入し、より品質の高い商品を享受することができる。ところが、競争関係にあるはずの企業同士が、一堂に会して、商品の価格を決定したり、値引き販売を抑制したりするなど、共同で競争を回避することがある。

　カルテルとは、他の事業者と共同して、価格・数量など本来競い合うべき戦略要素を決定し、競争を停止・回避する共同行為をいう。カルテルを行えば、企業は、競争価格以上の超過利潤を安定的に確保でき、独占的な利益を分かち合える。その一方、消費者の側は、より安くより良質な商品やサービスを手にできず、その利益は大幅に損なわれる。例題では、教習所間で教習

料金や各種サービスについて競争が繰り広げられるべきだが、カルテルによって、これらの競争が消滅し、違反行為者は超過利潤を獲得することになる。

競争を回避し超過利潤を獲得する方法は、直接、価格をコントロールするだけにとどまらない。たとえば、①生産・販売数量を削減し、市場に出回る商品の絶対量を減らし、商品の価格を高騰させる（「数量制限カルテル」）、②互いに競争すべき販売地域や市場を固定化させ、割り当てられた市場や地域でほしいままに行動する（「販路・顧客制限カルテル」、「市場分割カルテル」）、③競争的行動をとる事業者や新規参入者に対して、自ら直接あるいは取引先を通じて間接的に、原材料の供給をストップしたり、販売ルートを遮断したりする（「共同ボイコット」）、④公共工事における入札で、話し合いによって受注予定者を事前に決定する（「入札談合」）など、様々である。

重要な競争手段に関わる競争を停止または回避し、市場における競争への悪影響がストレートであるカルテルをハードコア型カルテルと呼ぶことがある。他方、競争への悪影響が一見して明白ではなく、むしろ効率性をもたらし、消費者利益を増進させるような共同行為を、便宜上、非ハードコア型カルテルと呼んでいる。後者は、社会公共目的の共同行為が典型であり、第5章で取り上げる。

カルテルは、独占禁止法上、不当な取引制限として規制される（2条6項、3条後段）。カルテルに参加した事業者が違反行為者である。業界団体が組織的決定に基づいてカルテルを行った場合には、その団体に事業者団体の活動規制（8条）が適用される。例題では、会員である自動車教習所が「事業者」にあたり、A県自動車教習所協会は「事業者団体」にあたる。カルテルの話し合いを行った各教習所の部長は、自然人従業員であって、事業者ではない。また、実際に価格カルテルを決定し、実行しているのは会員だけであって、自動車協会は組織的な決定を行っていないため、自動車教習所に対してだけ独占禁止法違反を問うことが適切だろう。

2　問題の所在と論点の解読

不当な取引制限が成立するには、①複数の事業者が、②共同して、相互に

事業活動を拘束し、または遂行することにより、③公共の利益に反して、④一定の取引分野における競争を実質的に制限する、ことが必要である（2条6項）。①に関しては、「事業者」とあるだけで「競争者」（2条9項1号）とは書かれていない。しかし、昭和28（1953）年の判決で、この文言は次のように狭く解されている（新聞販路協定事件・東京高判昭28・3・9）。

すなわち、「ここにいう事業者とは法律の規定の文言の上ではなんらの限定はないけれども、相互に競争関係にある独立の事業者と解するのを相当とする。共同行為はかかる事業者が共同して相互に一定の制限を課し、その自由な事業活動を拘束するところに成立するものであつて、その各当事者に一定の事業活動の制限を共通に設定することを本質とするものである」と。

また、上記判決は競争関係にある事業者が同一内容の制限を相互に課し合うことが共同行為の本質であるとした。そのため、条文上は、共同して相互に事業活動を拘束する行為（「相互拘束行為」）だけでなく、共同して遂行する行為（「共同遂行行為」）も違反行為であると読めるにもかかわらず、本判決以降、相互拘束行為だけが不当な取引制限の必須の要件であると解されてきた。

いずれにせよ、複数の事業者が「共同して」競争制限を行うことが不当な取引制限の成立に必要なことに違いはない。この共同性という要件が決定的に重要であって、一般に、「意思の連絡」や「合意」などと称されている。例題では、定例会合後、会員教習所の部長がホテルで会合を開いて、価格決定の合意を形成している事実があり、容易にこの要件を充足しそうである。ただ、実際にはこの共同性の立証で苦労することが多い（具体例①）。

さらに、③「一定の取引分野における競争」とは市場における競争を意味する。例題では、A県における自動車教習事業における競争制限が問題となっている。競争が制限されるメカニズムについては、具体例③で検討する。

3　発展的論点—カルテルの当事者の範囲

前掲新聞販路協定事件判決は、共同行為があるといえるために、①競争関係にある事業者、②制限内容の共通性、③制限内容の相互性が必要だとする。このような考え方をとると、いろいろ不都合が生じることがある。たとえば、

複数のメーカーが取引先の小売店と結託して、商品の小売価格を定める価格カルテルを行ったとする。常識的にはメーカーがカルテルの当事者であることになろう。しかし、前掲判決に従うと、排除措置命令の名宛人は、実際に小売価格を引き上げた、互いに競争関係にある小売店に限定されることにならないだろうか。

　近年これらの要件を緩和する考え方も現れている。たとえば、事情により入札に参加できなかった事業者が、実際には談合を仕切っており、しかも落札業者から仕事を請け負っていた場合、形式的には、談合に関与した他の業者とは競争関係に立たないので、この者は違反行為者ではなくなりそうである。しかし、東京高裁は、当該事業者も実質的には他の指名業者とは競争関係にあるとし、2条6項の「事業者」を「同質的競争関係にある者に限るとか、取引段階を同じくする者であることが不可欠であるとする考えには賛成できない」と説示している（シール談合刑事事件・東京高判平5・12・14）。

　共同ボイコットにおける拘束についても問題が生じる（規定や仕組みについては、第5章第2節を参照）。たとえば、特定の安売り店Xをつぶす目的で、複数のメーカーはXに自分たちの商品を供給せず、一方Xと競争関係に立つ複数の小売店はXと取引をするメーカーの商品を取り扱わないとしよう。行為者の目的は同一だが、メーカー間の拘束内容と小売店間の拘束内容とは、厳密には同一ではない。この点、公取委は次のように述べている。すなわち、「事業活動の拘束は、その内容が行為者（たとえば、製造業者と販売業者）すべてに同一である必要はなく、行為者のそれぞれの事業活動を制約するものであって、特定の事業者を排除する等共通の目的の達成に向けられたものであれば足りる」と（公取委「流通・取引慣行ガイドライン」第1部第二3 (1) 注3）。

　相互拘束行為に関する制限的な解釈は、現在でも大きな影響を及ぼしているが、最近の最高裁判決は「合意ないし意思の連絡があることをもって『共同して……相互に』の要件が充たされる」と述べている（多摩談合事件〔新井組〕・最判平24・2・20。第4章第2節）。これは、行為の共同性とは別に拘束内容に相互性を求める従来の解釈論の見直しを示唆するようにも読める。なお検討課題であるものの、注目すべき判旨である。

第2節　共同性の立証方法

1　具体例①（ポリプロピレン価格カルテル事件・東京高判平21・9・25）

　わが国においてポリプロピレン（以下「PP」）を製造販売するメーカーは7社（$Y_1 \sim Y_7$）あり、シェアの合計は販売数量ベースで約91％、そのうち上位2社（Y_1、Y_2）のシェアは45％に達する。合成樹脂であるPPは、様々な用途に使われており、その原料は、原油由来のナフサを分解する過程で生産されるプロピレンである。ナフサのコストがプロピレンのコストに占める割合は高く、かつ、プロピレンのコストがPPのコストに占める割合も高い。そのため、ナフサの価格動向がPPのコストに影響を及ぼす。

　【①】PPメーカー間には、「ナフサ価格が1kg当たり1000円上昇すれば、PPの価格を1kg当たり2円値上げする必要がある」という認識が共有されており、従来PPの販売価格を引き上げる際、ナフサ価格の上昇を理由としてきた。【②】7社は、販売相手方との間で個別に、一定の算定式の下でナフサ価格に連動させてPPの販売価格を設定する「ナフサリンク方式契約」を結んでいる。【③】かねてから7社は、営業部長会を開いて、PPの販売、とりわけ取引相手との価格交渉の状況について情報交換をしていた。

　【④】平成20（2008）年1月の部長会ではナフサ価格上昇の見通しとPPの値上げの必要性について意見交換が行われ、以後数回にわたってPP価格引上げに関する情報交換が行われた。【⑤】3月6日の部長会では、4月以降のナフサ価格の見通しとPPの値上げについて各社の状況と考え方を述べ合い、ナフサ価格の見通しについて一致を見たところ、7社の担当者は、いずれもPPの値上げについて積極的な意見を述べた。Y_1社の担当者が「10円以上の値上げが必要である」旨の発言をし、4月以降のPP需要者向け販売価格を、1kg当たり10円を目途に引き上げる旨の合意が形成されるに至った。【⑥】3月17日以降、部長会において、価格引上げの進捗状況に関する情報交換が何度か実施され、【⑦】その後7社はPPの値上げを一部実施した。

> 【①】ナフサ価格上昇に連動したPP価格の値上げという共通認識
> 【②】ナフサリンク方式契約の並列的採用
> 【③】部長会や地区会における情報交換の実施
> 【④】平成20年1月およびそれ以降の部長会における意見交換
> 【⑤】平成20年3月6日の部長会における価格引上げの合意形成
> 【⑥】平成20年3月17日以降の部長会における情報交換
> 【⑦】7社によるPP値上げの一部実施

図3-1　具体例①の事実関係の整理

2　読み解くポイント

　本件で価格引上げの対象となったPPは、われわれが日常生活で目にし、手にしている商品の素材として知られている。試しに、古新聞の整理に使われるビニール紐や、風呂桶・椅子・ひしゃくなどの表示を見てもらいたい。事務用品やバス用品メーカーがYらの取引先であり、PPの価格カルテルによるコスト増は、これらの商品を購入する消費者に転嫁されることだろう。

　PPのほか、原油、段ボール原紙など素材産業においてカルテルが形成されやすい背景事情についてみると、一般に、素材産業では、ある一定の品質水準に到達すると、それ以上の品質向上に限界が生じる。この種の製品の製造については、生産規模が増えるほど、商品一単位当たりのコストは下がることが多い。このような「規模の経済性」が働くことで自ずとメーカーの数が絞られると、あとは価格競争がメインとなりがちである。

　他方、取引相手である消費財メーカーは、多種類の商品を大量に製造し、素材メーカーに比べて相対的に強い交渉力をもっており、買い手有利の市場となっている。本件では、一斉値上げによって共同して買手に対抗し、コスト上昇分を可能な限りPP価格に転嫁させようとしたことが、本件価格カルテルの主たる動機だったのかもしれない。実際にはPPの値上げが一部にとどまっているのは（【⑦】）、交渉力の格差などの事情が反映していた可能性もあるのかもしれない。

3　問題の所在

　どの小売店でも同じ価格で商品が販売されていたり、ほぼ同じ時期、同じ

ような値上げ幅で一斉に価格引上げが行われていたりすれば、それだけでカルテルがあった、と断定してもよいだろうか。

どの企業も似たようなコスト構造であるため、同時期に原材料費の高騰に直面し、それぞれが独自に経営判断をした結果、引上げ額や時期が一致しただけではないだろうか。また、ライバル会社の価格動向を見ながら自己の価格戦略を決定した結果、同じような価格帯になってしまっただけかもしれない。このように考えてみると、外形的に行為が一致しているという事実があるだけでは、ただちにカルテルとして非難することは難しい。

複数の事業者が結託して人為的に価格操作をしていたという根拠、つまり何らかの合意によって競争制限がもたらされたという、非難を可能にするような要素を示す証拠が必要になる。独占禁止法が施行されて間もない頃の審決でも、「単に行為の結果が外見上一致した事実があるだけでは、未だ十分ではなく、進んで行為者間に何等かの意思の連絡が存すること」を要すると判示している（湯浅木材工業事件・審判審決昭24・8・30）。

4 法的論点の解読
(1) 意思の連絡

東京高裁は、別の事件において「意思の連絡」について次のように述べていた。すなわち、「意思の連絡」とは「複数事業者間で相互に同内容又は同種の対価引上げを実施することを認識ないし予測し、これと歩調をそろえる意思があることを意味し、一方の対価引上げを他方が単に認識、認容するのみでは足りないが、事業者相互で拘束し合うことを明示して合意することまでは必要なく、相互に他の事業者の対価の引上げ行為を認識して、暗黙のうちに認容することで足りる」と（東芝ケミカル事件・東京高判平7・9・25）。

判旨は、意思の連絡とは、共同歩調をとる意思であって、明示的でなくてもよく、暗黙のうちに行われることで足りるとしている。その一方、価格引上げをしたいとするライバル会社による意思の表明や予告情報に接しただけでは足りないとしている。ここで、暗黙の合意ないしは黙示の了解というのは、何らかの人為的な働きかけによって「ライバルが価格を引き上げるなら

ば、自分も引き上げよう」という意思が相互に確認されることを指し、成り行きに応じて、漸次醸成される場合でも意思の連絡は成立し得る。

意思の連絡を認定するうえで、合意の内容や会合日時・場所を特定できる露骨なメモやメールなどの物的証拠を確保できれば、きわめて重宝である。しかし、独占禁止法違反が認定されれば会社の評判が落ちるだけでなく、課徴金などの措置が課される（さらには、株主代表訴訟、取引相手や消費者からの損害賠償請求なども控えている）。それでもカルテルをするのだから、関係者以外には表面化しないよう連絡手段を工夫し、露骨なメモなど作らず、電子メールも読後すぐに破棄するかもしれない。

合意の存在を示す直接的な証拠が乏しければ、関連証拠を集め、それらを総合評価することで推定する方法をとらざるを得ない。すなわち、裁判官が「やはり合意があったと考えて差し支えないのではないか」という心証を形成するのに足りる状況証拠（間接証拠）を積み上げることで、意思の連絡の存在を「推認」するのである。たとえば、同じ日時や場所が記載されている手帳、参加者との通話履歴や、削除内容を復元するなどして電子メールのやりとりを捕捉する。特定の関係者だけが理解できるようなメールの内容や送受信記録などは、接触の事実や合意の存在を示す有力な間接証拠になろう。

(2) 認定方法の推移

公取委による意思の連絡の認定手法を分析すると、①会合等の接触の事実、②会合・交渉の内容、③結果としての行為の一致を総合的に捉えているといわれる。現在でもこのような判断枠組みは尊重されている。具体例①にあてはめてみると、①平成20年1月から3月にかけて、頻繁に接触の事実があり（【④】【⑤】）、②その内容も価格引上げに関する情報交換であって、その後、③実際に値上げが実現している（【⑦】）。

実際には、ある程度明確に意思表明する者もいれば、それに対して特段異論を述べない者もいる。必ずしも参加者全員が見える形で賛意をこぞって表明し合うとは限らない。この点、本件判旨は「意思の連絡の強さには濃淡があり得る」とも述べている。さらに、結果の一致についても、多少、価格幅や時期にばらつきがあっても、また、すべての商品で価格引上げが行われな

くても、意思の連絡を認定して差し支えない。

　公取委による実務では、物的証拠のほか、関係者に対する任意の聞き取りから作成される供述調書が広く活用されている。特に平成18（2006）年以降、カルテル・談合に関与した事実とその証拠を自己申告すれば課徴金が減免されるリニエンシー制度（課徴金減免制度）を導入した結果、証拠の確保が容易になった側面もある（本章「コラム」および第15章第4節3）。

　ところで、本件審決は、Y_1らの主張を受け、「3月6日の部長会」という特定日時に形成された「合意」に着目している（【⑥】）。かつては、合意が形成された日時・場所などを厳密に示すことが行われていた。しかし、別の事件で東京高裁は、次のように述べている。すなわち、「意思が形成されるに至った経過や動機について具体的に特定されることまでを要するもの」ではなく、「合意の徴表や、その成立時期、本件合意をする動機や意図」に関する認定までは不要である、と（元詰種子価格カルテル事件・東京高判平20・4・4）。つまり、今日では、必ずしも合意の「成立」を詳細かつ綿密に立証する必要はなく、行為者間の事前の接触や、各行為者の独自の判断の結果としては合理的に説明できないような不自然な行動の一致から、何らかの合意が「存在」していたことを示せば足りる、ということである。

5　発展的論点―「合意」の意義と情報交換の方法

　売買契約や賃貸借契約など、通常の契約は、当事者の自由な意思のもと、相互に契約内容に同意し、双方に法的拘束力が生じる仕組みになっている。当事者間で紛争が生じると、裁判所は、当事者双方の真意を探るため、いかなる過程を経て合意が形成されるに至ったか、緻密な分析を加える。これに対して、カルテルにおける意思の連絡や合意は、売買契約のような法的権利義務関係を発生させるのに必要な、当事者間における意思表示などの法律事実とは性質が異なっている。本来個々の事業者が独自に決定すべき戦略要素を相互に調整し、競争を回避することで競争制限効果を生み出す違反行為の主体とその法的責任を特定する機能をもつ。

　合意形成のための情報伝達手段は多様で、カルテルを維持させる仕組みも

いろいろある。たとえば、たまたま常連メンバーが会合に欠席したとしても、別の参加者が個別にその者に伝えれば事足りる。また、誰かが中心的なインフォメーションセンターになって情報を一元管理し、各メンバーに連絡し、メンバーによる裏切りがないか行動を監視する方法も考えられる。これは、あたかも自転車の車輪のように、中軸にあるハブが、放射線状に広がった棒状のスポークの先端にいるカルテル参加者に対して連絡をすることから、ハブ・アンド・スポーク型のカルテルと呼ばれている（図3-2）。

では、次の場合はどうだろうか。ある有力企業が、価格引上げの方針を単独発表し、業界紙、店内、自社HP上で価格改定情報を示したとする。これをライバル会社が間接的に見聞きし、自社も追随して価格を引き上げた場合、意思の連絡を認定できるだろうか。「それは具体例①と違って、相手方を特定して価格情報を交換しているわけではなく、東芝ケミカル事件の判旨に当てはまらないのではないか」と考える方が、通常、よいかもしれない。

他方で、価格や生産数量についての共通の認識を形成しやすく、したがって同調的な価格引上げをもたらしやすい環境や慣行があれば、どうだろうか。具体例①では、ナフサリンク方式という業界に共通の価格決定方式があり、原材料が高騰すれば、一定の目途で価格を引き上げる慣行もあった（【①】【②】）。加えて、価格などの事業上重要な情報を定期的に交換し合っていた（【③】）。

このような価格決定方式や業界団体または業界紙を通じた情報交換は、多

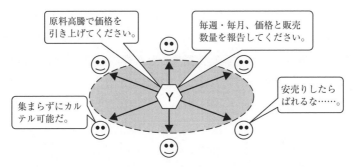

図3-2　ハブ・アンド・スポーク型カルテルのイメージ図

くの分野で行われており、それ自体としては合法的な企業行動であると考えられている。判旨もそのような事実があるだけで違法とは判断していない。ただ、個別企業における価格や生産数量など競争上重要な情報が共有され、低価格販売を抑制するような効果があるなどすれば、独占禁止法上問題視される。ただし、その場合に、情報交換によって価格や生産量に関するカルテルが発生したと捉えるか、それとも、情報交換に関する合意が競争の実質的制限をもたらしたと捉えるかの違いがある（本章第3節4）。

第3節　競争の実質的制限と公共の利益

1　具体例②（中央食品ほか価格カルテル事件・勧告審決昭43・11・29）

　Y_1ほか6社（以下、「7社」）は、高松市旧市内における主要な豆腐類（豆腐、油あげ等）製造販売業者である。その合計シェアは、同市内における豆腐類卸売上高のほぼ半ばを占め、特にY_1だけで約30％を占めている。

　7社の代表者は、いずれも同市内における豆腐製造販売業者のほとんどである37名を組合員とする高松市豆腐組合（以下「組合」）の主要役員を務め、指導的地位にある。7社以外は、ほとんどが家族労働を主とするごく小規模な事業者で、積極的に事業拡張を図ることは困難な状況にある。

　昭和42（1967）年10月ごろから、県内の別の地域で豆腐類の卸売価格が2円ないし5円引き上げられたため、人件費の上昇等を理由に、組合で豆腐類の卸売価格の引上げを決定してほしいとの声が出てきた。昭和43（1968）年2月ごろから役員会で、豆腐類の卸売価格の引上げについて種々意見の交換が行われ、価格引上げの気運が醸成されていた。Y_1の代表取締役Aは、昭和43年4月26日、市内B食堂で開催された役員会で、豆腐類の卸売価格の引上げについて協議・決定することを提案したが、組合で協議・決定するのは適当でない旨の発言があり、役員会で卸売価格の引上げは議題とならなかった。

　役員会が終了し、一部役員の退席後、Aは、同席した$Y_2 \sim Y_7$に対し、Y_1の卸売価格を、昭和43年4月末日から、豆腐1丁24円、油あげ1枚8円、

絹ごし1丁12円に引き上げたいと話し、これに同調することを求めた。

　卸売価格の引上げには各取引先小売店の了解を得る必要があり、実施期日を5月6日以降とするのが妥当であるとの意見があったが、全員が前記卸売価格に引き上げることで意見は一致した。この申し合わせに基づいて、7社は、昭和43年5月6日から同月10日にかけて、それぞれ、豆腐類の卸売価格を前記卸売価格に引き上げた。その後、高松市旧市内におけるその他の豆腐類製造販売業者は、昭和43年5月上旬から同年6月下旬の間に、豆腐類の卸売価格をおおむね前記卸売価格に引き上げた。

2　事案を読み解くポイント

　本件では、流通業者向けに豆腐類を卸売販売し、競争関係に立つ7社が、昭和43年4月26日に、B食堂で豆腐類の卸売価格を引き上げる旨の合意を結んでおり、実際、申し合わせどおり、卸売価格を引き上げている。これらのことから、7社間における意思の連絡を認定できよう。もし、Aの発議が通って役員会で卸売価格を決定していれば、組織的な決定を下した組合に対して、別途、8条1号違反を問うことも可能だっただろう。

　一方、追随値上げをしたその他の販売業者は、独占禁止法違反の名宛人となっていない。その中には、役員会終了後に退席した役員である事業者や、そもそも役員でないために合意形成に加わっていない事業者が含まれる。

　舞台となった市場は、地理的には高松市旧市内、取引対象製品は豆腐類で、しかも事業者間取引が行われる卸売市場である。7社で約50％を占め、そのうちY_1が約30％とあるため、6社で残り20％を、そして、その他30社ほどの販売業者が50％を占めているのだろう。そうすると、少数の有力な業者と、多数の中小零細業者が共存していた市場だったようである。

3　問題の所在

　不当な取引制限の成立要件の一つに「一定の取引分野における競争を実質的に制限すること」とある。「一定の取引分野」とは、市場を指すが、カルテルや談合など不当な取引制限が問題となる事件では、一般に、合意ないし

意思の連絡を通して市場支配力が形成・維持・強化される範囲と考えて差し支えない。排除措置命令や審決書では、違反行為の対象となっている製品市場や地理的範囲が明らかにされている。また、取引先ごとにカスタマイズされる商品では、商品間で代替性がないこともある。たとえば、同じように見える自動車部品（ヘッドランプ、ワイパシステムなど）でも、自動車メーカーごとに（トヨタ用、マツダ用など）区分して市場を認定することもある。

他方、「競争を実質的に制限する」の意味について、最高裁は「当該取引に係る市場が有する競争機能を損なうこと」を指すと解している（前掲多摩談合事件最高裁判決）。より具体的には、「特定の事業者又は事業者集団がその意思で、ある程度自由に価格、品質、数量その他各般の条件を左右」できる市場支配力が形成、維持、強化されることをいう（第2章第5節1）。具体例②では、特定の製造業者7社は、豆腐類の価格をコントロールしており、高松市旧市内における豆腐類の卸売分野における競争の実質的制限を認定することができよう。

ただ、7社のシェアの合計が「50％もある」と見るか、それとも「50％しかない」と見るか、という点は少し問題になりそうである。また、価格競争の制限という観点だけから見ると、本件では、その他の業者も追随値上げをしており、結局、ほぼ全員が価格引上げに関与している。そこには、いったいどのようなメカニズムが働いているのだろうか。

4　法的論点の解読

カルテルに参加する事業者の数や規模は、競争制限効果を認定するうえで重要な指標であり、カルテルの実効性や脆弱性にも関わる。参加者数が多く、影響力のある企業が関与していれば、カルテルの実効性は高まる。一方、カルテルに加わらない者（アウトサイダー）や新規参入者、さらには裏切り者が出てきたら、カルテルの当事者は、これら安値販売する者に顧客を奪われることになる。カルテルを維持すれば、逆に利益を獲得できなくなり、自己崩壊に向かう可能性すらある。

カルテルの当事者は、常に協力と離脱（裏切り）との間でジレンマに直面

している。カルテルの維持はこのジレンマがどのようにして克服されるかにかかっている。ただ、ゲーム理論が説くように、1回限りの短期的な取引ではなく、相互依存関係と長期にわたって繰り返される企業活動を前提にすると、接触の機会がなくても、実際には同調的な行動が採用される場合がある。さらに、裏切り者や新規参入者がいる地域や顧客に限って破格の安値で重点的に対抗したり、あるいはカルテル参加者の行動を監視し、逸脱者や新規参入者を発見するため、市場調査や統計調査という名目で意見交換や情報交換を頻繁に行うことで、カルテルないしは同調的な行動の実効性を確保することも可能である。

　具体例②では、7社の合計シェアは50％程度だったが、もし仮に、7社以外の30社が追随せずに価格を据え置いていたら、どうなっただろうか。大手の参加者と比べて、30社の売れ行きは上がったかもしれないが、中小零細規模の事業者の場合、品薄に対応してただちに増産が可能かといえば、やはり困難だろう。その意味では、カルテルの形成・維持に対して脅威となるような牽制力をもっていたとはいいがたい。

　ここで2つ付言しておこう。第1に、零細規模事業者30社がもし卸売価格を話し合う会合の場におり、その場で自己の意向を表明せず、後日、同調的な価格引上げを行ったならば、やはり違反行為者に含まれていた公算が大きいだろう。第2に、本件では、同時期に同じ価格幅で一斉値上げをしているが、たとえば、「値引き範囲を本体価格の1割までとする」との取決めであっても、価格コントロールに違いなく、市場支配力の形成・維持・強化と認定されることに注意してほしい。

5　発展的論点──適用除外制度とカルテルマインドの弊害

　わが国では、かつてカルテルや協調行動に対して好意的な評価すらあった。第二次世界大戦後の急速な経済成長の裏側で、重要産業の保護・育成、それに伴う生産数量や設備投資の調整など、行政の指導や介入が数多く存在した。また、独占禁止法やその他の法律の中にも特定のカルテルを独占禁止法の適用から除外する規定が設けられていた。たとえば、中小企業団体の組織に関

する法律には、過当競争を防止するカルテルを容認する規定があった。

　このような産業政策やカルテルによる政策実現に対する評価はまちまちだが、企業や業界団体には、官公庁に依存する体質が生まれ、自律的な活動を牽制し合うカルテル体質ないしカルテルマインドが形成された、との厳しい見方がある。1990年代、適用除外カルテル制度は、一括整理法や適用除外制度整理法によって大幅に廃止・縮小された。現在、個別法に基づいて特定の政策目的を果たすのに必要な、ごく一部の例外だけが残っている。最近では、消費税転嫁対策特別措置法に基づく消費税転嫁カルテルや表示カルテルが認められているが、それ以外の個別法に基づく適用除外カルテル（国内向け）については、例年わずか30件程度の利用にとどまっている（公取委『平成27年度版年次報告書』）。

　自分が属する「業界」という狭い部分社会の都合だけで物事を見ると、どうしてもカルテルによって厳しい競争を回避して超過利潤を獲得しようとする動機が大きくなりがちである。個々の消費者は、カルテルによって競争価格以上の価格で商品を購入することになるが、1人当たりの損失はそれほど大きいものではない。しかし、一人ひとりの損失を拾い上げ、さらに、高価格で購入を断念せざるを得なかった不利益まで広げて考えると、カルテルが社会に及ぼす損失は、きわめて大きなものになる。ここに、カルテルや談合を公取委が公的に規制する意義がある。

　以上のようなカルテルに対する評価の変遷を前提としたとき、もし具体例②における7社が、「本件カルテルは、中小企業を保護するという『公共の利益』に適った正当なカルテルである」と主張したら、どう考えるべきだろうか。「公共の利益」とは、判例・通説とも、原則として「自由競争経済秩序」を意味すると考えられている（第2章第5節3）。最高裁は、自由な競争秩序を維持することで得られる利益と、カルテルを容認することで得られるメリットとを比較衡量して、個別の事件について例外的に正当化できる余地を示している（石油価格協定刑事事件・最判昭59・2・24）。そうすると、確かにカルテルの適用除外制度はほぼ廃止されたものの、中小企業の経営状態があまりに深刻な事案では、最高裁が認めたカルテル禁止の例外にあてはまる余地があ

るのではないか、という主張である。この点、談合事件に関わる判断であるが、中小企業保護目的のカルテルについて、最高裁は、このような主張を認めなかった。詳しくは、次章で検討しよう（第4章第4節）。

【コラム：国際カルテル】

　自由貿易体制のもと、経済活動が国際化するにつれて外国事業者と国内事業者とが結託する国際カルテル事件に対する摘発も多くなっている。たとえば、石油タンカーから石油備蓄基地施設に送油するのに用いられるマリンホースをめぐって受注調整や市場分割・価格カルテルが行われたマリンホース国際カルテル事件では、日本市場だけでも、複数国のメーカー（日英仏伊米の8社）が関与していた。

　マリンホース国際カルテル事件は、欧米ほか各国の競争当局による並行的な調査が行われ、従業員が逮捕されたり、高額な罰金・制裁金が科されたりしたこともあって話題となった。日本では、国内の需要者向けの取引だけが違反対象とされ、公取委は、ブリヂストン、横浜ゴムのほか、英仏伊のメーカーを3条後段違反とした（排除措置命令・課徴金納付命令平20・2・20）。国内外の事業者5社に対して排除措置命令を下したが、課徴金減免制度を利用した横浜ゴムには課徴金を免除し、2番申請で、かつ、カルテル期間中実際に売上高があったブリヂストンに対してのみ課徴金を課した。

　一般に、国家が、自国の領域外にある人や財産、行為や事実に対して、自国の法を適用し、裁判を行い、判決を下したりすることを「法の域外適用」と呼んでいる。法の域外適用については、外国主権を侵害する可能性もあるため、実は、いろいろな議論がある。競争法の分野では、自国に競争制限効果をもたらしていれば、外国事業者に対しても法を適用すること（立法管轄権）は可能だと説明されている（効果主義）。その一方、海外での事件調査について、任意ではなく強制調査を行うことは、国際法上できないとされている。また、排除措置命令などを命じる際には文章を送達するが、日本に子会社や支店がない場合、どうするかという問題もある。これを執行管轄権の問題と呼ぶが、これに関わる問題について、二国間協力協定や経済連携協定（EPA）などを通じて、調査を円滑に進め、送達を可能にする仕組みを調整するなどの試みがされている。

第4章

入札談合

第1節　談合の仕組みと法律構成

1　具体例①（大石組事件・東京高判平18・12・15）

　旧清水市は、土木一式工事の大部分を一般競争入札または指名競争入札の方法により発注している。工事の種別ごとに、A、BまたはCのいずれかの等級に格付けし、入札参加有資格者を認定している。旧清水市が、平成11 (1999) 年6月1日から平成15 (2003) 年2月25日までの間に、上記の入札方法によりAの等級に格付けしている者のみを入札参加者として土木一式工事として発注した工事（以下、「旧清水市発注の特定土木工事」）は105物件で、その発注金額の合計は92億円であった。

　Xおよび28名は、旧清水市において建設業を営む者であって、ほとんどすべてAの等級に格付けされていた。Y（公取委）は、上記105物件に関し、Xおよび28名のいずれかが受注した物件のうち、80物件の各入札においてXおよび28名が受注調整による不当な取引制限を行っていたとして、独占禁止法3条後段違反とする審決を下した。

　Xは、本件審決の事実認定を立証する実質的証拠がないなどと主張し、審決取消訴訟を提起して争った。しかし、東京高裁は、Yが認定した各事実は各証拠に基づくもので、その推論に不合理な点はなく、合理的な事実認定であるとして、次のように判示した。

　すなわち、旧清水市の土木業者らは、遅くとも平成11年6月1日以降、旧清水市発注の特定土木工事について、受注価格の低落防止等を図るため、（ア）旧清水市が一般競争入札の公告を行った場合または旧清水市から指名競争入札の参加の指名を受けた場合には、次の方法で、当該工事を受注すべ

き者または共同企業体を決定する。(a) 当該工事について受注を希望する者が1名のときは、その者を受注予定者とする、(b) 受注希望者が複数のときは、工事場所、過去の受注工事との関連性等の事情を勘案して、受注希望者間の話合いにより、受注予定者を決定する、(イ) 受注すべき価格は、受注予定者が定め、受注予定者以外の者は、受注予定者がその定めた価格で受注できるように協力する、との合意の下に、受注予定者を決定し、受注予定者が受注できるようにしていた（以下、「基本合意」）。

Xは、80物件のうち60物件の入札に参加していたところ、Xが受注した5物件を含む8物件について、上記基本合意に則して、他の事業者と連絡や受注調整をした上で、Xが落札し、または、Xが他社の落札に協力していた。Yは、以上の事実を証拠や供述に基づいて認定している、と。

さらに、Xと28社間における意思の連絡について、日時、場所、担当者等をYは特定していないとXが主張したことについて、東京高裁は、次のように判示した。

すなわち、「確かに当裁判所に顕出されたYの本件一件記録においても、その点についての直接証拠を見出すことはできない。しかしながら、独占禁止法の規制対象たる不当な取引制限における意思の連絡とは、入札に先だって各事業者間で相互にその行動に事実上の拘束を生じさせ、一定の取引分野において実質的に競争を制限する効果をもたらすものであることを意味するのであるから、その意思の連絡があるとは、各事業者がかかる意思を有しており、相互に拘束する意思が形成されていることが認められればよく、その形成過程について日時、場所等をもって具体的に特定することまでを要するものではない」と。

2　事案を読み解くポイント

国や地方公共団体、さらに一定以上の税金が投入されている独立行政法人（国立病院機構、国立大学法人など）は、たとえば、パソコンや車両などの物品、橋梁建設や道路工事、保守・点検業務などの役務を調達する場合、原則として競争入札の方法によって調達しなければならない。入札の概要を示すと、

> ①国等の発注者が、物品等の納入を希望する事業者に対して、物品等の仕様書や設計図を配布し、入札日時や要領などの手続について説明する。
> ②事業者が各自積算して自社の応札価格を設定する。
> ③入札日当日に最も安価な額で応札した事業者を落札者とする。

図4-1　公共入札におけるプロセス

おおよそ図4-1のようなプロセスになっている。

　かつては、応札者が価格を記した見積書を封筒などに入れて入札箱に入れていたが、現在では電子入札が主流になっている。また、最安価で応札した者を落札者とするなど、落札業者を決定する判断材料は価格が中心だった。しかし、「落札さえできればよい」と考えて、品質の劣る物品提供や手抜き工事、採算を度外視した安値入札（ダンピング入札）が見られるなどの弊害が指摘されるようになった。近年では、価格のみならず、新技術や新工法の採用、品質確保のための評価、環境保全への取組みなど価格以外の要素も評価する総合評価方式が採用されるようになっている（本章第3節）。

　入札の方式は、法令上は原則として誰もが参加できる一般競争入札がとられる（会計法29条の3、地方自治法234条）。ただし、特殊な工事で一定以上の技術や経験を要する場合、入札資格者をあらかじめ選定する指名競争入札がとられたり、一定の規格や仕様を定めた仕様書入札が行われたりする（第6章第4節参照）。具体例①のように、規模や費用に基づく工事の種別ごとに参加者が格付けされることもあれば、大規模で技術難度が高い工事などでは、規模の異なる複数の事業者が工事ごとに共同企業体（ジョイント・ベンチャー〔JV〕）を結成して、入札に参加することもある。

　発注者側の行為が秘密を要する場合（公立高校の入試問題の印刷業務など）、特殊性や緊急性を要する場合など、例外的に、通常の私人間における1対1の相対取引に見られる随意契約の方法がとられることがある。

　また、国、地方自治体やそれに準じる機関に限らず、民間企業も入札あるいは入札類似の制度を活用することがある。たとえば、自動車メーカーは、自動車用の電気系統ケーブル（ワイヤーハーネス）を発注するにあたって、取引先である部品メーカー間で見積り合わせ（コンペ）を実施し、最安値の部

品メーカーを受注者として選定する方法をとっている。公共入札でなくとも、民需の入札も重要な入札市場であって、消費者が直接購入する商品の価格に反映されることから、独占禁止法の規制対象になる。

3　問題の所在

　入札談合とは、入札参加者らが結託して、事前に受注予定者を決定し、この者が落札できるよう他の者が協力して応札価格を調整する競争制限行為である。入札参加者間での受注価格の調整を伴うため、一種の価格カルテルと見ることもできるし、工事場所がある区域に本店や営業者を置く事業者を優先的に落札させる取り決めが伴う場合には、一種の市場分割カルテルと見ることもできる。他事業者の落札への協力の見返りとして、次回入札における自社の落札への協力を仰いだり、工事内容の一部を他の入札参加者に下請けさせたり、談合金が分配されたりすることもあるという。

　入札談合は、複合的な性格をもつが、入札市場における競争を制限することに変わりはなく、ハードコア型カルテルである。従前は、複数の事業者が仕事を分かち合い、ダンピング入札や手抜き工事を防止し、地域振興に貢献するとして、談合を「必要悪」と考えたり、「許される談合」や「社会的に相当な談合」があると考える時代もあった。しかし、このような考え方は、今日、説得力をもつとはいいがたい。入札談合は、公共事業への過度の依存や、供給過剰な状態をもたらし、より競争力のある産業への転換や構造改革を妨げる。公共事業では、原資である税金の無駄遣いが発生する。ダンピング入札や手抜き工事の弊害については、今日、その適正化のため種々の工夫が講じられている。先に示した総合評価方式の導入は、その一例である。

　長年の慣行から入札談合が繰り返し行われていれば、合意形成の時期がかなり昔であることもある。また、すべての対象物件で談合が発覚するわけではない。具体例①では、談合期間中の対象入札物件は 100 件近くあり、そのうち 80 件について談合が行われていたと認定している。このような諸特徴をもつ入札談合では、意思の連絡や相互拘束をどのように認定するのだろうか。

4 法的論点の解読

　入札談合において意思の連絡や相互拘束性を認定するとき、2つの合意ないしは行為に着目する必要がある。一つは、基本合意（基本ルール策定）である。基本合意とは、ある工事の入札市場において談合を行うことを決定し、今後どのような方式で受注予定者を決定するかという基本ルールに係る合意である。もう一つは、個別合意あるいは個別調整行為である。基本合意を前提に、個々の物件の入札に先立って、そのつど、受注予定者を決定し、その者が実際に落札できるように他の入札参加者が協力する調整行為であって、個別の談合に係る合意である。

　公取委は、もっぱら基本合意をもって相互拘束を認定している。基本合意が相当以前に形成されて当時の内容が不明確でも、複数の個別談合の事実から基本合意の存在を推認する。個別調整行為については、基本合意の存在を推認する間接証拠と位置付け、相互拘束行為としては扱っていない。また、課徴金算定との関係から、ある程度具体的に個別談合の内容やそれによる競争制限効果を示す必要はあるとされているが、意思の連絡の形成過程を詳細に立証する必要はないとされている。

　実際には、基本合意があったかどうか不明確なこともあれば、相当前から談合が長期間反覆継続しているため、他の指名業者に対して受注意欲を示したり、価格連絡をしたりしなくても黙示の受注調整が成立するようなこともある。また、個別調整行為の中で基本ルールの改定があったりもする。さらに、除斥期間（違反行為の終了以降命令を発すべき期間。これを過ぎると命令を発することができない）や時効などの制約もあるため、事件ごとに諸事実から認定可能な基本合意のみが抽出されることも多い。したがって、「一つの基本合意に基づいて複数の個別調整行為が行われている」という法律構成は、一種の擬制と見られないこともないが、具体例②で見るように、競争制限効果の認定などで利点もあって、司法判断でも是認されている。

　具体例①を見てみると、「遅くとも平成11年6月1日以降」における当該特定土木工事に係る基本合意を認定している。その中身は、「受注希望の表明、受注予定者の決定、入札価格の連絡、入札での協力という四過程」を骨

子としている。基本合意が形成された日時や場所など、具体的に特定しなくともよいと判示している点を合わせて確認しておこう（第3章第2節4）。

第2節　競争制限効果の判断

1　具体例②（多摩談合事件〔新井組〕・最判平24・2・20）

　Ｙら33社は、遅くとも平成19（2007）年10月1日以降、財団法人東京都新都市公社（以下、「公社」）が発注する多摩地区における特定土木工事について、受注価格の低落防止を図るため、受注予定者を決定し、それ以外の者は受注予定者が定めた価格で受注できるように協力する旨の合意に至った。

　Ｘ（公取委）は、Ｙらに対して、個別調整行為があった34物件のうち、応札者が1社しかいない1社入札の物件やアウトサイダーによる競争行為が見られた物件を除いた31物件について、本件基本合意に基づく具体的な競争制限効果があったとして、課徴金納付命令を出した。その後、審決も同様の判断を下したが、Ｙら複数の事業者が不服を申し立て控訴したところ、唯一、Ｙに係る控訴審判決だけが、次のように述べて課徴金審決を取り消した。

　すなわち、（ⅰ）本件基本合意は、受注希望者が1社の場合にはそのものを受注予定者とし、複数の受注希望者がいれば話し合いにより受注予定者を決定し、受注予定者以外の者は受注希望者の落札を妨害しないという「共通認識」にすぎず、Ｙらがこのような認識をもっていたことをもってただちに「自由で自主的な営業活動上の意思決定」を将来にわたって拘束するほどの合意の成立があったとは断じられない。（ⅱ）Ｘが本件個別工事に係る個別調整行為をもって競争が実質的に制限されたと断ずるには論理の飛躍があり、建設業者が「自由で自主的な営業活動を行うこと」を停止されまたは排除されたというような、その結果競争が実質的に減少したと評価できるだけの事実までを認定するに足りる証拠はなく、かえって本件個別工事のいずれの受注においても本件における取引分野で予定されている競争は正常に行われたと評するのが相当とさえいうことができる、と。

　Ｘが上告をしたところ、最高裁は、原審を破棄自判し、Ｘが本件審決で認

定した各事実は合理的であるとして、これを支持した。すなわち、(a)「本件基本合意は、……各社が、話合い等によって入札における落札予定者及び落札予定価格をあらかじめ決定し、落札予定者の落札に協力するという内容の取決めであり、入札参加業者又は入札参加 JV のメインとなった各社は、本来的には自由に入札価格を決めることができるはずのところを、このような取決めがされたときは、これに制約されて意思決定を行うことになるという意味において、各社の事業活動が事実上拘束される結果となることは明らかであるから、本件基本合意は、法2条6項にいう『その事業活動を拘束し』の要件を充足するものということができる。そして、本件基本合意の成立により、各社の間に、上記の取決めに基づいた行動をとることを互いに認識し認容して歩調を合わせるという意思の連絡が形成されたものといえるから、本件基本合意は、同項にいう『共同して……相互に』の要件も充足するものということができる」。

(b)「2条6項にいう『一定の取引分野における競争を実質的に制限する』とは、当該取引に係る市場が有する競争機能を損なうことをいい、本件基本合意のような一定の入札市場における受注調整の基本的な方法や手順等を取り決める行為によって競争制限が行われる場合には、当該取決めによって、その当事者である事業者らがその意思で当該入札市場における落札者及び落札価格をある程度自由に左右することができる状態をもたらすことをいうものと解される」。

(c) 本件では、Yら33社以外の指名競争業者からの協力を期待することができ、地元業者の協力または競争回避行動も相応に期待できる状況がある上、個別調整行為があったほとんどすべての工事で受注予定者が落札し、その大部分（34物件中28物件・約82％）の落札率も97％を超えるなど、競争の実質的制限に該当する事実を認めることができる、と。

2　事案を読み解くポイントと問題の所在

具体例②は、最高裁が石油価格協定刑事事件（最判昭59・2・24）以降はじめて2条6項の要件に関わる解釈論を述べた多摩談合事件判決である。前節

で確認した法律構成によると、一度基本合意を認定できれば、その影響が及ぶ限り、複数の個別談合を包括的に捕捉できる。しかし、原審は、Yらが関与した基本合意なるものは、単なる「共通認識」にすぎず、自由で自主的な営業活動上の意思決定を将来にわたって拘束するほどの合意ではないとして、その存在を否定した。また、競争の実質的制限の捉え方についても、「自由で自主的な営業活動」という個々の事業者における競い合いの一側面だけを過度にクローズアップして、「自由で自主的な営業活動」の余地がある限り競争の実質的制限は否定されるかのような解釈を示した。それは、入札談合事件における合意や相互拘束性について法外な立証を求めるものであった。原審による解釈は、これまでの法運用、そして、それを一つの有効な法律構成として認めてきた判例や通説とは、まったくかけ離れた内容となっていた。

　確かに独占禁止法に対する理解が浸透するにつれて、談合が常態化していたような業界でも談合組織の結束力が弱まり、個々の物件では、複数の者が受注意思を表明したり、談合から離脱する者や他地域から新規に参入する者が現れたりしているようである。中には、複数の受注希望者が最後まで譲らず、入札当日の応札に決着を委ねる場合（フリー物件）もあれば、アウトサイダーが絡む物件に限っては競争的な入札が行われる場合（アウトサイダー物件）もある。いずれにしても、入札当日に至るまでの個別調整のプロセスにおいて、あるいは入札当日においてすら、個々の事業者は、何らかの「営業活動」と思しき行動をとることがあるのであって、これをもって「競争は正常に行われた」と評価することなど、到底できないだろう。

　具体例②では、恒常的な落札率の高さが、基本合意に基づく個別談合の実態を表しており、競争の実質的制限を判断するのに重要な指標になっている。発注者側は、予算の関係から事前に予定価格を見積もり、これを入札における上限価格とすることが多い。また、ダンピング入札を防止し、工事の質を確保する観点から最低価格を定めることもある。予定価格は入札まで秘匿されることもあれば、談合防止の観点から事前公表されることもある。落札率とは、この予定価格に対する落札価格の割合を指す。仮に落札率が100％ならば両者は完全に一致し、落札者は上限価格いっぱいで落札したことになる。

100％超であれば、予定価格以上の応札しかないため入札は不成立となり（会計法29条の6、地方自治法施行令167条の8）、再度入札にかけられる。

$$落札率 = \frac{落札価格}{予定価格} \times 100（\%）$$

3　法的論点の解読

　最高裁は、本件基本合意が取り決められたことで、各社の事業活動が拘束されており、それとともに、各社の間で入札談合という競争回避的な「行動をとることを互いに認識し認容して歩調を合わせる」という意思の連絡が形成された、と判断した。また、個別談合については、基本合意が影響を及ぼしている限り、詳細な立証を個別にすることなく、原則として競争制限効果を推認することを認めている。これは、原審の解釈を完全に覆し、前節で見た「一つの基本合意に基づいて複数の個別調整行為が行われている」という法律構成を再確認したことになる。

　一般論として、2条6項における「一定の取引分野における競争を実質的に制限する」とは、「当該取引に係る市場が有する競争機能を損なうこと」と解釈している。そのうえで、本件のような入札談合では、「落札者と落札価格をある程度自由に左右できるような状態をもたらすことが競争の実質的制限にあたる」としている。これは市場支配力を指しており、価格カルテル事件や談合事件に係る従来の先例の考え方と本質的な違いはない。また、競争の実質的制限の認定では、ある程度具体的に個別調整行為があった事実、違反行為者以外の者の協力関係を指摘し、落札率の高さも強調している。

　仮に予定価格の見積もりにおいて参照されている原材料の単価表やデータが毎年同じ内容・数値であれば、業者側も予定価格を推測しやすいとはいえ、落札率が高い状況は、直感的に、何らかの人為的要因を通じて市場支配力が形成・行使されていることをうかがわせる。もっとも、本件では、落札率だけからただちに反競争効果が認定されたわけではない。

4　発展的論点—具体的な競争制限効果の推定ルール

　実際の事件は、課徴金に係る審決について争われた事案だった。入札談合事件では3条後段違反とされた基本合意の対象となった入札物件における売上げのすべてが、ただちに課徴金算定の基礎としての売上げとなるわけではない。個々の入札物件での売上げが課徴金算定の基礎とされるためには、それが単に基本合意の対象となっていたことだけではなく、当該入札において具体的な競争制限効果が発生したことが必要と解されている。

　公取委は、個別調整があった34物件のうち、あらかじめ競争が行われた物件や1社入札である3物件を除外していた。これらは、フリー物件やアウトサイダー物件だったかもしれない。フリー物件では、確かに受注希望者間で一定の競争はあったかもしれないが、他の協力者はどちらかが落札できるよう自らは競争的な行動を抑制している点で、競争制限が存在すると見ることもできる。1社入札についても、個別調整を経たうえで他の者が辞退しているのならば、それは入札市場における競争機能を侵害していることに変わりなく、競争制限効果を認める余地がある。

　談合から離脱したことを法的に認めてもらうには、課徴金減免制度を利用するほか、「他の参加者が離脱者の離脱の事実を窺い知るに十分な事情」があることや、刑事事件では「客観的に見て犯行の継続阻止に十分な措置」をとることまで必要である（第15章第4節も参照）。また、単にアウトサイダーがいたからといって、基本合意の存在そのものが否定されるわけでもないし、個別談合における競争制限効果がただちに否定されるわけでもない。違反行為者の側から、アウトサイダーとの間で熾烈な競争が繰り広げられたことなど、受注調整を行うことができなくなったと評価されるような「特段の事情」を示さない限り、基本合意に基づく個別調整があったこと、および具体的な競争制限効果があったことを推認する推定準則が司法判断で認められている（ストーカ炉事件〔日立造船〕・東京高判平24・3・2、奥能登談合事件〔大東建設〕・東京高判平26・4・25）。

第3節　官製談合

1　具体例③（高知県土佐国道談合事件・排除措置命令平24・10・17）

　国土交通省は、四国地方整備局土佐国道事務所（以下、「土佐国道事務所」）において、平成20（2008）年4月1日から平成23（2011）年12月6日までの間、土佐国道事務所発注の特定一般土木工事（以下、「本件工事」）のすべてについて、総合評価落札方式による一般競争入札を実施していた。総合評価落札方式とは、次のような入札方法である。すなわち、参加希望者には、施工計画など価格以外の提案内容等をもって申込みをさせる。各入札における入札書の提出締切日前までに、各入札の参加者の提案内容等の評価を行う。当該提案内容等の点数（以下、「評価点」）を決定し、入札価格が予定価格の制限の範囲内であるなどの一定の要件を満たした入札の参加者のうち、評価値（入札参加者の入札価格を億単位にしたものによって、評価点等を除した数値をいう）の最も高い者をもって落札者とする。

　評価点は、入札書の提出締切日までに公表されることはなく、土佐国道事務所でも限られた職員しか知り得ないものであった。また、各工事の入札の参加者の名称、予定価格および低入札価格調査の基準となる調査基準価格についても、入札書の提出締切日までに公表されることはなく、土佐国道事務所でも限られた職員しか知り得ないものであった。

　土佐国道事務所の副所長は、遅くとも平成20年4月1日以降、本件工事ついて、Y_1（高知県建設業協会会長）の代表取締役社主の求めに応じ、同人に対し、各入札における入札書の提出締切日前までに、入札の参加者の名称、入札の参加者の評価点、予定価格等の未公表情報を教示していた。

　Y_1ら31社は、遅くとも平成20年4月1日以降、本件工事について、受注価格の低落防止等を図るため、受注予定者を決定し、受注予定者以外の者は、受注予定者が受注できるように協力する旨の合意の下に、①受注予定者を決定するにあたっては、Y_1からY_3の3社が、各工事の施工場所、過去に受注した工事との継続性、過去の受注実績、各事業者の受注の希望状況等を

勘案して指定した者を受注予定者とし、②受注すべき価格を決定するにあたっては、受注予定者が、前記未公表情報を利用し、または3社から当該未公表情報を利用した指導を受けて、受注すべき価格を定め、③受注予定者以外の者は、3社もしくは受注予定者から連絡を受けた価格で入札するまたは入札を辞退するなどにより、受注予定者を決定し、受注予定者が受注できるようにしていた。31社は、本件工事のほとんどすべてを受注していた。

2　事案を読み解くポイント

　本件では、Y_1らが、不当な取引制限に該当する行為を行っていたことは明白である。Y_1からY_3に対する課徴金賦課では、主導的役割を果たしていた事業者として、5割増しの算定率が適用された（7条の2第8項）。

　何よりも問題なのは、総合評価方式による入札にもかかわらず、入札の参加者の名称、入札の参加者の評価点、予定価格等の未公表情報が事前にY_1に伝わっており、発注者側の関与によって談合が行われていた実態である。発注者側は、予定価格や上限価格を定めたり、本件のように総合評価方式による入札の場合、種々の評価を行ったりするところ、発注者側がこのような非公表情報を参加事業者に事前に伝えると、談合当事者は落札予定価格や協力者の応札価格を調整・決定しやすくなる。このように、発注者側の関与によって形成あるいは主導される談合を「官製談合」と呼んでいる。

　では、発注者側である「官」の側と受注者側である「業」（事業者）は、なぜ癒着するのだろうか。典型的には、指名競争入札において指名業者を選定する際、選定の見返りとして、天下りの受け入れや再就職の斡旋などの便宜や、特定の職員に対する接待・付け届けなどの慣例があるといわれている。また、予算を年度内に適切に消化することや、事業者との円滑かつ良好な関係を構築することが庁内における昇任か昇格などの人事考課に影響を与える点も、一つの要因として指摘されている。官と業との間の狭い部分社会では利益になるかもしれないが、社会全体にとって望ましい状況とはいえない。実際、本件工事の市場規模は約202億円程度であり、他の3つの関連工事と合わせれば、約540億円もの規模の入札市場であったという。

3　問題の所在

　本来秘密にすべき未公表情報を漏えいした職員個人には、守秘義務違反として公務員法違反を問うことができる（国家公務員法100条1項・109条12号、地方公務員法34条1項・60条2号）。また、発注者側の関係者が積極的に談合を主導するような悪質な事案では、刑法の談合罪（96条の6）、あるいは、不当な取引制限罪を問われた事業者と共犯（幇助）関係にあったとして、特定の自然人に対して刑事罰を科すことも考えられる。

　それでは、発注者側も談合に関与している場合、事業者だけではなく、発注者を独占禁止法違反行為者に含めることは可能だろうか。まず、独占禁止法における「事業者」と捉えることが可能かは、微妙だろう。また、談合を行う事業者と発注者との関係は取引関係にあたる。競争関係にある者による相互拘束を違反行為と捉える法運用からは、発注者側を不当な取引制限の違反者とすることに躊躇が感じられるかもしれない（第3章第1節）。

4　法的論点の解読

　官製談合に対する規制強化の方針から、平成14（2002）年、入札談合等関与行為の排除及び防止に関する法律が制定された。その後、平成18（2006）年、刑事罰の規定を盛り込んだ改正を経て、現在、入札談合等関与行為の排除及び防止並びに職員による入札等の公正を害すべき行為の処罰に関する法律（以下、「入札談合等関与防止法」という）と改称され、適用事例が増えている。

　入札談合等関与防止法は、「入札談合等関与行為」の形態を明らかにし、①公取委が、発注者側の各長（大臣、知事、市長）に対して、談合防止の措置をとるよう改善措置を命じることができる、としている（3条）。また、②関与職員に対する損害賠償の請求（4条）、懲戒事由の調査（5条）に関する規定を設けるほか、③関与職員に対して、5年以下の懲役または250万円以下の罰金を科す旨、規定している（8条）。

　具体例③に即して考えてみると、本件談合は、国土交通省所管の事務所職員が関与している。評価点の漏えいは、入札談合等関与行為のうち、発注に係る秘密情報の漏えい（2条）に該当する。そこで、公取委は、本件工事を

含めた各工事について、国土交通省に対して、入札談合等関与行為が排除されたことを確保するのに必要な改善措置を講じるよう要求するとともに、調査結果や改善措置の内容の公表と公取委に対する通知を求めた。

　上記要求の結果、国土交通省は、再発防止対策検討委員会を通じて、現職職員およびOB職員らに対するアンケートや面談等を実施し、法令遵守の意識調査や改善策を盛り込んだ報告書（平成25〔2013〕年3月14日）を作成している。報道発表によれば、本件工事および関連工事について、歴代10名の副所長が関与していたとし、7名に対して懲戒免職処分、3名に対して停職処分を下すとともに、これらの者に対して事業者との連帯債務として損害賠償請求を行っている（平成27年6月23日発表）。なお、本件では刑事告発はなされていない。

第4節　公共の利益論と中小企業保護

1　応用問題

　具体例①から具体例③で挙げた事件において、Yらが、「資本も事業規模も小さい企業を保護するために、あえて談合を行ったものである」と主張した場合、どう考えればよいだろうか。

2　事案を読み解くポイント

　中小企業庁の調査（平成24〔2012〕年2月）によれば、わが国では、企業数がおおよそ386万あり、このうち約385万が中小企業者であり、さらにそのうち334万者が小規模事業者であるという（なお、「中小企業者」とは、たとえば、メーカーの場合、資本金が3億円以下または従業員が300人以下の企業を指し、さらに従業員が20人以下の企業を「小規模事業者」としている）。

　消費者と同様、中小企業は大企業に対して不利な立場に置かれがちである。昭和38（1963）年には、「中小企業の経済的社会的制約による不利の是正」や「中小企業の生産性及び取引条件の向上」を政策目標とする中小企業基本法が制定された。ただし、今日、中小企業イコール弱者という単純な図式だ

けで説明できないこともある。画一的な商品を大量に製造・販売する分野では、規模の経済性や範囲の経済性が働いて、大企業の方が効率的に生産販売活動を行うことができる。しかし、中小企業時代に開発した革新的な技術や商品開発のおかげで大企業に成長した事業者も少なくない。消費者の嗜好やニーズが多様化した今日では、小回りの利く事業規模の方がむしろ有利に働く場合もある。さらに、いわゆるデジタル社会においては、IT 化によってコストが激減し、サービス業を中心に、中小企業が機動性を生かせる分野も増えている。中小企業基本法も、平成 11 年改正で、格差是正目標を見直し、「独立した中小企業者の自主的な努力」を支援し、「多様で活力ある成長発展」を図るという基本理念を掲げるに至っている。

3 問題の所在

中小企業基本法は、入札市場における中小企業に対する受注機会の増大を謳っている (23 条)。すなわち、「国は、中小企業が供給する物品、役務等に対する需要の増進に資するため、国等の物品、役務等の調達に関し、中小企業者の受注の機会の増大その他の必要な施策を講ずるものとする」とある。これを受けて、「国等が発注する入札において、中小企業者の受注機会を確保すること」を目的として官公需法 (「官公需についての中小企業者の受注の確保に関する法律」) が制定されている。中小企業と大企業とでは「情報の非対称性や市場に参入する上での格差」があるため、政策的に中小企業に配慮した施策である (中小企業庁『官公需契約の手引き [平成 25 年度版]』)。年度ごとに「中小企業者に関する国等の契約の方針」を閣議決定し、国の機関のほか、地方公共団体や特定法人に対して、中小企業者の受注機会確保のため、一定の契約目標が定められる。具体的な施策として、たとえば、地域要件を設定して地元業者を優先して指名したり、規模が大きな案件で小分けに分割発注したりすることで、中小企業保護対策を図ることがある。

応用問題では、談合によって受注機会を確保し、中小企業の保護につながるという趣旨の主張のようである。2 条 6 項には、私的独占 (2 条 5 項) と同様、「公共の利益に反して」という要件があるが、仮に「公共の利益」にかなっ

ていれば、違法要件を充足せず、2条6項が成立しないことになる。では、中小企業を保護する目的は、「公共の利益」にかなうだろうか。

4　法的論点の解読

「公共の利益」の意義について、従来から通説・判例とも「自由競争経済秩序の維持それ自体」を意味すると解してきた（第2章第5節3）。カルテルや談合などの独占禁止法違反があれば、自由競争経済秩序は侵害され、「公共の利益に反して」という要件はただちに充足される。そうだとすると、実はこの違法要件には特段の意味はないという結論に至りそうである（宣言的・確認的規定）。

最高裁も、前掲石油価格協定刑事事件判決において、「公共の利益に反して」とは「原則としては同法の直接の保護法益である自由競争秩序に反することを示す」として、上記の立場を採っている。ただし、例外的に適法となる余地があると判示した。すなわち、「現に行われた行為が形式的に右［2条6項］に該当する場合であっても、右法益［自由競争経済秩序］と当該行為によって守られる利益とを比較衡量して、『一般消費者の利益を確保するとともに、国民経済の民主的で健全な発達を促進する』という同法の究極の目的に実質的に反しないと認められる例外的な場合を右規定にいう『不当な取引制限』行為から除外する趣旨であると解すべきである」と。

判旨は、自由な競争秩序を維持することで得られる利益と、カルテルや談合を認めることで得られるメリットとを天秤にかけ、個別の事件ごとに例外的に正当化できる余地があると述べている。ただ、具体的に誰の、どのような意味での公共性が、いかなる形で尊重されるのか、そして、どのような価値観や指標を通じて天秤の傾きを判定するのか、という点について、国民的なコンセンサスを得ることは決して容易なことではない。

上記最高裁が示した公共の利益論をあてはめると、中小企業の受注機会、さらにはその結果の確保を達成する手段として談合は認められるのだろうか。実は、この点、別の最高裁判決がすでに次のような考え方を示している。すなわち、談合は「競争によって受注会社、受注価格を決定するという指名競

争入札等の機能を全く失わせるもの」であって、「中小企業の事業活動の不利」を補正する中小企業基本法等の特別法において認められることのある諸方策とはかけ離れたものであり、公共の利益論における例外には該当しない、と（東京都水道メーター入札談合刑事事件・最判平 12・9・25）。

5 発展的論点―中小企業の自立性と効率性の実現

　上で見たように、富の再分配の手段として談合は認められていない。国による中小企業観や政策目標が転換する中、各地域の実情も考慮しつつ、中小企業の競争力の確保や、市場参入による効率性の実現が課題となっている。この課題を考えるための手がかりとして、3点付言しておこう。第1に、中小企業に対する受注機会確保のための施策について、その要件や程度が過度に中小企業を保護するものであれば、「入札に参加するメンバーが固定化されること等を通じて入札談合を誘発・助長するおそれがある」ことがかねてから指摘されている（公取委「行き過ぎた地域要件の設定及び過度の分割発注について（要請）」平成11年12月27日）。第2に、公共事業に依存しすぎて、事業者数が過多で供給過剰になっている地域がある。産業構造の転換が自律的に進まず、談合が解決の糸口になるどころか、これによって、かえって地域社会全体が停滞しているケースもあるという。第3に、公共工事は富の再配分の手段と見る余地があるが、これまでの議論を前提として、はたして有効かつ持続可能な制度であるか、各自で検討してもらいたい。

第5章
事業者団体と自主規制

第1節　事業者団体と活動規制の概要

1　具体例①

(A)　吉川松伏医師会事件（排除措置命令平26・2・27）

　インフルエンザ任意予防接種は、医療保険制度が適用されない自由診療で、医療機関が自由に料金設定できる。A医師会は、A地区における会員38名が設定する接種料金について、平成23（2011）年10月の理事会で、3歳未満の者を対象とする初回料金を3700円、2回目を2650円とし、13歳以上の者を対象とする初回料金を4450円とする、と決定した。

(B)　観音寺市三豊郡医師会事件（東京高判平13・2・16）

　B医師会は、昭和54（1979）年8月の理事会において、B地区で、①病院または診療所を新設し、②病床を増設することについて、また、昭和60（1985）年6月の理事会において、③診療科目（小児科、産婦人科など）を追加し、④増改築を行うことについて、知事への許可申請・届出に先立って、あらかじめ書面で申し出させることとし、その可否を内部の相談委員会で審議させることとした。

(C)　浜北市医師会事件（勧告審決平11・1・25）

　C医師会は、平成7（1995）年2月の総会で、次のような広告自粛規程を定め、会員71名に対して周知するとともに、これに該当する違反看板を撤去させた。すなわち、①看板以外の広告媒体は、原則として定期刊行物の新聞、雑誌およびチラシのみに限定し、バス、電車等の車内において行う広告等を禁止する。②広告時期は医療機関の新規開業、移転等の場合に限る。③看板は、医療機関の所在地点から1km以内かつ10個以内とする、と。

2　読み解くポイント

　わが国では、「○○組合」や「○○連合会」など、様々な業界団体が結成されている。民法や商法、あるいは、その関連法令（一般法人法など）に基づく組合、一般社団法人・公益社団法人もあれば、協同組合法に基づく協同組合（中小企業協同組合、農業協同組合、事業協同組合など）、特別の法律に基づく特別民間法人（日本司法書士連合会、税理士連合会など）などもある。

　業界団体への加入は任意だが、特定の職業や資格者については、それに関わる特別の法律で加入が義務付けられている（弁護士連合会・弁護士会、日本司法書士会、税理士会など）。また、本来は任意加入だが、非加入だと恩恵や便益を受けられず、事実上強制加入に近い団体もある。たとえば、医師会に入会すると、学校医の推薦、他の開業医との協力・連携などの便益がある。

　業界団体の統率力が高く、会員間で接触する機会が増えれば、対内的には、会員間のカルテルを助長し、会員の自由な事業活動を制約するおそれがある。対外的には、取引相手方との関係で大きな交渉力を発揮するおそれがある。業界団体の設立を禁じた方が望ましいようにも思えるが、憲法（21条1項）は結社の自由を保障しており、また、業界団体は、必ずしも常に行政機関との癒着や仲間内の利益だけを考えているわけではない。業界標準の決定や自主ルールの策定を通じて消費者利益を増進するなど、重要かつ有益な機能を担っている（本章第3節）。

行政機関との連絡、行政の意向や政策の伝達、市場の調査（市況状況、需給の見通しなど）、広報・宣伝活動、会員間の情報交換・親睦活動、業界標準の作成、業界ルールの策定など

図5-1　事業者団体の具体的な活動内容

3　問題の所在

　独占禁止法は、「事業者としての共通の利益」の増進を目的として2つ以上の「事業者」が結びついた結合体、および、その結合体が集まった連合体を「事業者団体」とし（2条2項）、事業者団体による一定の活動を禁じている（8条1号から5号）。いわゆる業界団体は、この「事業者団体」に該当する。

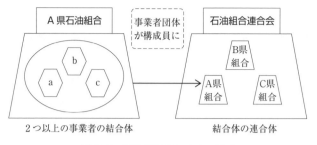

図 5-2　事業者団体のイメージ図

　事業者団体が、組織としての意思決定を行い、会員である構成事業者に対して、8条1号から5号に該当する行為を行い、あるいは行わせると、独占禁止法違反になる。通常、あらかじめ定められたルール（定款や寄附行為などと呼ばれることが多い）に従って、団体幹部が集まる理事会や役員会、全会員が一堂に会する総会などを通じて正式な意思決定がなされる。しかし、正式の意思決定がなされる場合だけでなく、各支部や部会などの決定や行為も、構成事業者がそれをもって事業者団体全体の意思とみなす実態があれば、事業者団体の意思決定として8条の適用対象となる。

　各規定のうち1号は、「一定の取引分野における競争の実質的制限」をもたらす決定を禁止する。2条6項と似た規定になっているが、たとえば、事業者団体が、本来構成事業者が各自で判断すべき商品価格を決定するなど、事業者団体の組織的決定として行われるカルテルを主たる禁止対象としている。次に、国際カルテルの規制を念頭に置く6条との関係で2号が用意されているが、近年、発動事例はない（なお、第3章「コラム」も参照）。

　3号と4号は、1号の補完的・予防的な規定である。市場における競争の実質的制限をもたらすに至らなくとも、事業者団体が、事業者の数をコントロールし（3号）、構成事業者の機能や自由な事業活動を制約することで（4号）、競争を減殺する場合に適用される。5号は、事業者に不公正な取引方法に該当する行為をさせるようにする行為を禁止する。取引先に非会員との取引を拒絶させる行為が典型であるが、具体例②で検討することにしよう。

4　法的論点の解読

　具体例①では、各医師会が、それぞれの地域における医療機関に対して、いろいろな制約を課している。まず（A）では、インフルエンザ予防接種料金を定めた行為が問題になっている。本来、各医療機関は自由に接種料金を設定できるはずが、A医師会の理事会がこれを決定している。実際の事件では、A地区における接種料金が周辺地区よりも割高になっていた。推奨価格に従わない者は除名措置の対象となったとも報じられている。個々の会員がカルテルを結んだというよりは、A医師会の組織的な決定に基づいている。したがって、A医師会に対して8条1号違反が問われた。

　次に、（B）の場合はどうだろうか。B医師会の総会決定では、医療機関の開設、診療科目の追加にあたって、事前に内部の委員会で審議させることで、既存の医療機関との調整を図っている。新規の医療機関が参入すれば、既存の医療機関の近辺では、患者を奪い合う競争が生じる。現在、ほとんどの場合、医療保険制度が適用されるために、医療費をめぐって料金競争は生じない。しかし、治療・診療方法や施術方法、入院・通院日数との関係で、医療費や医療サービスの質に違いが生じる。医療提供者数がコントロールされると、料金や品質に関わる競争に影響を及ぼすため、B医師会は3号違反に問われる。診療科目の追加に対する制限は、その科目を診療する既存の医師との競争に影響を与える。実際の事件では、増改築や病床の増床等に対する制限とともに、4号違反とされた。

　最後に、（C）の行為について見てみよう。これは、料金やサービス内容を直接コントロールしているわけではない。各医療機関の広告活動を制限している。広告は、需要を喚起し、顧客の正しい選択を促す競争手段の一つである。C医師会は、本来、構成事業者である各医療機関が自由に実施できるはずの活動内容や顧客獲得手段を制約しており、4号違反を問われる。4号違反が問題となり得る行為には、たとえば、開業時間や営業時間の制限、施設の拡大・増改築の制限のほか、商店街におけるポイントカードなどのポイント付与率（500円で1ポイントなど）の決定・制限などがある。

5 発展的論点—8条の意義

　複数の事業者が、価格カルテル、数量制限カルテル、あるいは共同ボイコットを行えば、2条6項に該当する行為であるとして、それら事業者に対して3条後段違反が問われる。事業者団体が主導・介在する場合には、上で見たように、事業者団体に対して、別途8条を適用することができる。

　欧米では、事業者団体による組織的決定に基づくものであっても、事業者による合意に基づくものであっても、同じ一つの規定で共同行為を規制している。わが国において8条が現在のような規定となった理由は、事業者団体法という別の法律の影響を受けているからである。この法律は、第二次世界大戦中に事業者団体を通じた統制が全国的に実施されたため、戦後、統制団体の解体と並行して制定された。事業者団体法は、違法行為と適法行為を複数定めていたが、昭和28（1953）年に廃止される際、その一部の禁止規定が独占禁止法8条として組み込まれた。事業者団体の決定は、その構成員である事業者の共同行為の結果とみることもできることから、8条の必要性については異論があるかもしれない。他方で、事業者団体がもつ組織力ないし統率力は、単に構成員による行為の延長にとどまらず、構成員ならびに非構成員の事業活動、さらには市場に及ぼす影響が大きいため、注意を促す意味でも必要性があると見ることも可能である。

　8条の必要性を認めるとしても、1号と4号のどちらを適用するか、微妙なケースもある。たとえば、ある業界団体が、価格が下落している商品について、値引率を目安価格の1割までとする決定をし、会員に遵守を求めたが、実際にはそれ以上の値引きがあったとする。全国規模で価格下落防止を徹底しようとしたが、地域によって価格競争が生じている状況である。価格競争の余地が残っていたり、むしろ値引率を遵守する地域の方が少なかったりするなど、地域限定的な競争制限の場合には、同じ価格制限でも1号ではなく、4号が適用される可能性がある。

　他方、具体例①（A）のモデルとなった実際の事件では、報道によると、わざわざ近隣都市まで予防接種を受けに行く者もいたという。そうすると、A地区と、料金が割安な近隣都市とは同じ市場を形成しているようにも見

える。ただ、幼い子どもをもつ保護者にとって、近隣都市までアクセスするのは困難を伴う。本件でも、実際には、地元での接種率が高いため、A地区におけるインフルエンザ予防接種サービス市場を前提として、1号を適用したのだろう。なお、1号違反の場合には、構成事業者が課徴金を支払うが、3・4号違反の場合はそもそも課徴金の対象とならず、エンフォースメントの面で大きな違いがある（8条の3）。

第2節　自主規制（安全性の確保）

1　具体例②（エアーソフトガン事件・東京地判平9・4・9）

　Yは、昭和50（1975）年、中小企業等協同組合法に基づいて設立された協同組合で、遊戯銃（モデルガンやエアーソフトガンなど）を製造・販売する中小企業10社（A_1〜A_{10}）を会員としている。

　遊戯銃の愛好家らはより威力の強い遊戯銃を好む傾向にあり、製造業者は競って威力の強い製品の開発に注力する傾向がある。しかし、威力が強すぎると、サバイバルゲームでの負傷事故や犯罪利用の可能性が高まり、銃刀法による規制対象となれば、かつてのモデルガンのように業界全体の売上高が激減するおそれがあった。昭和60（1985）年頃、負傷事故等が発生したため、通商産業省（現経済産業省）は、安全確保の目的から、Yに対して、自主基準の作成と改造防止等を要請する行政指導を行った。

　Yは、自主的に安全基準値を定め、これを満たす遊戯銃には適合シール（合格証紙）を貼ることとした。ただ、一度検査に合格すれば無条件に適合シールが交付されており、また、当初は、年に1度、市場に流通する遊戯銃を試買し、検査する予定だったが、実際には行われていなかった。そのため、愛好家が好むような、基準値を超える遊戯銃が多数出回る状態にあった。

　遊戯銃の弾丸（「BB弾」と呼ばれるプラスチック製弾丸）を製造するXは、平成2（1990）年、比較的威力が強く命中精度に優れた高性能エアーソフトガンを製造し、玩具店などの小売店に供給するようになった。この状況を見たYの理事長は、電話でXに自主規制の趣旨を説明し、会員となることを要

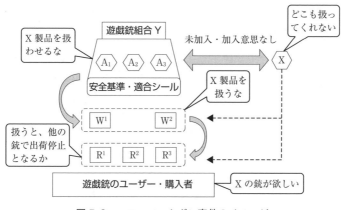

図 5-3　エアーソフトガン事件のイメージ

請したが、断られたため、同年 11 月 26 日、Y の理事会に諮ったうえで、理事長名義で製品の販売中止を要請する文書を X に送付した。

同日、Y は、会員の遊戯銃を取り扱う卸売業者（W）や小売店（R）に対して、安全性を確保する目的と称して、X 製品の販売中止を要請した。また、X 製品を取り扱う小売店には、適合シールが貼られていない遊戯銃を扱う場合、今後、会員の遊戯銃の出荷を停止する、との警告文を送付した。さらに、X 製品を取り扱う小売店のリストを作成し、卸売業者らに配布した。そのため、X のエアーソフトガンと弾丸の売上高は大幅に減少した。

2　事案を読み解くポイント

具体例②では、エアーソフトガンや BB 弾を製造販売する業界における自主基準の共同作成が問題となっている。当業界は、中小規模のメーカーから構成されている。一般に、中小規模のメーカー間では、価格競争が激化し、過当競争となりがちだが、本件では、ユーザーの嗜好から、より高性能な遊戯銃を開発し、販売しようとする製品開発競争も盛んである。

一般に、人の生命・身体・健康・安全性などに直接的に関わる事項については、きわめて重要な保護法益であるため、刑法や各種の取締法、条例等で犯罪や迷惑行為として規制している。本件のエアーソフトガンや BB 弾も、

重大な負傷事故をもたらす可能性がある銃器類であれば、そもそも銃刀法で規制されるべきだった。しかし、法で規制されるレベルにまでは至らない場合や法に不備がある場合、業界ルールの策定は特に効果を発揮する。

　法の不備については、たとえば、二輪車のマフラーの自主規制の事例がある。二輪車メーカーとユーザーは、法令で一定以上の音量が出るマフラーの販売・使用を禁じられている。しかし、マフラーのメーカーと販売店は規制対象者ではないため、実際には不適合商品が市場に出回っていた。そこで、二輪車用品のメーカーと販売業者から構成されている業界団体が、上記法令と同じ基準を自主基準として設定し、会員である二輪車用品メーカーと販売店に対して、基準を充足しない商品の製造を禁止し、輸入・販売を制限するなどした（平成18年度相談事例集・【事例5】）。

　このように国会や地方公共団体による立法・改正が追いつかない場合、法の不備や対応困難な不測の事態に対応して、業界団体が「公共の利益」の担い手となることがある。ただし、実際には、監督官庁も、行政指導という形で、一定の政策方針を採用させたり、変更させたりすることがある。本件でも、当時の経済産業省生活産業局文化用品課が、業界団体であるYに対して、安全性の確保に関わる自主ルールの作成を働きかけている。

3　問題の所在

　Yは、一定以上の威力がある遊戯銃の販売をさせないよう、安全性に関わる自主基準を作成し、取引先（卸売業者と小売業者）に徹底させようとした。このように業界団体は、顧客ニーズや製品リスクを把握しやすい立場にあり、会員らに対する周知徹底も容易で、機動的に業界ルールを作成することができる。しかし、だからといって、何でも業界任せで自由に取り決めさせてもよいものなのだろうか。

　業界ルールや基準には、安全基準のほか、製品仕様や技術標準などがある。安全性や利便性が向上する一方、その基準が硬直化すると、開発競争が歪められ、新たなニーズへの機敏な対応や、既存の製品の枠にとらわれない製品の開発が妨げられるかもしれない。また、規格外の商品を扱う特定の事業者

や非会員が市場から締め出されてしまうといった弊害が生じることもある。

　後者の弊害をもたらす共同行為は、「共同ボイコット」と呼ばれる。競争関係に立つ者が、共同して、特定事業者の商品を取り扱わず、あるいは取り扱わせない行為であって、不公正な取引方法（2条9項1号〔供給の拒絶〕、一般指定1項〔供給を受けることの拒絶〕）として、また、競争の実質的制限に至れば、不当な取引制限として規制される（第3章第1節3）。

　取引拒絶には、競争関係にある者が、①特定事業者に供給（または「供給を受けること」）を拒絶する行為と、②他の者にこのような供給（または「供給を受けること」）を拒絶させる行為とがある。①を直接の取引拒絶（2条9項1号イ・一般指定1項1号）といい、②を間接の取引拒絶（2条9項1号ロ・一般指定1項2号）という。本件では、BB弾を製造する後発メーカーXが、共同ボイコットの標的となっている。実際にX製のエアーソフトガンの取扱いを断ったのは、卸売業者の要請を受けた小売店である。卸売業者は共同して小売業者にX製品の「供給を受けないよう」させているため、卸売業者の行為は、一般指定1項2号（「供給を受けること」の「間接の取引拒絶」）にあたる。

　ただ、会員製品の出荷停止措置の可能性を示して要請を強要した点に鑑みると、これら流通業者は、Yの要請に従っているだけで、彼らを違反行為者とするのは酷である。実際の事件でも、Yが、卸売業者に一般指定1項2号に該当する行為をさせるようにしていたことが8条5号にあたる、としている（なお、本件の共同ボイコットは、8条1号違反にも問われている）。

4　法的論点の解読

　以上で見てきたように、Yの行為は、8条5号に該当するように見えるが、「正当な理由」（一般指定1項）があると評価できれば、適法な行為と判断できそうである。この点につき判旨は、次のように判示して、①目的の合理性、②内容の合理性、③実施方法の相当性の観点から「正当な理由」（8条1号との関係では「競争を実質的に制限する」）の有無を判断すべきことを明らかにした。

　「本件自主基準設定の目的が、競争政策の観点から見て是認しうるものであり、かつ、基準の内容及び実施方法が右自主基準の設定目的を達成するた

めに合理的なものである場合には、正当な理由があり、不公正な取引方法に該当せず、独禁法に違反しないことになる余地があるというべきである。

　さらに、自由競争経済秩序の維持という法益と、本件妨害行為により守られる法益を比較衡量して、独禁法の究極の目的に反しない場合には、公共の利益に反さず、不当な競争制限に該当せず、独占禁止法に違反しないことにある余地があると言うべきである。」

　それぞれについて見ると、①目的の合理性について、判旨は、「安全性の確保されない製品の流通による事故の防止は消費者の利益に適うこと」であって、「独禁法の精神と何ら矛盾するものではない」とし、本件基準の設定は、正当であると判断した。次に、②内容の合理性については、本件における一定の基準（弾丸の運動エネルギーを0.4ジュール以下とする）を超えても「直ちに人体に対し傷害を負わせる威力を有し、銃刀法に違反する」わけではなく、その限りでは、当該基準に「格別の根拠はない」とする。ただし、無制限な威力強化競争を懸念して、「エアーソフトガンと銃刀法に違反する実銃との間に相当広い空白の領域を設けようとしていること」には理由があるとし、本件件自主基準の趣旨は「一応合理的である」と判断した。

　ところが、③実施方法の相当性については疑問を呈し、結局、「正当な理由」はないと判断している。すなわち、実際には、シールが貼付されながら基準を超える遊戯銃がX以外にも組合員によって多数販売されていた。そのため、X製品が会員らの製造販売する製品と比べて、「格別に消費者及びその周辺社会に重大な危険を与えるものであるとは到底いえない」ところから、Xを排除するという「まさに排他的な事由をもって本件妨害行為に及んだもの」である、と結論付けている。

　以上のように、本件では、安全性確保を名目として、組合に加盟しない新規参入者を不当に排除する共同ボイコットが行われていた。自主ルールや自主規制の目的・内容が合理的でも、その目的を達成する手段が方法として相当なものであるかどうか、その際、特定の企業やその商品を狙い撃ちにする差別的な取扱いがないかどうか、入念にチェックすることが重要である。手段の相当性については、独占禁止法の保護法益である「自由競争経済秩序の

維持」から見て、必要不可欠な措置かどうか、より競争制限的でない他に選び得る手段がないかどうか、という観点から検討が必要となる。

第3節　環境規制

1　具体例③

(A)　相談事例（平成19年度【事例3】レジ袋の有料化）

A市の小売業者は、商品の販売に際して無料でレジ袋を提供してきたが、環境問題への関心の高まりとともに、レジ袋の有料化の話題が持ち上がった。ところが、自社だけ先行して有料化すると、無料提供する他社に顧客を奪われるのではないかと懸念し、ほとんどの小売店は有料化に取り組まなかった。そこで、A市、同市内の住民団体、小売業組合の3者が、平成19（2007）年4月1日以降、レジ袋の提供を有料化し、その価格を1枚5円とする内容の協定を締結した。

(B)　相談事例（平成18年度【事例7】リサイクルシステムの構築）

B組合は、中小の印刷業者を会員とする団体で、事業所数や印刷物の出荷市場におけるシェアで見た加入率は約30％である。業務から発生する産業廃棄物や再生可能部品を回収・運搬・処分・再利用するには相応のコストがかかる。B組合は、運搬業者10社および処分業者3社と連携し、これまで会員が個別に委託契約を結んでいた一連の業務を共同化することとした。すなわち、B組合が定めた単価に会員が出した廃棄量を乗じた額を会員が支払う処分費用として、B組合が一括してこれを業者に支払うこととした。

(C)　相談事例（平成23年度【事例8】労働環境の整備）

機械製品cは、屋外に保管され、外気を取り込んで作動する。機械製品cを整備する事業者を会員とする団体Cは、健康被害をもたらす可能性が高い機械製品cについて、労働者の安全確保の観点から、特定物質の事前測定や事前洗浄などの作業手順、作業員の服装等の適切な廃棄処理の手順など、整備基準を統一化し、会員に対しその基準の周知徹底を図ることとした。

(D) 相談事例（平成23年度【事例11】営業時間の制限）

　特に夏場、電力供給が逼迫する可能性がきわめて高いことから、商品dを取り扱う小売業者を会員とする事業者団体Dが、次の事項を定め、会員らに要請することとした。すなわち、①一斉に全会員が休業する日や営業を中断する時間を定めること、②夜間営業を行わないこと、③国または地方公共団体から示された電力ピーク時（平日の昼間）に輪番で営業を中断することについて調整を行うこと。

2　事案を読み解くポイント

　事業者団体ガイドラインは、「社会公共的な目的等に基づいて構成事業者の事業活動について自主的な基準・規約等を設定し、その利用・遵守を申し合わせるような活動」を自主規制とし、「種類、品質、規格等の制限行為」および「営業の種類、内容、方法等に関する行為」の一つとして、その独占禁止法上の評価のあり方を明らかにしている。それによると、需要者の利益を害するものでないか、事業者間で不当な差別的扱いがないか、合理的に必要とされる範囲内であるか、自主規制等の利用・遵守が各構成員の任意の判断に委ねられているかどうか、などが判断指針となっている。

　安全の確保や自然・労働環境の保全など、社会公共目的に関わる事項について、行政規制や立法化に先行して、業界内において、自主的にルール化が試みられることがある。このことは、ユーザーの安全の確保に関する業界ルールを扱った具体例②ですでに見てきた通りだが、取組みの内容・態様によっては、独占禁止法違反となるかどうかが問題となる。

　公取委は、企業や業界団体から、これから行おうとしている活動が独占禁止法違反とならないか、事前に個別相談を受け付けている。相談者以外にも参考になると考えられる主要な相談の概要は、年度ごとに「独占禁止法に関する相談事例集」という形で公表されている。年次報告書によれば、非公表のものを含めると、企業結合関係のものを除いても毎年2000件近くの相談がある。相談事例集に掲載された個別の相談に対する回答は、他の業界や市場における企業行動の独占禁止法上の問題点を検討するうえで参考になる。

具体例③の各事例は、この相談事例集の事例を一部修正したものである。4件とも、環境保全や労働環境の保持をめぐる社会公共目的の共同行為である。一見すると、温暖化防止、適切な労働環境の維持、節電など、すべて公益を図る目的で実施されようとしており、独占禁止法はあまり関係ないように見える。しかし、これらの共同行為の内容は、本来競争の中で各企業によって独自に決定されるべき事項を含んでいる。したがって、これらの共同行為によって、消費者が享受できるはずの企業間競争の便益（より低い価格、より高い品質、より多くの付加的サービスの提供など）が否定される可能性がある。決して、独占禁止法と無関係であるとはいえない。

3 問題の所在

前掲エアーソフトガン事件判決（具体例②）は、自主ルールの目的が合理的であっても、内容が合理的で、かつ、その実施方法が相当であるか、独占禁止法の観点から検討すべきことを示していた（本章第2節4）。この事件の自主規制は、ユーザーの好みから、メーカー間で威力強化競争が過熱化するおそれがあるため、これを抑制する意味があった。具体例③が扱う環境規制でも同じ議論が成立するが、自主規制の程度や態様、範囲が合理的で妥当であるかどうか、よりきめ細かな検討と複眼的な視点が求められる。

各業界ルールがその目的を達成するには、ある程度構成員の活動を拘束し、抜け駆けを防止する必要がある。たとえば、具体例③（A）では、レジ袋の削減のための取組みが問題となっている。仮に、1社が率先して有料化しても、他の者が追随しない限り、無料配布し続ける店舗に顧客を奪われる可能性がある。そうすると、環境問題への関心が高くても、誰もレジ袋削減への取組みに関与しようとはしなくなるだろう。

しかし、締めつけを厳しくすることで生じる弊害もある。この種の共同行為は、同じ目的を追求する別の手段を選択・採用するライバルやアウトサイダーを妨害し、そのような手段の開発意欲を減退させ、開発競争を歪める可能性がある（本章第2節3）。

さらに難しいのは、価格・生産量など、重要な競争手段について制約が加

えられる場合である。たとえば、レジ袋が一律5円に決定されたことで、消費者はそれまで無料だったレジ袋について金銭を負担することになる。また、具体例③（D）では、営業時間の制約で機械の稼働時間が減るため、共同行為がない場合に比べて減産となり、価格が高くなる可能性も考えられる。

4 法的論点の解読

（A）レジ袋の有料化

本件当時、製造・廃棄に環境負荷がかかるレジ袋の削減について意識が高まっていたものの、有料化に踏み切る自治体や地域、小売店はまだ少なかった。実際の相談事例では、有料化に先立って、レジ袋辞退によるポイント還元を実施したものの効果がなかったことが示されている。

レジ袋は何かと重宝することもあるが、現在のところ、それ自体は商品ではなく、顧客獲得手段として決定的要素とまではいえない。あくまで商品購入に付随する付加的サービスにすぎず、さしあたり配布用レジ袋をめぐる市場はないと考えられる。レジ袋の利用抑制の必要性について社会に理解が浸透しつつある中で、その単価を共同で決定しなければ当該目的を達成できず、しかも、5円という単価は、顧客が受忍すべき範囲を超えるほどの負担ではなく、総合的に見て合理的な範囲内であると判断されている。

（B）リサイクルシステムの構築

循環型社会を念頭に置いたリサイクルの取組みについて、公取委は、リサイクルガイドラインを公表し、検討すべき2つの市場に着目している。一つ目は、本体製品の市場である。廃棄にかかる費用は、本体製品の製造費用に組み込まれ、その販売価格に転嫁されると考えられる。もう一つは、リサイクル市場、すなわち、「廃棄物の回収・運搬サービスや廃棄物の再資源化サービスなどの取引に関連する市場」である。ここでは、運搬業者、処分業者、再資源化業者が関係し、これらの事業者間での競争が考えられる。

本件では、運搬・処理費用の単価を一律に設定し、従来の個別契約に代わってB組合が一括して契約をする。製品市場については、製品本体の費用に占める運搬・処理費用の割合は大きくなく、共同リサイクル事業が与え

る影響は間接的なものである。また、会員以外の者の参加を排除する目的や効果がない限り、特定事業者の事業活動を困難にさせることもない。リサイクル市場についても、運搬業者10社および処分業者3社が扱う廃棄物は、会員が排出するものに限られず、それ以外の運搬業者・処分業者も希望した場合には参加を認めるため、リサイクル関係事業者間における競争は制限されないと判断している。

(C) 労働環境の整備

労働者の安全確保のための機械整備に係る作業手順などの整備基準を定める相談事例である。実は、相談者である団体の会員は、福島第一原子力発電所事故による放射性物質の拡散によって、放射線量が通常よりも高く検出される機械製品の整備を行うことがあるため、事前測定や洗浄等の作業手順を統一化しようとしている。

本件では、会員事業者と顧客との取引条件を直接的に制限するものでなく、また、特定事業者を差別的に扱うものでもなく、さらに、需要者の利益を不当に害するとまではいえないと判断されている。ただし、労働者の安全確保という名目で本来不必要な作業を行わせることで、需要者に高額な費用を請求することとなる場合、また、本件取組みを徹底させるためにペナルティを科すなどして事業活動を制限・強制する場合には、独占禁止法上問題となるおそれがあるとしている。

本件に関連して、労働環境に関わる別の相談事例として、営業時間や休業日・営業日の共同設定の事例がいくつかある。営業日や営業時間も競争手段の一つである。ただ、品質維持や生産効率の観点から連続操業方式が望ましい製造業（たとえば、ポリエチレンフィルムの製造部門）や、取引先との関係で休日の確保が困難な流通業（たとえば、酒類卸売業者など）、さらに昼夜を問わず急患を受け入れる医療機関や動物病院などでは、良質な労働力の確保、労働時間短縮、完全週休2日制の促進、医師らの健康保持などの観点から、夏期休業の延長目標の設定、休日カレンダーの作成と配布、診療時間の目安や緊急当番医制の実施など、共同の取組みが見られる。これらは、生産調整や遵守の強制がないことを条件に、独占禁止法上問題ないと判断されている。

(D) 営業時間の制限

　本件は、営業日や営業時間の制限に関わる内容だが、電力逼迫による夏期節電対策の観点からの導入が問題になっている。東日本大震災後、原子力発電所の運転停止に伴って、従来と同様の電力供給が困難となったことから、各地で事業者や一般家庭に対して節電や輪番停電などが要請された。国・地方公共団体は、特に電力需要が高い夏期・午後のピーク時の電力削減（ピークカット）目標を掲げ、国民・住民らに対して節電を促していた。

　事業者団体Ｄが、構成員の事業活動や消費者の利便性に極力影響が出ないよう、輪番制の形で節電対策に取り組むことは、むしろ肯定的に評価されるべきである。しかし、一斉休業日や営業中断時間を決定してしまうと、生産調整に至る可能性がある。また、ピーク時の節電につながらないような取組みである場合にはどうだろうか。商品ｄの供給を受けられなくなるという意味で需要者側の利益を大きく損なうおそれがあるし、また、夜間営業の停止に至っては、供給者間の競争を不当に制限することになる。

　本件では、①休業日・営業中断時間の決定と②夜間営業の自粛については、独占禁止法上問題となり得ると判断され、③輪番によるピーク時における営業時間調整についてのみ、ただちに問題となるものではないとされている。目的が社会公共的に見て合理的であっても、より競争制限的でない他に選び得る手段がないかどうか、また、代替手段がない場合でも、必要最小限の範囲と態様であるか、留意する必要があったことを、もう一度思い出してほしい（本章第２節 **4**）。

第3部

私的独占規制と政府規制

第6章
私的独占

　「私的独占」とは何か、簡単に整理してみることから始めよう。文字通り見れば、私的な独占を禁止するということであり、私的な企業による、市場を「独占する行為」が禁止されることになる。私的独占の行為形態として、「排除」または「支配」が定められ、これらの行為によって、市場支配力の形成強化をもたらす、すなわち、「一定の取引分野の取引における競争の実質的制限」という効果を及ぼすことが禁止されているのである（独禁法2条5項）。もともとの私的独占の行為の典型は、株式所有等を支配の手段としたいわゆるトラストという、他の企業を支配することによる市場の独占行為であると理解されるが、近年は、国際的にも「排除」行為に注目が集まっている。独占禁止法2条5項は、「支配」として、他の事業者の事業活動・自由な意思決定を制約することを禁止し、さらに、「排除」として、他の事業者の事業活動を困難にしたり、新規参入を困難にすることを禁止している。「排除」行為には、正当な競争の結果、事業活動が排除されることを含まず、競争の実質的制限を引き起こす「人為的な排除」であることを必要とする。

　「支配」「排除」に該当する具体的行為を考えるにあたっては、不公正な取引方法の各行為類型が一つの手掛かりとなる。排除措置命令が違反行為の措置として中心的役割を果たしてきた従来の法執行において、私的独占規制が活発でなかった期間（東洋製罐事件・昭和47〔1972〕年から、後述の日本医療食協会事件・平成8〔1996〕年までの24年間）は、不公正な取引方法の規制がその代わりを果たしてきたという事情もそのことを示す。不公正な取引方法の場合、その効果要件は、「競争の実質的制限」要件より低い市場効果を意味する「公正な競争を阻害するおそれ（公正競争阻害性）」で足りるため、私的独占より立証が容易であり、あえて私的独占を適用する必要性はなかったということ

である。さらに、「排除型私的独占に係る独占禁止法上の指針」（平21・10・28）では、典型的な排除行為として、「商品を供給しなければ発生しない費用を下回る価格の設定」（いわゆる低価格による販売）、「排他的取引」、「抱き合わせ」、「供給拒絶・差別的取扱い」の4類型が挙げられている。これらはいずれも不公正な取引方法にも該当し得る行為類型である。経済社会の発展とともに、「いかなる方法をもつてするかを問わ」ない私的独占の「排除・支配」行為の適用対象は拡大しつつある。具体的事例を検討しながら、どのような行為が、私的独占に該当するかを考えてみよう。

第1節　取引相手への融資をテコとした同業者の排除

1　具体例①（雪印乳業・農林中金事件・審判審決昭31・7・28）

　YとHは、乳製品の製造・販売を営んでおり、両者の集乳量は、北海道の全生産量の約80％を占めている。両社は集乳面においては、特に乳価の決定等につき、常に協同の歩調を取っている。農林中央金庫（以下、A）と北海道信用農業協同組合連合会（以下、B）は、Yの株式の約4％、Hの株式の約2％を所有し、両社に対し多額の融資を行っていた。

　YとHは、自社工場周辺の有蓄農家に乳牛の飼育頭数を増加させるための融資を斡旋することにより、AとBの了解を得て、農林中金の資金をもって乳牛を両社地区に導入する計画を立てた。当時、北海道においては、乳牛導入資金の提供は農民にとってすこぶる魅力があった。

　多額の乳牛入資金を供給し得る北海道内唯一の機関であるAとBは、単位農業協同組合（以下、単協という）に乳牛導入資金を供給するにあたり、YとHとの完全な了解の下に、両社の保証を受ける単協または組合員のためにのみ融資し、他の乳業者と取引する単協または組合員のための申請は取り上げず、両社以外の乳業者に原料乳を供給する単協または組合員に対する融資の申し出はこれを認めず、また、Yは現に他の乳業者と取引している農民を本資金斡旋を条件に自己と取引するように誘引し、AとBの役員は、組合員が両社以外の乳業者と取引する単協は、単に乳牛導入資金の斡旋のみな

らず、その他の営農資金の融通についても不利に取り扱われるべき旨を示唆して農民の間に多大の不安の念を起こさせる等、ひたすら本資金を両会社の利便を図り他の乳業者の事業活動を抑圧するように使用し、そのために両会社以外の乳業者は所要の集乳を確保するのに多大の不利を被り、この状況が逐年反復されるにおいては事業の継続すら困難となるおそれがあるに至った。

　公正取引委員会の審決によれば、XとYは協同してAおよびBと完全なる了解の下に、3ヵ年間に約10億円の資金を両会社に生産乳を供給する農家に融通させて両会社の集乳地区に約1万頭の乳牛を導入し、本資金によって乳牛を購入した者の当該乳牛のみならずその保証人ならびに資金借受単協自体についてまで販路を制限し、それら生産乳はすべて両会社のみに販売せしめるという計画を立ててこれを実行し、他の乳業者の集乳活動を抑圧し、特にいわゆる競争地区においては本資金を他の乳業者に対する強力な競争手段として利用し、Aに他の地区に比し厚く本資金を融通させ、他の乳業者の集乳活動を排除し、もってすでに北海道地域において集乳量約80％に及ぶ両会社の地位の全面的維持および強化をはかっているものと認められるから、両社の行為は私的独占禁止法第3条前段に違反するとした。

　さらに、Aは、X、Yのいずれかに原乳を供給する単協またはその組合員にのみ乳牛導入資金を融資し、他の乳業者と取引する単協等に対しては取引先が両会社でないという以外格別の理由なく乳牛導入資金の供給を拒否しているものと認められ、「特定事業者に不当に資金を供給しないもの」として、一般指定1項にいう不当な取引拒絶に該当するとした。また、各単協に乳牛導入資金を融資するにあたり、資金を借り入れた各単協、組合員およびその保証人についても、それらの生産または販売する原乳を必ず両会社に販売することを条件としているのは、正当な理由がないのに相手方と当該相手方から物資の供給を受ける者との取引を拘束する条件をつけて当該相手方と取引しているもので、現行法の一般指定の12項の拘束条件付取引に該当するとした。

2　事案を読み解くポイント

本件の事案を、酪農民を中心にして、図6-1の通り図式化してみる。

本件では、金融機関は融資を手段として、酪農民に対し、その原料乳の供給先をYとHに限定し、YとHの競争者であるその他の乳業者に生乳を供給させないようにしているのが、事案の概要である。この前提としては、融資に関しての、「乳牛導入資金の提供は農民にとってすこぶる魅力があった」という事実である。酪農を開始し継続するためには、やはり多額の資金が必要である。設備、そして一定規模の乳牛の導入は、酪農経営の事業活動上、必須であるといってよい。このため、酪農民を引きつける手段として乳牛導入資金がきわめて有効であった。さらにAとBは、「多額の乳業導入資金を供給し得る北海道内唯一の機関で」あったことは重要である。乳牛導入資金の供給先としてAとB以外の他の選択が存在しないということも、本件違反行為の成立する前提となっている。

3　問題の所在

1のケースでは、金融機関AおよびBは、酪農民に対して、YとHのみに原料乳の供給することを乳牛資金融資の条件としているのである。このように、両者および金融機関AとBによる不当な手段によって、酪農民の販路が制限を受ける結果、YとH以外の他の乳業者は所要の集乳を確保することが困難になるという意味で、事業活動の抑圧が問題視されるのである。

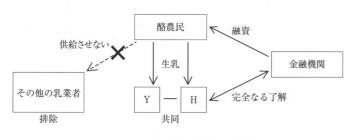

図6-1　雪印乳業・農林中金事件

4 法的論点の解読

　公正取引委員会の審決では、他の乳業者の事業活動が抑圧されていることに基づいて、行為形態としては、YとHによる他の乳業者の集乳活動の「排除」のみが認められている。そして、金融機関が特定の事業者に資金を供給しないことは、不当な取引拒絶にあたり、さらに融資相手の取引を拘束する条件を付していることは、不当な拘束条件付取引に該当するとされている。もちろん、これらの行為が不公正な取引方法にあたることは否定されないが、取引の相手方である酪農民に対する金融機関の融資によって酪農民の販路を抑圧しているのだから、これらの行為がまさに酪農民の事業活動への介入として「支配」を認定することも可能であったであろう。かかる支配があったからこそ、競争事業者の事業活動の排除が可能となったのである。このように見れば、金融機関を「支配」の行為者として、私的独占の違反行為者と捉えることもできたであろう。

　他方で、YとHについていえば、通謀を行っているものの、当該両者をも不公正な取引方法の行為主体として捉えるのは難しいことが本事案を理解する一つのポイントであろう。私的独占違反行為は、必ずしも同時に不公正な取引方法に該当する行為である必要はないため、直接、これらの行為に対して私的独占違反が適用されたと考えられるが、他方で、金融機関が、不公正な取引方法の違反行為者にとどまり、私的独占の違反行為者に含まれていないことは、やや不自然な法適用に思える。

　次に、市場に与える効果はどのように説明できるであろうか。YとHが本件排除行為以前にすでに集乳に関する市場シェア80％を占めている状況は重要である。かかる状況を前提として、酪農民が金融機関から融資を受けられないようにすることにより、集乳におけるYおよびHと他の乳業業者間の競争の弱体化がもたらされ、競争の実質的制限状態の維持・強化が認められる。

　本件は、金融機関の融資をテコとして同業者を排除した、私的独占行為の初期の典型的事例である。

第2節　取引相手へのリベート供与による競争者の排除

1　具体例②（インテル事件・勧告審決平17・4・13）

　米国Y社の子会社である日本Y社は、米国Y社から、パソコンに搭載するx86系セントラル・プロセッシング・ユニット（以下「CPU」という）を輸入し販売する事業を営む者である。日本Y社、日本X_1社および米国X_2社の3社は、わが国において、国内に本店を置きパソコンの製造販売業を営む者（以下「国内パソコンメーカー」という）に対し、CPUを販売している。平成15（2003）年において、日本Y社が販売したY社製CPUの数量がCPU国内総販売数量に占める割合は約89％である。

　Y社製CPUについては、その国内における販売数量がCPU国内総販売数量の大部分を占めており、また、パソコンを購入するものの間において広く認知され、強いブランド力がある。さらに、日本Y社は、価格、機能等の面において上位から下位までのほとんどすべてのパソコンに対応するCPUを国内パソコンメーカーに安定的に供給するとともに、従来のCPUに比して性能を向上させるなどしたCPUを次々に販売している。このため、国内パソコンメーカーにとって、その製造販売するパソコンの品揃えの中にY社製CPUを搭載したパソコンを有することが重要となっている。

　さらに、わが国においては、パソコンを製造販売する事業者の間における競争が激化していることから、国内パソコンメーカーにとっては、他のパソコンを製造販売する事業者と競争するうえで、Y社製CPUをできるだけ有利な条件で調達することが重要となっており、このため、日本Y社から、Y社製CPUを購入するにあたって、割戻金（メーカーごとに提示する当初価格と特別価格の差額に販売数量を乗じて得た額の金額）等の提供を受けることを強く望んでいる状況にある。

　日本X_1社が、Y社製CPUと競合するCPUをより安い価格で発売したことなどを契機として、国内パソコンメーカーが、特に、価格、機能等の面において中位から下位までのパソコンにX_1社製CPUを搭載し始めたことか

ら、CPU 国内総販売数量のうち X_1 社製 CPU の販売数量が占める割合が、約17％から約22％となった。そのため、日本 Y 社は、X_1 社製 CPU の販売数量が今後も増加し続けることを危惧し、平成14 (2002) 年5月ころ以降、各国内パソコンメーカーの MSS（各国内パソコンメーカーが製造販売するパソコンに搭載する CPU の数量のうち Y 社製 CPU の数量が占める割合）を最大化することを目標として、Y 社製 CPU を直接販売している国内パソコンメーカーのうちの5社に対し、それぞれ、その製造販売するパソコンに搭載する CPU について、

　（ア）MSS を100％とし、Y 社製 CPU 以外の CPU（以下「競争事業者製 CPU」という）を採用しないこと、

　（イ）MSS を90％とし、競争事業者製 CPU の割合を10％に抑えること、

　（ウ）生産数量の比較的多い複数の商品群に属するすべてのパソコンに搭載する CPU について競争事業者製 CPU を採用しないこと、

のいずれかを条件として、Y 社製 CPU に係る割戻金等を提供することを約束することにより、その製造販売するすべてもしくは大部分のパソコンまたは特定の商品群に属するすべてのパソコンに搭載する CPU について、競争事業者製 CPU を採用しないようにさせる行為を行っている。

　これらにより、CPU 国内総販売数量のうち日本 X_1 社および米国 X_2 社が国内において販売した CPU の数量が占める割合は、平成14年において約24％であったものが平成15年においては約11％に減少している。

　公正取引委員会は、5社に対する CPU の販売に係る競争事業者の事業活動を排除することにより、公共の利益に反して、国内パソコンメーカー向けの CPU の販売分野における競争を実質的に制限しているものであって、これは、独占禁止法2条5項に規定する私的独占に該当し、独占禁止法3条の規定に違反するとした。

2　事案を読み解くポイント

　上記（ア）（イ）（ウ）の Y 社の行為は、競争者の製品を採用しないこと等を条件として、リベートを供与することが私的独占にあたるとされた。ま

ず、本件で問題になっているリベートとは何であろうか。リベートは、売り手が支払いを受けた一定の額を、買手に払い戻すことであり、実質的な値引きといえる。これ自体、独占禁止法上問題となることはない。リベートによる割引によって実勢価格により近い形で価格を形成する機能を果たす場合等があり、むしろ、競争促進的な側面も持つことになるため、そのリベート供与が持つ意義・実態を考慮して評価する必要がある。大量に購入した買手に対して割り引く場合、数量に応じて商品一単位当たり一定額を供与するようなリベートには、原則として合理的根拠が認められ、独占禁止法上も取り立てて問題にする必要はないであろう。しかし、本件で問題となったリベートは、Y社製CPUの数量が占める割合を最大化することを目標として、総購入量に占める自己の製品の割合が高い場合に供与される占有率リベートである。これにより、5社の国内PCメーカーは、実際に、MSSを100％または90％を維持するようにしている。Y社がこのようなリベート供与を開始した背景には、わが国におけるCPUの競争事業者である日本X_1社、および米国X_2社の2社の動向がある。すなわち、日本X_1社が、Y社製CPUと競合するCPUをより安い価格で販売したこと等を契機にして、国内PCメーカーが日本X_1社製CPUを搭載し始めたことから、日本X_1社製CPUの販売数量シェアは、約17％から22％と上昇し、Y社は、日本X_1社製CPUの販売数量が今後も増加し続けることを危惧したのである。このように競争者のシェアが増加していたにもかかわらず、リベートを用いることによってY社は、結局シェアを拡大し、平成15年においては89％に達した。Y社は、PCを購入する者の間において広く認知され、強いブランド力を有しており、国内PCメーカーにとっても、その製造販売するPCの品揃えの中にY社製のCPUを登載したPCを有することが重要であり、Y社によるリベートの供与を受け入れる状況があった。

3 問題の所在

　リベートの提供それ自体は直ちに、法違反を構成するものではないが、本件Y社による（占有率）リベートの供与に基づき、私的独占にいう「排除」

が認められている。私的独占にいう「排除」は、正当な競争行為の結果、事業活動が排除されることとは区別して理解され、不当な排除であることが前提である。とはいえ、これらの区別は容易ではない。どのような根拠に基づき、本件リベートの私的独占排除性が認められるのかを次に検討してみよう。

4　法的論点の解読

1で説明したように、本件リベートによって、MMSを90ないしは100%の達成を目指したことは、競争品の取扱の制限と同じ機能をもつといってよい。すなわち、競争者の商品を取り扱わないことを取引相手方に課す、いわゆる「排他条件付取引」と同一の観点から、不当な「排除」であるか否か評価することができる。そうすると、「流通・取引慣行に関する独占禁止法上の指針」(平成3年制定・本指針は、わが国の流通・取引慣行について、どのような行為が、公正かつ自由な競争を妨げ、独占禁止法に違反するのかを具体的に明らかにすることを目的としたガイドライン)で示された基準に従えば、(ア) 有力なメーカー(シェア10%以上、または上位3位以内)による、(イ) 取引先事業者の競争品の取扱を制限することにより、競争者にとって代替的な流通経路を容易に確保することができなくなるおそれがあるかどうかを検討の手掛かりとし得る。(1)の事実から、ブランド力もありかつすでに高い市場シェアを有しているY社が、競争事業者製CPUを採用しないようにさせる意図をもって、占有率リベートを供与していると同時に、実際に、競争者であるCPUメーカーの市場シェアが約24%から約11%に減少している点を重視して、当該リベートによる競争者の不当な排除が肯定されることになろう。

さらに、本件リベートの「競争の実質的制限」要件該当性については、すでに述べたように、Y社の高い市場シェア、強いブランド力、技術力を背景に市場支配力を有しているとされ、本件行為により、自らの市場シェアを引き上げたことを手掛かりにして、市場支配力の強化が認められている。

5　発展的論点

リベートの供与が値引き行為であることから、競争者との価格競争の一形

態として捉える考え方もある。そうすると、その不当性の評価は、廉売として、不当廉売に関する条項である独占禁止法２条９項３号と不公正な取引方法一般指定６項に該当するかどうかが一つの手掛かりとなり得る。不当廉売が禁止されるのは、販売すればするほど損失が出るような低価格によって競争者を市場から締め出し、あるいは、その活発な競争活動を委縮させ、その後に、価格を引き上げて、廉売期間中の損失を補って余りある利益を生み出す戦略（「略奪的戦略」）が、究極的には消費者から競争のメリットを奪うことになるからである。このような場合には、実際の事例はないが「私的独占」にいう「排除」に該当することになろう。不当廉売として問題となる価格の基準は、当該低価格による商品役務の販売がなければ負担しなかったであろう費用を下回ることが目安とされていて、これは、商品役務の提供にかかるすべての費用を読み込んだ総販売原価を「著しく下回る」水準ということである。不当廉売の観点からは、本件のリベートを勘案した実質価格が不当廉売の要件である総販売原価を下回るかどうかが検討されることになるが、本件の審決を見る限り、不当廉売に関する検討は加えられていない。リベートの供与は、必ずしも原価割れを伴うわけではなく、常に「略奪的」とはいえない。本件は、Ｙ社製品のブランド力の強さを背景にして、国内のＰＣメーカーに対してＹ社製品を優先的に購入するよう事実上強制できたことが事案の核心部分であり、排他条件付取引にならった取扱が妥当であろう。

第３節　公的な制度（医療食品加算制度）を利用した私的独占行為

1　具体例③（日本医療食協会事件・勧告審決平８・５・８）

保健医療機関が入院患者向けの「医療用食品」を給付すると、入院時食事療養費に一定の金額を加算した給付が受けられる医療用食品加算制度の下で、財団法人日本医療食協会（以下「協会」という）は、「医療用食品」の栄養分析を行う唯一の検査機関（厚生大臣指定）であり、５％の検査料を課していた。日清医療食品（以下「日清」という）は、「医療用食品」の一次卸販売業者であり、医療用食品の価格維持・協会の検定料収入の安定的確保を図るため、協会か

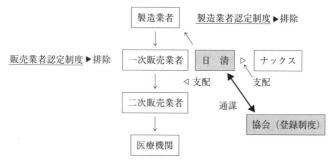

図6-2　日本医療食協会事件

ら独占的に一次卸となることが認められていた。しかし、日清の独占的供給体制に批判が高まったため、この独占に対する批判を受けて、協会と日清は、メディカルナックス（以下「ナックス」という）を一次販売業者にすることにした。

（ア）このような状況の下、協会と日清は通謀し、医療用食品を登録制として、また製造工場・販売業者の認定制度を実施し、認定を行った事業者のみに医療用食品を製造・販売させた。ここから、医療用食品の製造販売分野における製造・販売業者の新規参入の「排除」が認められた。

（イ）医療用食品の一次販売業者である日清は協会と通謀して、競争者であるナックスの仕入先、販売先、販売価格、販売地域、販売活動を制限し、さらに、二次販売業者に対しても、その仕入れ先、販売先、販売価格等を制限したことが、支配にあたるとされた。

2　事案を読み解くポイント

本件は、唯一の医療用食品の検査機関である協会が、いわゆる公的な保険加算制度である医療用食品加算制度を前提にして、日清と通謀して私的独占を行ったという特徴がある。公的な制度・枠組みを不当に利用した私的独占違反事件であり、この医療用食品加算制度は、結局、本件私的独占違反事件を受けて、廃止されるに至っている。

医療用食品加算制度の下で、医療用食品を利用した医療食を提供すると、保健医療機関には一定の金額が加算して給付されるため、保健医療機関は医療用食品を利用する契機が存在する。すなわち、これが医療用食品の需要を惹起することになるが、医療用食品については、協会が、唯一その検査機関として厚生省（当時以下同じ）から指定を受け、検査に合格し厚生省の了承を得たものを医療用食品として登録し、これが加算制度の対象となることを厚生省が都道府県に通知するというのが当該制度の内容である。かかる医療用食品加算制度を前提として、協会と日清は、協会の検定料を確保すること、および医療用食品の価格維持を図るために、任意に設けた認定制度を用いて、製造工場・販売業者の新規参入を妨害したのである。協会が厚生省から指定された唯一の検定機関であるとしても、その検定料収入の安定性を確保するために、日清のみを一次販売業者とし、その他の製造・販売業者の参入を恣意的に制限することは、制度が予定しているところではない。
　ナックスが一次販売業者として参入することになったが、その背景には、日清の独占的供給体制への批判がある。ナックスの参入地域は、医療用食品の普及率が低い地域にとどまっており、不利な条件での参入であったことが窺える。日清は、協会と通謀して、ナックスの販売地域を協定において確定することによって、一次販売業者であるナックスの事業活動を支配し、かつ一次販売の新規参入を排除した。このことが、次の取引段階にいる二次販売業者の事業活動の支配を可能ならしめたといえる。
　本件は、一方で、新規事業者については、認定制度を用いて恣意的に参入を妨害し、他方で、既存の事業者に対する事業活動を拘束することによって事業活動を支配し、かかる支配行為と排除行為を組み合わせた効果として、医療用食品の取引分野全体の競争が実質的に制限された。

3　問題の所在

　本件では、協会と日清の通謀による「支配」と「排除」行為が認められている。まず、協会は、日清と通謀して、自らが認定を行った製造業者・販売業者のみに医療用食品を製造・販売されるというように認定制度を実施した

ことから、排除が認定された。さらに、ナックスを一次販売業者として新たに参入させたが、具体的には、ナックスの参入地域は普及率の低い地域とされていること、医療用食品の販売系列は、日清およびナックスの2系列とすること、新規の二次販売業者を日清またはナックスのいずれかの系列に属させ、自己系列以外の二次販売業者には販売しないこと、日清系製造業者に対してはもっぱら日清に販売し、ナックス系製造業者に対しては販売しないことを内容とした協定を締結した。最終的な買手である医療機関に対して、日清またはナックスが定めた医療機関向け販売価格で販売し、二次販売業者に対しても定価販売を遵守させる、日清およびナックスの二次販売業者向け販売価格は同一とすることの合意がなされた。

かかる協定は、日清とナックスの間の地域分割協定であり、むしろ不当な取引制限であるとする指摘もあろう。不当な取引制限として理解する場合には、ナックスは、単なる「被支配者」ではなく、不当な取引制限の当事者となり違反行為者として問われることになる。

4　法的論点の解説

まず、排除から見てみよう。本件の排除は、任意に設けた製造業者・販売業者認定制度による恣意的な新規参入の妨害である。これらの制度に基づく新規参入の妨害であるから、人為的な排除を認めることには何ら問題はないであろう。また、「不公正な取引方法」に該当する行為とはいえない「排除」行為の例となる。

本件の支配については、一次販売業者であるナックスについては、被支配者か不当な取引制限の当事者かという問題がある。ナックスも協定の当事者として、相互に地域分割に合意しており、この点を捉えれば、不当な取引制限の要件である相互拘束が認められそうである。しかし、もともとナックスの参入は日清と協会による独占体制の批判をかわすためであり、ナックスにとっては不利な条件が合意された協定である点に着目すれば、いわゆる対等な合意として捉えることは難しいように思われる。私的独占にいう支配は、他の事業者の事業活動に対する自主的な判断の制約であり、これに従えば、

ナックスは、日清と相互に地域制限に合意をしているものの、かかる協定の内容はナックスにとって不利に形成されており、ナックスの自主的判断に基づくと考えることは説得的でない。審決の通り、「支配」の行使として、かかる協定を理解することが妥当であろう。

　二次販売業者に対する具体的な支配行為は、拘束条件付取引、再販売価格の拘束等の「不公正な取引方法」にも該当する行為である。本件では、これらの行為の効果として、「公正競争阻害性」を超える反競争効果、すなわち、競争の実質的制限が認められたため、支配として私的独占違反を構成することになる。従来から独占体制にあった日清と、医療用食品の唯一の検査機関が結合しているのであり、医療用食品の取引をめぐる競争を実質的に制限することになるとする認定も問題ないであろう。

第4節　「仕様標準」を利用した排除行為と入札談合における支配行為

1　具体例④パラマウントベッド事件（勧告審決平10・3・31）

　パラマウントベッド社（以下、P社という）は、医療用ベッドの製造販売業者であり、国・地方公共団体が発注する病院向け医療用ベッドのほとんどすべてを製造販売している。医療用ベッドの製造販売業者は、他にF社、M社等がある。東京都は、財務局が発注する都立病院向け医療用ベッドを、指名競争入札等により発注している。東京都は、財務局発注の特定医療用ベッドの指名競争入札にあたっては、原則として、複数の製造業者が製造する医療用ベッドが納入可能な仕様書を定めて当該仕様書に適合する製品を対象とする入札（以下「仕様書入札」という）を行い、特定の製造業者の製品を指定して当該製品を対象とする入札（以下「製品指定入札」という）を可能な限り行わないこととし、指名競争入札においては、原則として、入札の公平性および製造業者間の競争の確保等を図るため、発注方針を次の通りとしている。

　①P社、F社およびM社の3社（以下「メーカー3社」という）が製造する医療用ベッドが納入可能な仕様書入札を実施すること。

　②指名競争入札等にあたっては、医療用ベッドを扱っている販売業者を入

札参加者とするが、メーカー3社の医療用ベッドの発注の機会を確保するため、入札参加者の取引先製造業者にメーカー3社が含まれるようにすること。

　財務局発注の特定医療用ベッドを製造している事業者は、メーカー3社であり、P社は、そのほとんどを製造している。財務局発注の特定医療用ベッドの指名競争入札等に参加している販売業者は33社であり、それぞれ、メーカー3社のいずれかの医療用ベッドを納入予定として入札に参加している。

　P社は、同社の高い市場占拠率を維持し、納入価格の維持を図るため、国および地方公共団体が競争入札の方法により発注する医療用ベッドについて、発注者に対し、①P社の製品を確実に納入するために同社の製品の製品指定入札となるように働きかけ、②他の製造業者の標準品にはないP社の標準品等の特徴を盛り込んだ仕様書による入札となるよう働きかけ、また、③発注者への納入価格については、入札参加者が販売業者の場合であっても、P社自らが決定するように営業を行っている。

　財務局発注の特定医療用ベッドの指名競争入札等に関し、P社は、次の行為を行っている。

　①P社は、仕様書入札において、東京都の方針を承知のうえで、医療用ベッドの仕様に精通していない都立病院の入札事務担当者に対し、同社の製品のみが適合する仕様を含んでいても対外的には東京都の方針に反していることが露見しないように仕様書を作成することができると申し出るなどして、(一)P社が実用新案権等の工業所有権を有している構造であることを伏せて、仕様書に同構造の仕様を盛り込むことを働きかけること、(二)仕様書にF社およびM社の標準品の仕様にはなく、競合2社がそれに適合する製品を製造するためには相当の費用および時間を要することが予想されるP社の標準品等の仕様を盛り込むことを働きかけることにより、P社の製品のみが適合する仕様書とすることを実現し、さらに、入札事務担当者をして(三)入札のための現場説明会において仕様書の内容を説明する際に、P社の製品の仕様のみに合致する内容を説明し、またはメーカー3社の標準品の機能等を比較しP社の製品の機能が競合2社の製品の機能に比して著しく優れていることを示す同社作成による一覧表を掲示して説明し、入札参加者に対し、

同社の医療用ベッドを発注する旨表明すること、（四）仕様書がＰ社の製品しか対応できない等の競合２社等からの質問および仕様書の修正要求に対して、Ｐ社の作成した回答に従って当該仕様書の内容の必要性等を回答すること、およびＰ社と相談のうえ修正要求に応じないなどとすることをさせている。

②Ｐ社は、財務局発注の特定医療用ベッドの仕様書入札およびＰ社の製品の製品指定入札において、入札参加者の中から、あらかじめ、落札すべき者（以下「落札予定者」という）を決めるとともに、落札予定価格を決め、落札予定者および他の入札参加者に対し、それぞれ、入札すべき価格を指示し、当該価格で入札させている。

Ｐ社は、上記行為の実効を確保するため、落札予定者以外の入札参加者に対し、Ｐ社が指示する価格で入札することを要請する際に、「入札協力金」の提供、または落札された製品について「伝票回し」による利益提供を行っている。

Ｐ社の上記の行為により、財務局発注の特定医療用ベッドについて、仕様書入札のほとんどの案件において、他の製造業者が製造する医療用ベッドを納入予定とする販売業者は入札に参加することができず、その結果、他の製造業者は製品を納入することができなくなっており、また、仕様書入札のほとんどの案件およびＰ社の製品の製品指定入札の案件において、入札参加者はＰ社から入札価格の指示を受けて、当該価格で入札させられており、その結果、Ｐ社が定めた落札予定者が、同社の定めた落札予定価格で落札している。

公正取引委員会は、Ｐ社は、財務局発注の特定医療用ベッドの指名競争入札等にあたり、都立病院の入札事務担当者に対し、同社の医療用ベッドのみが適合する仕様書の作成を働きかけるなどによって、同社の医療用ベッドのみが納入できる仕様書入札を実現して、他の医療用ベッドの製造業者の事業活動を排除することにより、また、落札予定者および落札予定価格を決定するとともに、当該落札予定者が当該落札予定価格で落札できるように入札に参加する販売業者に対して入札価格を指示し、当該価格で入札させて、これ

らの販売業者の事業活動を支配することにより、それぞれ、公共の利益に反して、財務局発注の特定医療用ベッドの取引分野における競争を実質的に制限しているとした。

2　事案を読み解くポイント

　本件は、指名競争入札制度の実施に関して、「排除」と「支配」の両者が認定された事案である。背景には仕様書入札があり、P社の製品のみが納入できる仕様書入札が実現したのは、2つの要因に基づく。第一に、P社が実用新案権等を持つ構造が仕様書に盛り込まれ、P社の製品が、入札において「仕様標準」とされたことである。第二に、このように「仕様標準」と決定し入札する過程は、東京都が実施する権限を持つため、P社の行為は、これを利用した、いわゆる政府行為を利用した私的独占である。

　さらに、P社は、東京都の発注方針に反することを知りながら、医療用ベッドの仕様に精通していない入札事務担当者に対してP社のみが適合する仕様書の作成を働きかけ、P社が実用新案権を有する構造が仕様書に含まれていることは伝えず、対外的には東京都の方針に反していることが露見しないようにするなど、意図的・人為的な虚偽の情報提供を行い、発注者である東京都の意思決定を歪曲するように直接的に働きかけを行っている。このようにして、他の競合2社の医療用ベッドが発注者によって採用されないようにしていることが排除にあたるとされた。一連のP社の行為は、入札担当者を「だます」行為であるといえ、この意味で特殊な事案ともいえる。

　当該医療用ベッドの入札参加者は、医療用ベッドの製造業者である3社ではなく、医療用ベッドを扱っている販売業者となる。P社は、仕様書入札において、P社の製品を仕様標準とすることに成功したことを受けて、次の段階として、かかる入札の枠組みにおいて、取引先である販売業者間に入札談合にあたる行為をさせた。これによって、P社が定めた落札予定者が、P社の定めた落札予定価格で落札する結果となり、P社が、「東京都の財務局発注の特定医療用ベッドの取引分野」において、競争者を排除したうえで、さらにその価格競争を支配することとなったのである。

3　問題の所在

　本件の問題は、第一に、すでに述べたような虚偽の情報提供行為を前提した排除行為の理解であろう。P社の実用新案権を盛り込んだ仕様書入札が実施されたことで、費用が高くつく等の理由から他社製品の入札への参加が困難となった。この場合、発注者による、P社の医療ベッドのみが適合する仕様書入札の実現は、一連のP社の虚偽の情報提供行為等に基づいていることが前提として認められることから、発注者ではなく、P社による詐欺的な行為が排除行為として捉えられることになる。

　さらに、P社が取引先である販売業者間に入札談合に該当する行為をさせたことが、販売業者の事業活動の支配と捉えられたことは興味深い。結局は、これが価格競争の実質的制限を引き起こしたことになるが、P社によって落札予定者・落札価格の決定等、入札価格の指示が販売業者に対して行われ、これを利益の供与等により実効性をもたせていることからすれば、そもそも販売業者間に入札談合が存在したのではないか、という疑念も生じさせる。

4　法的論点の整理

　本件は、「支配」と「排除」の両者が認められている。これらの関係はどのように理解できるであろうか。P社は、東京都の入札担当者をいわばだます形で、P社の実用新案権を盛り込んだ医療用ベッドのみが納入できる仕様書入札を実現したことによって、結局、F社およびM社は仕様標準から外れることから排除が導かれることになる。この場合、P社の行為は、P社の働きかけが東京都の発注方針に反するとの認識を前提としており、正常な競争の結果生じた排除とは到底いいがたく、人為的な排除が認められる。競争者にとっては、P社の仕様に合致する製品を製造するために、相当の費用・時間を要することが認定されていることから、その事業活動を困難にさせていると解される。

　P社がいわゆる仕様標準としての地位を獲得した時点で、競争者の排除が生じると同時に、P社は市場支配力を形成したことになる。この支配力行使の具現化として、P社による入札参加販売業者の事業活動の支配が理解され

る。販売業者に対して、入札談合に該当する行為をさせていたことは、入札協力金や伝票回し等による利益供与を用いた、事業活動の制約と捉えられ、販売業者とＰ社の関係として「支配・従属関係」が存在していたことは否定できないであろう。すなわち、Ｐ社の医療用ベッドにおける高いシェアのみならず、東京都の発注状況に鑑みれば、Ｐ社が販売業者に対してやはり優位にあるという見方が合理的であろう。

5　発展的論点

　Ｐ社が入札談合にあたる行為をさせていることを媒介として、販売業者間が入札談合をすることについての共通の認識の存在も疑われるところであり、販売業者の間の不当な取引制限として捉えられる余地はなかったであろうか。この場合、不当な取引制限と私的独占とする場合の区別はどの点に求められるであろうか。不当な取引制限とする場合には、事業者間に入札談合に関する共通の認識があり、相互に拘束的であることが必要となる（2条6項参照）。Ｐ社が販売業者に対して入札価格等を指示する際に入札協力金等の利益を提供しているなどから、Ｐ社の販売業者への対応が、個別的であって販売業者間のつながりと無関係に利益供与等がなされているとはいいがたいように思われる。他方で、Ｐ社からの入札価格の指示、落札価格・落札予定者の決定はもっぱらＰ社の判断に基づく、一方的な拘束である。この点に着目すれば、審決の認定通りの「支配」として私的独占違反を問うのが適切であるということになろう。

第7章
政府規制法

第1節 政府規制と規制緩和

　独占禁止法による、自由かつ公正な競争秩序の維持という目的を達成するための事業者の経済活動規制および政府による特定の産業に対する規制は、経済活動に対する規制を内容とする点では共通しており、この意味で両者とも「経済規制法」として理解することができる。しかしながら、政府による産業規制は、特定の事業分野において競争秩序が機能しないことを前提に、独占ないしは一定の支配的地位を容認し、事業活動の開始（参入）・商品サービスの提供数量・提供価格の取引条件の形成などの事業活動に対して、直接的な規制を課すことにより、競争秩序維持法とは異なる秩序を維持することを意味する。

　規制の内容については、事業分野によって事業活動に対する介入の程度・内容は異なっており、競争がほとんど機能しない法制度を定める事業分野から、競争秩序に委ねる比重が大きい分野まで様々である。また、国や地方公共団体の責務として、国民生活・地域住民の生活にとって不可欠である商品・サービスの供給については、基本的に国や地方公共団体の責務として、いわば制度的な独占が法定されてきた分野もある（たとえば、水道事業、郵便事業等）。このような制度的な独占が法定される事業分野は時代の変遷とともに変化してきており、民営化の枠組みでも議論されてきた。

1　規制とは何か

　「規制」という場合には、一般的には、一定の目的を実現するために、法で認められた個人ないし事業者の権利を制約すること、事業者の事業活動に

制約を加えることをいう。規制は、その目的の観点から、社会的規制および経済的規制に大別される。

①社会的規制は、基本的に、国民の消費生活に関係する、消費者の生命・健康・安全の保護を目的として設定されている規制である。

②経済的規制は、市場の自由な機能に委ねておいては商品・サービスの適切な供給や望ましい価格水準が確保されないおそれがある場合に実施される規制であり、特定の産業に対する参入、設備投資、生産数量、価格水準を制限する規制を典型とする。経済的規制については、原則自由、例外的に規制するということを基本とし、他方、社会的規制については、社会政策的目的のために実施され、必要最小限度の規制とされている。どちらの規制に当たるかによって規制のあり方に違いが生じるという二分法の考え方であるが、これら双方の要素を備える規制も多数存在しており、かかる二分法には限界がある。

2　公益事業と規制緩和

一般に公益事業は、国民生活にとって不可欠ないしは重大な影響を与える商品・サービスの提供であるという特徴をもっている。さらに、物理的な条件として、商品・サービスの提供が、線・管等を通して行われるという意味での設備拘束性をもつ自然独占性（その産業分野が、競争的となりえず、必然的に独占的構造になる技術的・経済的理由ないしその性質のこと）の高い分野であり、自由競争になじまないため、競争秩序とは異なった公的な規制が実施されてきている。

しかしながら、先進国においては、国家の財政赤字の肥大化や独占的な規制産業の非効率性という問題が重視され、昭和45（1970）年頃からいわゆる規制緩和が進められてきている。従来独占的ないしは政府規制の下でサービス提供がされてきた公益事業分野においても、競争秩序の導入が進展しており、政府規制と独占禁止法による規制が併存している状況となってきている。

重要な規制緩和としては、以下のものが挙げられる。

①参入規制の緩和：　新たな事業者が市場に参入することにより、事業者

間の競争が新たに生じ、経済の活性化につながる。

　②料金規制の緩和：　公共料金は、総括原価方式[※1]で決定されることが一般的であったが、従来よりも企業努力を促すインセンティブ規制[※2]に移行し、コスト低減の成果を料金規制に反映する手法がとられつつある。

　※1：　総括原価方式とは、適正な原価を償い、かつ適正な利潤を含み、商品やサービスを提供するのに必要な総括原価が総括収入と等しくなるように料金水準を決定する方式をいう。この方式のデメリットとしては、企業側にコスト削減・投資拡大のインセンティブを減退させるおそれがあること、市場条件に柔軟に対応できないことが挙げられよう。

　※2：　インセンティブ規制とは、企業側に何らかの誘引（インセンティブ）を与えることによって、規制当局の目的を達成するように導く規制方式をいう。料金規制によって一定の経営効率等の成果の実現を企業に促すために、その成果の一部を当該企業に配分するとともに、成果を達成しない場合には、ペナルティが課せられる。プライスキャップ方式（上限価格水準を決定する）、ヤードスティック方式（他の企業の実績を比較基準とする）等がある。

第2節　政府規制と独占禁止法との接点

　近年、政府規制を緩和する動きが顕著であり、その過程で、独占禁止法の適用範囲は拡大することになる。規制は直ちに全面的に廃止されるわけではなく、社会・経済情勢に適応して徐々に規制緩和が進められている。他方で、漸進的な規制緩和により、政府規制と独占禁止法との関係はより複雑になってきている。以下、具体例1では、電気事業分野において、もともと独占的事業分野であった電力事業に競争が導入される規制緩和の局面で、規制緩和の不徹底がもたらした独占禁止法適用事例を検討し、具体例②では、政府規制が依然として存在しながら、それが十分に機能していない場合の独占禁止法適用事例をそれぞれ検討することにする。

1 具体例①電気事業法と独占禁止法による料金規制の関係（東京電力株式会社に対する独占禁止法違反被疑事件・平24・6・22）

(1) 事実の概要

　公正取引委員会は、Yの電気料金値上げに対し、「優越的地位の濫用」にあたり、「違反行為につながるおそれがある」という趣旨の「注意」を行った。Yは、Yの供給区域における自由化対象需要家（契約電力が原則として50キロワット以上の需要家をいう）向け電力供給量のほとんどを占めており、一方、当該供給区域における特定規模電気事業（自由化対象需要家の需要に応ずる電気の供給を行う事業者であって、一般電気事業者を除く者をいう）の電力供給の余力は小さい。これらの事情から、Yと取引しているほとんどの自由化対象需要家にとって、Yとの取引の継続が困難になれば事業経営上大きな支障を来すため、Yが当該需要家にとって著しく不利益な取引条件の提示等を行っても、当該需要家がこれを受け入れざるを得ない状況にあり、Yは、当該需要家に対し、その取引上の地位が優越していると考えられる。

　Yは、Yの供給区域において、Yと取引している自由化対象需要家に対し電力供給を行うにあたり、平成24（2012）年1月頃から同年3月頃までの間、Yと当該需要家との間で締結している契約上、あらかじめの合意がなければ契約途中での電気料金の引上げを行うことができないにもかかわらず、一斉に同年4月1日以降の使用に係る電気料金の引上げを行うこととするとともに、当該需要家のうちYとの契約電力が500キロワット未満の需要家に対しては、当該需要家から異議の連絡がない場合には電気料金の引上げに合意したとみなすこととして書面により電気料金の引上げの要請を行っていた事実が認められた。

　なお、Yは、本件に係る経済産業省の指導等を踏まえ、平成24年3月下旬頃以降、Yと取引している自由化対象需要家に対し、契約期間満了までは契約中の電気料金での取引の継続が可能であることを伝えたうえで、電気料金の引上げの要請を行うとともに、当該需要家のうちYとの契約電力が500キロワット未満の需要家に対する電気料金の引上げの要請にあたっては、書面に加え、電話や訪問により口頭で電気料金の引上げ理由等について説明し

ている事実が認められた。

　公正取引委員会は、Yの前記行為は、独占禁止法2条9項5号（優越的地位の濫用）に該当し同法19条の規定に違反する行為につながるおそれがあるとして、Yに対し、今後、Yと取引している自由化対象需要家に対して電気料金の引上げ等の取引条件を変更するにあたっては、当該条件を提示した理由について必要な情報を十分に開示したうえで説明するなどして、自由化対象需要家向け電力取引について、独占禁止法違反となるような行為を行うことのないよう「注意」した。

(2) 事案を読み解くポイント

　電気事業分野の特殊性として、商品・サービスの提供が、①国民生活・消費者にとって必需であること、②導管や線で行われ、設備拘束性（商品の供給元から供給先まで、線や管で結ばれている）のある、いわゆる自然独占とされること、③電力が貯蔵不可能であることが挙げられる。

　これらの根拠に基づき、電気事業については、その性質上当然に独占となる事業であり、独占禁止法が妥当しない分野として、従来、制度的に独占が容認されていた。旧独占禁止法21条は、「鉄道事業、電気事業、瓦斯事業その他その性質上当然に独占となる事業を営む者の行う生産、販売又は供給に関する行為であつて、その事業に固有のもの」を独占禁止法の適用除外と定めていた。ただし、当該事業を営む事業者の行うすべての行為が独占禁止法違反を構成しないのではなく、その事業に固有なものに限り、独占禁止法違反にはならないと解されていた。つまり、公益性と設備拘束性という事業の特性から、これらの事業に競争を導入しても国民生活には利益をもたらさないと考えられたので、許可制に基づく参入規制を中心とした事業法に基づく政府規制が広範囲にわたって行われ、独占禁止法の適用は排除されると考えられたのである。

　他方で、この「設備拘束性」の特性は、技術革新・技術的条件によって左右され、必ずしも固定的に維持されるわけではない。電気事業に関していえば、近年の技術革新を背景に、エネルギー価格の高コスト体質、内外価格差の問題点が指摘され、電気・ガス事業においても規制を緩和し、エネルギー

価格の低廉化を図るために競争原理の導入が図られ自由化が進んだ。その要点は以下の通りである。

①電力供給の仕組み： 電力は、発電所で発電され、送電線を通り、変電所を経て配電線から、各需要者に供給される。

②卸電力の自由化： 自由化以前は、既存の地域電力事業者10社が、主たる発電事業者であった。平成7（1995）年の電気事業法改正による発電市場の開放によって、卸電気事業の参入許可制を原則として撤廃し、電力会社に卸電力を供給する独立系発電事業者（Independent Power Producer）の参入が認められるようになり、これにより発電部門に競争原理が導入された。

③小売の自由化： 電力の小売事業は、電気事業法による参入規制によって地域の電力会社に小売供給の地域独占が認められてきたが、平成12（2000）年には小売が部分的に自由化された。産業用等の大口電力使用者は、地域の電力事業者といわゆる新電力である事業者との間で選択することができ、料金等の供給条件を比較検討したうえで、交渉によって供給者を決定することになる。平成28（2016）年4月には、一般家庭用等についての全面的な自由化が予定されており、既存の一般電気事業者と新電力の間で競争が生じることが予想される。

本件で問題になったのは、自由化部門・自由料金とされている「自由化対象需要家」である。これらの自由化された需要者に対しては、電気事業法による規制は及ばないため、料金は自由に設定され得るが、その料金設定のあり方が独占禁止法との関係で問題となった。

(3) 問題の所在

Yは、「当該需要家に対し、その取引上の地位が優越していると考えられる」とされており、そのことを利用して電気料金の一方的価格引上げを行おうとしたことが、「優越的地位の濫用」といえるかが問題となった。ここで、「優越的地位の濫用」とは、優越的地位自体を禁止する趣旨ではなく、その濫用を禁止するものである。相対的な取引関係において取引上の地位が優越していることを利用して、相手方を抑圧し、対等な取引ではあり得ないような不利益を一方的に課す取引を問題視する（第12章を参照）。本件では、料金

の引上げが問題となった。確かに、顧客にとって不利益となる行為であるには違いないが、料金引上げ自体は、他の業種でも様々な理由で行われており、それが優越的地位の濫用とされたなどという話は聞いたことがない。本件の料金引上げは、何が問題だったのだろうか。

(4) 法的論点の解読

優越的地位の濫用禁止の2条9項5号ハは、「……その他取引の相手方に不利益となるように取引の条件を設定し、若しくは変更し、又は取引を実施すること」を禁止する。本件では、顧客がY以外の電力供給者を選べない状況の下で、「あらかじめの合意がなければ契約途中での電気料金の引上げを行うことができないにもかかわらず」電気料金を引き上げようとしたこと、および「当該需要家から異議の連絡がない場合には電気料金の引上げに合意したとみなすこととして書面により電気料金の引上げの要請を行っていた」ことが濫用とされた。料金引上げだけで濫用行為が認められたわけではないことに注意する必要がある。

(5) 発展的課題

「電力システム改革に関する改革方針」(平成25年4月2日閣議決定)では、①広域系統運用の拡大、②小売および発電の全面自由化、③法的分離の方式による送配電部門の中立性の一層の確保という3段階からなる改革の全体像が示された。これに必要な電気事業法改正が実施されている。

電気事業について規制を行う根拠法となる事業法が電気事業法である。電気事業法の目的(1条)は、①電気使用者の利益の保護、②電気事業の健全な発達、③公共の安全の確保、④環境の保全である。規制の内容は要約すると以下の通りである。

①事業の参入： 平成28年4月から実施される小売参入の全面自由化により、従来の「一般電気事業」(各地の電力会社を指す。一般的な需要に応じて電気を供給する事業者で発電・送電網を自社保有し、これまで、発電・送配電・小売を一貫的に行ってきた)、「特定規模電気事業」(いわゆる「新電力」といわれる独立系発電事業者であり、大口顧客等の自由化部門のみに対して電気を供給していた)といった、電気の供給先に応じた事業類型の区別がなくなり、それに代えて、発電事業、

送配電事業、小売電気事業という機能ごとに、必要な規制を課される仕組みに変わる。発電事業（電気の発電を行い、送配電事業者や小売電気事業者に電力を供給する事業者）は届出制となり、参入は自由となる。送配電事業（一般送配電事業といい、自ら運用する送配電用のネットワーク等の電気工作物によりその供給区域において発電された電気の需要場所までの託送供給および発電量調整供給を行う事業をいい、送配電工作物により小売供給を行う事業を含む）は経済産業大臣による許可制となる。小売電気事業は登録制をとることになり、電気事業における小売への参入規制を撤廃している。最終の需要者からみれば、電力会社を選択できることになる。

②供給義務：　これまで一般電気事業者が担っていた一般家庭小口需要に対する供給義務は、一定の経過措置後に撤廃されることを受け、これに代わる安定供給を確保するための措置として、電気事業法2条の12において、供給能力の確保として「小売電気事業者は、正当な理由がある場合を除き、その小売供給の相手方の電気の需要に応ずるために必要な供給能力を確保しなければならない」と規定されている。送配電事業者に対しても、託送供給義務、需給バランスの維持、送配電網の建設・保守、最終的な電気の供給実施義務などが課せられている。

③料金規制：　送配電業者に対しては、②で示した義務の遂行を確保するために、料金規制が従来通り実施されている。すなわち、託送供給等に係る料金について、経済産業大臣の認可を受けなければならない。料金認可の基準は、料金が能率的な経営の下における適正な原価に適正な利潤を加えたものであること、託送供給を受ける者が託送供給を受けることを著しく困難にするおそれがないこと、算出方法が適正かつ明確に定められていること、一般送配電事業者および電気の供給を受ける者の責任に関する事項ならびに電気計器その他の用品および配線工事その他の工事に関する費用の負担の方法が適正かつ明確に定められていること、特定の者に対して不当な差別的取扱いをするものでないこと等が定められている。自由化の対象とならない上記認可料金の下では、総括原価主義がとられている。適正な原価および報酬により全体の費用が決められ、需要者間で差別なく公平に配分して、電気料金

が決まる。

　小売料金については、一般家庭向けの電気の小売販売への新規参入が可能になり、すでに述べたように、すべての消費者が電力会社や料金メニューを自由に選択でき、電力会社は自由な料金設定が可能となる。ただし、平成32（2020）年まで暫定的に、既存一般電気事業者10社に対しては、既存の契約を継続している需要者に対しては小売料金規制等が残され、これは従来通りの原価主義（「料金が能率的な経営の下における適正な原価に適正な利潤を加えたものであること」）によることとされている。このような料金規制がどのように運用されるかは今後注目する必要があろう。また、セット販売割引を新規に小売料金体系の1つとして申請することも可能であり、電気通信と電力を組み合わせたセット販売も登場する等、料金の多様化も進みつつある。セット販売については、消費者からみれば多様な商品・サービスを選択することができる反面、独占禁止法の観点からは、抱合せ販売（「相手方に対し、不当に、商品又は役務の供給に併せて他の商品又は役務を自己又は自己の指定する事業者から購入させ、その他自己又は自己の指定する事業者と取引するように強制すること」一般指定10項）や不当廉売（独禁法2条9項3号、一般指定6項）およびこれらと関係した排除型私的独占ないしは「事業の提携」という形態によるセット販売の問題として検討することが考えられる。その際、「適正な電力取引についての指針」（公取委・経産省平成28年3月改定）等が手掛かりを示しており、そこでは、自由化された小売分野において標準的な小売料金メニューを設定し、広く一般に公表することが望ましいとされている。小売料金に対してどのように検討を行うかは、今後の重要な課題であろう。

2　具体例②道路運送法上の認可運賃の遵守とカルテル（大阪バス協会事件・審判審決平7・7・10）

(1) 事実の概要

　大阪バス協会（以下、Yという）は、大阪府を事業区域としてバス事業を営む者を会員とする事業者団体である。全会員63名のうち、貸切バス事業者を営む者は59名であって、これらの者が保有する貸切バスの車両数は、地

区内における貸切バスのほぼ全部を占めている。貸切バス事業者は、貸切バス運賃等を変更しようとするときは、道路運送法9条1項に基づき運輸大臣（当時、以下同じ）の認可を受けなければならないこととされている。

なお、貸切バスの運賃は、認可された基準の運賃率によって計算した金額（以下「標準運賃」という）の上下それぞれ15％の範囲内で貸切バス事業者が自由に設定できる。

大阪府の貸切バス市場では、かねてから、貸切バス事業者と旅行業者との取引上の力関係、旅行シーズンオフの需給関係の緩和、各事業者間の競争などの理由により、旅行業者が旅行を主催し旅行者を募集して行う貸切バス旅行向け輸送を中心とし、会員貸切バス事業者のほぼ全体を通じて、認可運賃等の額を大幅に下回る運賃等による取引が大規模かつ経常的に行われていた。しかし、個々の会員貸切バス事業者が運賃等の引上げを図ることは、大手旅行業者に対する取引の依存度が大きいことなどから、困難な状況にあった。Yは、近畿運輸局長から、認可運賃の収受について指導や警告を受けたことがあった。

このような状態の中で、会員貸切バス事業者の収支の改善を図るため、Yは、旅行業者の主催旅行向け輸送および学校遠足向け輸送の運賃等の最低額を決定した。また、最低運賃等を取り決めた各決定の実効性を確保するため、会員貸切バス事業者から、Yが決定した貸切バスの最低運賃等を遵守するとの趣旨の誓約書を提出させることを決定し、会員貸切バス事業者が低運賃等で運送契約を締結したことが判明した場合、改善勧告を行い、また、旅行業者が低価格の運賃等で募集をしているなどの情報を入手した場合には、会員貸切バス事業者にその運送を引き受けないように求めることとした。

本件のYの主張は、以下の通りであった。①特別法である道路運送法が自由な競争を否定する範囲においては一般法である独占禁止法の適用は及ばない、②認可運賃等を下回る運賃等による競争は法的に保護される競争ではないから、本件各決定がそのような競争を制限するような合意をしたからといって、その合意に独占禁止法は適用されない、③認可運賃等の収受は、道路運送法という事業の基礎である法律に基づき刑罰によって貸切バス事業者

に強制された法律上の義務でもあるから、事業者団体である被審人がその事業者の義務を実現するための一手段として認可運賃等以下の運賃を収受してはならないと合意したとしても、その合意は目的に照らして正当なものとして違法性は阻却される。

　審決では、主催旅行については、以下のように述べて8条1項1号（現行の独禁法8条1号、以下同じ）違反を認めなかった。

　①道路運送法と独占禁止法との適用関係について：「独占禁止法と運賃等の認可は、行政法学上いわゆる認可に属する行政行為であり、私人間の行為を補充してその法律上の効力を完成させる補充行為と呼ばれる行政行為」であって、「形成的行政行為に属するが、行政主体が一般統治権に基づき国民に対し作為、不作為、給付、受任の義務を命ずる下命と呼ばれる類型の行政行為には属しないことが明らかである」。「道路運送法の定める運賃等の認可制度が独占禁止法の規律する競争秩序を規定、拘束することはないという意味においては、双方の法律に一般法と特別法との関係はない」とした。道路運送法は運賃等の認可制度を採用し、また、完全には自由な事業者間の競争を認めない条文を置いているが、そのことから無条件に当然に、独占禁止法の適用が排除されるのではなく、排除措置命令の可否は、もっぱら独占禁止法の見地から判断すべきであるとしている。

　②認可料金を下回る運賃による競争を制限する本件価格協定は、競争の実質的制限にあたるか：　本件主催旅行向け輸送に関する価格協定は、道路運送法に基づく認可運賃等を下回る運賃等を定めており、本決定が制限しようとしている価格競争は同法上違法な取引条件であるとする。そして、通常であれば「一定の取引分野における競争を実質的に制限」しているとされる外形的な事実が調っている限り、このような場合は、原則的に同法3条（2条6項不当な取引制限）または8条1項1号（事業者団体の行為に対する規制）の構成要件に該当すると判断されるが、「その価格協定が制限しようとしている競争が刑事法典、事業法等他の法律により刑事罰等をもって禁止されている違法な取引（典型的事例として阿片煙の取引の場合）又は違法な取引条件（例えば価格が法定の幅又は認可の幅を外れている場合）に係るものである場合に限っては、

別の考慮をする必要があり、このような価格協定行為は、特段の事情のない限り、独占禁止法第2条第6項、第8条第1項第1号所定の『競争を実質的に制限すること』という構成要件に該当せず、したがって同法による排除措置命令を受ける対象とはならない」とした。なぜならば、独占禁止法の目的をも考慮してみると、他の法律により当該取引または当該取引条件による取引が禁止されているのであるから、独占禁止法所定の構成要件に該当するとして排除措置命令を講じて自由な競争をもたらしてみても、確保されるべき一般消費者の現実の利益がなく、また、国民経済の民主的で健全な発達の促進に資するところがなく、公正かつ自由な競争を促進することにならず、同法の目的に沿わないこととなるのが通常の事態であるとして、排除措置命令を受ける対象にならないとした。

　③特段の事情について：　ここにいう特段の事情のある場合の典型的な例として、当該取引条件を禁止している法律が法規範性を喪失している場合のほか、「事業法等他の法律の禁止規定の存在にもかかわらず、これと乖離する実勢価格による取引、競争が継続して平穏公然として行われ」、かつ、「その実勢価格による競争の実態が、公正かつ自由な競争を促進し、もって、一般消費者の利益を確保するとともに、国民経済の民主的で健全な発達を促進する、という独占禁止法の目的の観点から、その競争を制限しようとする協定に対し同法上の排除措置を命ずることを容認し得る程度までに肯定的に評価される」場合がある。

　本件については、まず、道路運送法による認可運賃等の制度が法規範性を失っていることを窺わせる証拠はない。さらに、「主務官庁が本件各決定のころまでに会員貸切バス事業者に対し行政指導の域を超えて道路運送法に基づく事業改善命令、事業の停止命令若しくは免許取消し等の行政処分をする権限又は刑事告発をする権限など、行政庁として法律上の効果をもたらす権限を行使したことが全くないとの事実を確定するには足りない」として、結局、主催旅行向け輸送に関する本件各決定は独占禁止法8条1項1号の構成要件に該当しないとした。

(2) 事案を読み解くポイント

本件で問題となった貸切バス事業は、道路運送法により規制される政府規制産業である。本件で問題となった貸切バスの運賃は、すでに述べた通り、道路運送法上の認可運賃であり、運賃の認可基準については、事業法に規定があり、「能率的な経営の下における適正な原価を償い、かつ、適正な利潤を含むものであること」（道路運送法61条2項1号）と定められている。そして、正当な理由がないのに認可を受けた運賃等を実施しないときには、運輸大臣が、事業の停止、免許取消し等の措置を講ずることができ（同法40条1号、2号）、さらに、認可を受けない運賃等を収受することを処罰する規定（同法99条1号）がある。それにもかかわらず、大阪府の貸切バス市場では、実際の運賃は経常的に認可額を大幅に下回って推移していたという事実があった。

このような状況が生じた背景について、本件事業者団体の主張によれば、「主催旅行向け輸送については、大手旅行会社から認可運賃等を大幅に下回って標準運賃等の5割どころか3割を切るような低額な運賃等の要求がされ、その要求に応じないと主催旅行ばかりか手配旅行その他の旅行も引合いをしないと脅かされたため、会員貸切バス事業者はその要求に応じざるを得ない事態に追い込まれた。その結果、……認可運賃等を大幅に割った運賃等が強要された結果、会員貸切バス事業者の経営は確実に逼迫してきた」とされる。つまり、旅行業者との力関係などから買い叩かれた結果、認可運賃等を大幅に下回る取引が恒常的に行われていたと述べられている。認可額を下回る実勢価格に対して、運輸局等は是正を試みられたものの、効果はあまりなく、本件には以上のような背景事情があった。

(3) 問題の所在

本件では、(1)で述べた状況の下、道路運送法上の規制を通じてではなく、貸切バス事業者団体であるYによる運賃協定によって、実勢運賃を認可運賃に近づけることが試みられたといえる。認可運賃については、上下15％の幅運賃として認可されており、この認可幅内で運賃協定を締結した場合に独占禁止法が適用されることについては、異論はないであろう。運賃認可幅の範囲内で競争が行われることは、事業法上も当然予定されているからであ

る。これに対して、本件では、認可（基準）運賃の下限を下回る額での最低運賃の協定が締結されていることが、重要なポイントであり、かかる運賃協定に対する独占禁止法の適用の当否が争われた。

この問題に関しては、認可運賃を下回る運賃は道路運送法で禁止されているのだから、これに対して当局による適切な規制が実施されていれば、カルテルを行う必要がなかったという見方も可能であり、この意味では、本件は事業規制の不備から生じたカルテル事件ともいえよう。認可運賃を下回る実勢運賃が道路運送法上違法であるとすると、本件運賃協定を独占禁止法違反として禁止すべきだったのかという問題が提起される。

(4) 法的論点の解読

問題を考察する前提として、独占禁止法と道路運送法の関係を整理する必要がある。審決は、道路運送法が独占禁止法の適用除外を明確に規定していないことに鑑みて、道路運送法上の運賃認可制度が存在することは、独占禁止法が規律する競争秩序を拘束しないとして、双方の関係を一般法・特別法の関係で捉えることはなく、違法性は、もっぱら独占禁止法の観点から評価されるべきであるとした。明文の適用除外規定がない限り、独占禁止法の適用を排除すべきでないという考えに従っているようにも思われ、この立場は妥当である。この場合、具体的な独占禁止法の要件に基づく違法性判断の中で検討する必要がある。本運賃協定に対する独占禁止法適用の問題に関しては、以下の3つの見解があり得ると思われる。

①価格協定が事業法等他の法律により禁止されている違法な取引に係る場合には、独占禁止法の目的に照らして、特段の事情のない限り、「競争を実質的に制限する」という構成要件に該当しない（本件審決の立場）。

②本件運賃協定は、当局による規制の不備を補うという意味で正当な目的をもつ行為であり、そのようなものとして、独占禁止法を適用すべきでない。

③そもそも当該価格決定は事業法を遵守する協定を意味せず、実勢運賃を前提とした価格協定にほかならない。価格協定自体は事業法により強制されているわけではなく、これを独占禁止法違反に問うても、道路運送法と独占禁止法の規制が矛盾するということにもならない。

①の本件審決の立場では、違法な取引の制限が独占禁止法にいう競争の実質的制限にあたらないとすると、実質的には、前述の一般法・特別法の関係を前提にするのと異ならないと思われる。独占禁止法独自の観点から行為の評価がなされているわけではなく、むしろ事業法の適用を優先した解釈が行われているとも考えられる。この立場では、事業法によって禁止される認可額を下回る水準での運賃の決定は、結局、一律に独占禁止法の適用を受けないという結論になり、一般法・特別法の関係で捉えることと同じ結論となる。

　ただ、審決で示されている「特段の事情」も考慮する必要があろう。すなわち、認可運賃等と異なる運賃等が実際に行われたときは、当然に主務官庁によって、それに対する法的効果を伴う措置が採られることが予定されているのであるから、そのような実勢運賃等による取引が平穏公然として継続的に行われているにもかかわらず、主務官庁により法律的に効果のある措置が相当期間にわたり全く講じられていない場合には、競争の実質的制限が生じるとされている。この点は、③の考え方とも親和的である。しかし、結局、貸切バス事業者に対して行政指導の域を超えた、行政庁として法律上の効果をもたらす権限を行使したことが全くないとの事実を確定するには足りない、とされたことにより、競争の実質的制限の要件は充足されなかった。ここにいう「特段の事情」は、例外として独占禁止法違反が認められる事情を指し、いわゆる事業法の運用の形骸化という事情の存在が必要となる。本件では、この点に関する審査官の立証が不十分であるとされたが、事業法の形骸化は、本件のような価格協定が実施されていること自体から推測されるともいえる。

　もともと道路運送法により認可運賃等以外の運賃等による取引が違法とされていることに鑑みれば、同法の運用を主管する主務官庁による同法の現実の運用状況こそが問題視されるべきだった。

　②の考え方で示されるように、本件運賃協定は、旅行業者との取引関係における力のアンバランスを利用した買い叩き行為に対する対抗措置であり、その意味で、正当な目的をもつとして競争の実質的制限をもたらすのかどうかを疑問視する見解もあり得るだろう。ただし、本件運賃協定は、本件事業者団体構成員の事業活動を制限していることには相違なく、独占禁止法の適

用は避けられないように思われる。③で示したように、たとえ道路運送法上違法な取引に係る価格協定であるにせよ、やはり道路運送法上の規制の不備の解決を独禁法に反する運賃協定に求めることは、事業法も予定していないことであるから、独占禁止法違反を構成するものと解せざるを得ない。本来は、事業法に基づく適正な措置がとられるべきであった事案であるが、独占禁止法の観点からすれば、実態として価格競争が存在するにもかかわらず、かかる競争を制限する価格協定を独占禁止法の適用対象から外すことは認められないと考えられる。結論として、審決と結論は異なるが、③の立場に立って独占禁止法違反を認めるべき事案だったように思われる。

第3節　競争的政府規制と独占禁止法の接点

　電気通信事業分野は、技術革新が著しいことを背景に規制緩和が急速に進んだ分野である。電話サービスを独占的に提供していた電電公社の時代から、電電公社の民営化、新規参入を経て、現在は、多様な主体によって多様な電気通信サービスが提供される可能性が開かれている。しかし、既存の独占事業者が他の事業者にとって必要不可欠な施設を所有する独占分野は依然として存在するのであり、この施設の開放が、規制緩和後の競争強化には欠かせない。具体例3は、そのために既存の支配的事業者に対して固有の義務を課す政府規制が背景にあった事例である。

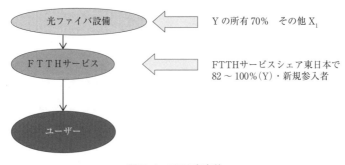

図 7-1　NTT 東事件

1 具体例③光ファイバ施設の利用を前提とした競争分野での新規参入者の排除（NTT東事件・最判平22・12・17）

　Yは、光ファイバ設備を用いた戸建て住宅向け通信サービス（以下、「FTTHサービス」という）を利用者に提供している。本件は、Yが、FTTHサービスを自ら提供する際に、その利用者から徴収する料金、いわゆるユーザー料金を、Yと同等のFTTHサービスを利用者に提供するため上記光ファイバ施設に接続する他の電気通信事業者からYが取得すべき料金（接続料金）より低額に設定した行為につき、独占禁止法2条5項のいわゆる排除型の私的独占に該当し、同法3条違反に該当するかどうかが争点となった。

　判決では、「……接続料金とユーザー料金とに逆ざやが生じて、大幅な赤字を負担せざるを得なくなるのであって、結局のところ、新規事業者がYに対抗して経済的合理性のある事業の継続を見込むことできない」として、排除行為に該当することを認定した。

2 事案を読み解くポイント

　FTTHサービスは、ブロードバンドサービス（インターネットに接続して大量のデータ通信を可能とするサービス）の中でも通信速度が早く、接続が安定しており、通信品質が良いと評価されている。FTTHサービスを利用するためには、加入者宅に光ファイバを引き込む工事が必要である。第一種電気通信事業者（電気通信回線設備を設置して電気通信事業を行う者）であるYは、加入者光ファイバ（収容局から、加入者宅に設置される回線終端装置までを結ぶための光ファイバ）約380万芯を保有し、そのうちYが自社のFTTHサービスに使用しているのが約9万芯、他の電気通信事業者が接続しているのが約2万芯であった。Yの保有する加入者光ファイバがFTTHサービスに係る事業者の保有する加入者光ファイバの全体に占める割合は、東日本地区においておおむね芯線数の70％以上を占めていた。

　電気通信事業者が、自前で加入者光ファイバを設置することは困難を伴う。すなわち、地下埋設工事の実施時期の限定、附設費用の高額化、管路・電柱の賃借、手続の長期化という問題があるため、東日本地区で自らの加入者光

ファイバを用いてFTTHサービスを提供する事業者は限られており、Y、X_1およびX_2のみであった。もっとも、X_1およびX_2のサービス提供地域は一定の地域に限定されていた。したがって、第一種電気通信事業者が設置する既存の加入者光ファイバ設備と接続してFTTHサービスを提供しようとする事業者にとっては、Yの光ファイバ施設以外の設備との接続を選択することは考えにくい状況であったとされており、FTTHサービスを提供するためには、原則としてYの所有する加入者光ファイバ施設の利用が必須であった。Yの加入者光ファイバ設備との接続が、競争者、特に新規事業者によるFTTHサービス提供にとって不可欠であり、この接続に関する料金は総務省によって認可を受けなければならないことが、本件の「排除」を理解する際の重要なポイントである。なお、YのFTTHサービスの市場占拠率も、東日本地区の各都道府県において82ないし100％を占めており、競争者の参入が活発化しているとはいえない状況にある。

3　問題の所在

　本件では、Yの設定する接続料金およびユーザー料金が独占禁止法との関係で問題となった。これらの料金に関する電気通信事業法の概要を見てみる。
　第一種電気通信事業者は、他の電気通信事業者からその電気通信設備を当該電気通信回線設備に接続する旨の請求を受けたときには、その請求に応じる義務があり（8条）、第一種定電気通信設備（他の電気通信事業者の電気通信設備との接続が利用者の利便の向上および電気通信の発達に欠くことのできない電気通信設備として総務大臣の指定を受けた電気通信設備）と他の電気通信事業者の電気通信設備との接続に関し、その料金と条件を定める接続約款を定め、総務大臣の認可を受けなければならない。接続料金については、光ファイバ1芯を加入者が1人で利用する方式（芯線直結方式）によるベーシックタイプについては、月額6328円として認可され、光ファイバ1芯を複数の加入者（最大32人）で共用する方式（分岐方式）によるニューファミリータイプの接続料金は、加入者が1人の場合には2万130円であるが、32人の場合は2326円となるものとされていた。

第一種電気通信事業者の提供する電気通信役務については、その利用者から徴収する料金（以下「ユーザー料金」という）の総務大臣への届出が義務づけられている（31条1項）。ユーザー料金と接続料金の関係について具体的に規制する法令は存在しないが、総務省においては、第一種指定電気通信設備を設置する電気通信事業者の設定するユーザー料金が接続料金を下回るという逆ざやが生ずることのないよう行政指導が行われていた。
　このような料金体系の下、Yは、ニューファミリータイプのユーザー料金を月額5800円と設定して届け出た。その際のベースとなる接続料金の積算は、加入者19名と想定し月額4906円としたが、実際には、当該ユーザー料金は、X_1が開始する予定であったユーザー料金（Yは6000円程度と推測）に対抗するためのものであった。その後、X_1のユーザー料金の値下げを受け、Yは当該ユーザー料金を4500円に引き下げる旨を総務大臣に届け出た。ベーシックタイプのユーザー料金は月額9000円と設定されていた。
　Yは、加入者数の少ないうちは、当面、ニューファミリータイプについても芯線直結方式によって提供することにした。Yは、総務省から、ニューファミリータイプについて、そのサービス内容が事実上ベーシックタイプと同じであると指摘され、柔軟な接続料金の設定についての検討報告を求める行政指導を受けていた。
　このような経緯で、ニューファミリータイプのFTTHサービスが、芯線直結方式をとるベーシックタイプと異ならないことを前提にすると、ニューファミリータイプにおけるユーザー料金が接続料金（ベーシックタイプの芯線直結方式）を下回っており、これによって、Yの加入者光ファイバ設備と接続しようとする他の電気通信事業者は、Yに接続料金として6328円を支払ったうえで、Yのユーザー料金5800円ないしは4500円と競争しなければならない状況が生じた。このことがYと競争する事業者、特に新規参入者を不当に排除することになるかというのが主要な争点であった。ユーザー料金については、Yは、X_1のユーザー料金に対抗するために、段階的に値下げをしていった経緯があり、ユーザー料金はいわば競争価格ということになる。ユーザー料金は競争の下で形成されるという競争的な市場でありながら、接

続料金は総務省の規制の下にあるという前提条件の下で、政府規制と独占禁止法の関係が問題となる。

4 法的論点の解説

本件で排除は、どのような理由で認められたのであろうか。ニューファミリータイプのサービス提供に当たって、分岐方式を前提に接続料金の認可を受けてユーザー料金の届出を行ったにもかかわらず、実際には芯線直結方式を用いていた。認可を受けた接続形態と実際の接続形態が異なるという実態を前提として、ニューファミリータイプのユーザー料金は芯線直結方式において他の事業者から取得すべき接続料金を下回るため、X_1 の加入者光ファイバに接続する電気通信事業者は、いかに効率的にFTTHサービス事業を営んだとしても、芯線直結方式のFTTHサービスをニューファミリータイプと同額以下のユーザー料金で提供しようとすれば必ず損失が生じる状況に置かれる。ここから、他の事業者の事業活動を困難にしたと認められる。他方、Yは、その設置した加入者光ファイバ設備を、自ら使用していたためユーザー料金が接続料金を下回っていたとしても影響を受けない。

上記の行為について、最高裁判決は、「競業者が経済的合理性の見地から受け入れることのできない接続条件を設定し提示したもので、その単独かつ一方的な取引拒絶ないし廉売としての側面が、自らの市場支配力の形成、維持ないし強化という観点からみて正常な競争手段の範囲を逸脱するような人為性を有する」としている。行為形態として、単独の取引拒絶ないし廉売としての側面をもつとしており、「正常な競争手段の範囲を逸脱するような人為性」を排除行為の本質として挙げている。不当廉売にあたるのか、不当な取引拒絶にあたるのかということについては、ここでは直接的に明言されておらず、種々議論がある。ただ、いずれに当たるとしても反競争性が認められ、「人為的な反競争行為」の範疇に入る行為であると考えられる。

取引拒絶と同様の効果は、接続料金が取引拒絶と同視される程度に高く設定されている場合、すなわち、本件では、接続料金がFTTHサービス市場におけるYのユーザー料金を上回っていることから生じる。

不当廉売については、2つの検討方法がある。第一に、垂直的統合事業者のX川上市場（本件であれば、加入者光ファイバの利用）と川下市場（FTTHサービス提供）を全体としてみて、コスト割れかどうか評価する方法、第二に、接続料金は認可を受けているため、その水準について独占禁止法による審査が及ばないことを前提として、川下市場のみを独立して取り上げ、コスト割れかどうかを検討する方法である。第二の方法によるならば、Yが設定したユーザー料金5800円が、その供給に必要とされる費用、すなわち接続料金6328円を下回ることを根拠に不当廉売を認めると考えることになる。しかし、不当廉売規制において基準となる費用は、Yの実際の接続に係る費用であり、それは接続料金と同一ではないと考えるべきである。不当廉売は、基本的に単一の市場におけるコスト割れに焦点をあてるのに対して、本件違反行為は、垂直的統合事業者を前提とした、接続料金とユーザー料金の一体的な価格設定による価格差を問題視しており、不当廉売の反競争性と本質を同じくするとは理解できず、問題状況は異なると考えられる。

　本件のような価格設定行為は、「マージンスクイーズ」と称される。Aが川上市場と川下市場の双方で事業活動を行うと仮定すると、Aが川上市場で設定した卸売価格では、Aの川下市場での競争者が競争できないような価格を、Aが川下市場で設定することを意味する。これが独占禁止法上問題視される前提としては、垂直的統合事業者であるXが川上市場で提供するサービス、本件でいうと加入者光ファイバの利用が、競争者の川下市場での事業活動に必須であるといった事情が必要である。判決で述べられているように、Yが加入者光ファイバ設備接続市場における事実上唯一の供給者の地位にあったことが肝要である。マージンスクイーズ自体は、独占禁止法において独立の違反行為類型として定められていないが、取引拒絶と不当廉売の反競争を兼ね備えるハイブリッドの形態という独自の位置付けが可能である。

　接続料金とユーザー料金との関係について明文の電気通信事業法の規定はない。しかし、電気通信事業法上、Yは、認可を受けたうえ、約款で定めた接続料金により他の電気通信事業者に接続する義務を負っている。他方で、

ユーザー料金は届出制の下にあり、Yは、ユーザー料金が接続料金を下回るようにする旨の行政指導を受けている。これらのことを勘案すれば、事業法の観点から見ても、事業法規制の逸脱が認められ当該Yの価格設定は問題を含むものであったといえる。本件違反行為は、かかる行政指導を無視して行われており、この点の是正が求められるべきであった。以上の点から、本件のような事案については、総務省による接続料金の規制によって対処すべきであったという考え方も可能である。もっとも、認可された接続料金を所与の前提として事業者は自由にユーザー料金を設定できるのであり、これに対しては、独占禁止法の適用は可能といわざるを得ない。とはいえ、本件は、接続料金とユーザー料金の関係を調整する法的規制の必要性を示す事例であったと同時に、独占禁止法と事業法の適用関係が一義的に理解し得ないことを示す事例である。

第4部

M&Aと企業結合規制

第8章

M&Aと企業結合規制の概要

第1節　概説―企業結合をめぐる実体規定の概観

　ニュースで、大手鉄鋼会社が合併して世界第2位の粗鋼生産量を保有する巨大鉄鋼メーカーが誕生するなどの報道を聞いたことがあるだろう。高齢化や国内人口の減少などによる需要の減少を受けて、生き残りをかけて企業がライバル会社と合併したり、株式を取得したりして、研究開発、生産や販売、流通などの事業活動を統合することがある。このような合併や買収のことを、英語でMerger and Acquisitionといい、M&Aと略して呼ばれる。多くの場合は、お互いのノウハウや技術を持ち寄り、新たな製品を開発できたり、より安価で品質の良い商品やサービスを市場に送り出せるなど、競争を促進する効果をもつ。しかし、合併や株式取得によって、当該会社間の競争が失われる結果、市場全体の競争も活発でなくなり、商品の価格が上昇したり、品質が低下したり、研究開発競争が活発でなくなったりするかもしれない。

　そこで、独占禁止法は、株式保有（10条、14条）、役員兼任（13条）、合併（15条）、分割（15条の2）、共同株式移転（15条の3）、事業譲受け等（16条）による企業結合により、「一定の取引分野における競争を実質的に制限することとなる」場合には、当該企業結合を禁止できることにしている。これを企業結合規制という。

　もっとも、一度企業結合が行われると、たとえそれが競争を実質的に制限したとしても、だからといって企業結合前の状態に戻すとすれば、企業結合に費やされた莫大な費用と時間がすべて無駄となり、社会的に見て大きな浪費となる場合が多く、また一度行われた企業結合を解消して企業結合前の状態に戻して十分に競争を回復することも困難になる（不可逆性）。そこで、企

業結合に該当する行為類型の中でも、特に不可逆性が強い行為類型については、あらかじめ公正取引委員会（以下、「公取委」と略称する）に届出をさせて、公取委で事前にチェックを行う仕組み（事前届出制度）が採られている。その中で、当該株式取得や合併が競争に与える影響が審査される。

企業結合規制は、企業結合により、複数の企業の間に一定程度または完全に一体化して事業活動を行う関係（結合関係）が形成・維持・強化されることにより、市場構造が非競争的に変化し、一定の取引分野における競争に何らかの影響を及ぼすことに着目して規制しようとするものである（企業結合ガイドライン第1の柱書）。

私的独占やカルテル、不公正な取引方法の規制が、違反行為に対し事後的に排除措置命令等を講じて競争を回復させるものであるのに対して、企業結合規制は、あらかじめ公取委に対して企業結合計画を届け出させることにより競争の実質的制限を未然に防止するものである。私的独占やカルテルの規制が事後規制であるのに対して、企業結合規制は事前規制とも呼ばれる。カルテル規制はすでに行われた行為に対する規制であるのに対し、企業結合規制は、企業結合が実現する前の段階で、企業結合後の市場における競争に及ぼす影響の予測に基づく規制である。したがって、たとえ同じ業種であっても、カルテルの事案で違反行為によって競争に影響が及ぶ範囲として検討される取引分野と、企業結合の事案で競争が実質的に制限されることとなる範囲はどこかという観点から検討される取引分野とは、必ずしも一致しない。

企業結合審査においては、現実に行われている、または過去に行われた行為が競争に与える影響を判断するのではなく、企業結合によって将来生じるであろう競争への影響を判断する。したがって、企業結合審査では、当該企業結合によって競争に影響が生じると思われる範囲を明らかにするとともに、その影響が競争を実質的に制限することとなるものであるかを検討しなければならない。

「一定の取引分野」とは、企業結合により競争が制限されることとなるか否かを判断するための前提となる取引の範囲を示すものであり、商品範囲と地理的範囲をもって画定され、基本的には需要者にとっての代替性（需要の

代替性）から判断され、必要に応じて供給者にとっての代替性（供給の代替性）から判断される。

たとえば、甲地域における商品Ａが値上がりしたときに、需要者が値上がりした商品Ａを購入する代わりに、他の商品Ｂを買うようになったり、他の乙地域まで出かけていって商品Ａを購入したりする場合には、商品Ａと商品Ｂ、甲地域と乙地域との間には、需要者にとっての代替性があるということになる。この場合、商品Ａと商品Ｂは同じ商品範囲に、甲地域と乙地域は同じ地理的範囲に含められることになる。いいかえれば、商品Ｂや乙地域というのは、需要者から見て、甲地域における商品Ａの値上げを牽制する力をもっているということである。

甲地域における商品Ａの値上げを牽制する力は、需要者から見た観点だけでなく、供給者から見た観点からも考えることができる。たとえば、甲地域における商品Ａが値上がりしたときに、他の商品Ｂを供給している供給者が短期間のうちにそれほど費用をかけずに商品Ａを製造できたり、他の乙地域で商品Ａを供給している供給者が甲地域でも商品Ａを販売できたりする場合には、商品Ａと商品Ｂ、甲地域と乙地域との間には、供給者にとっての代替性があるということになる。商品Ａと商品Ｂは同じ商品範囲に、甲地域と乙地域は同じ地理的範囲に含められることになる。

需要の代替性、供給の代替性とは、甲地域における商品Ａの値上げに対する需要者と供給者の反応を見ているわけである。この背景にある考え方は、「ある地域において、ある事業者が、ある商品を独占的に供給していると仮定して、その仮想的な独占者が、利潤最大化を図る目的で、小幅であるが、実質的かつ一時的ではない価格引上げをして、利益が上がるように価格を引き上げることができる範囲を、企業結合によって競争上の何らかの影響が及び得る範囲と画定する」という考え方である。このような考え方のことを、仮想的独占者テスト、あるいは、「小幅ではあるが、実質的かつ一時的ではない価格引上げ（small but significant and non-transitory increase in price）」の頭文字をとって、SSNIP（スニップ）テストという。通常、5～10％程度の値上げが、1年程度続く場合が想定される。

次に、「競争を実質的に制限する」とは、「競争自体が減少して、特定の事業者又は事業者集団がその意思で、ある程度自由に、価格、品質、数量、その他各般の条件を左右することによって、市場を支配することができる状態をもたらすこと」（東宝・新東宝事件・東京高判昭28・12・7）をいい、「こととなる」とは、企業結合により、競争の実質的制限が必然ではないが容易に現出し得る状況がもたらされる蓋然性を意味する（企業結合ガイドライン第3の1 (2)）。したがって、企業結合により市場構造が非競争的に変化して、当事会社が単独でまたは他の会社と協調的行動をとることによって、ある程度自由に価格、品質、数量、その他各般の条件を左右することができる状態が容易に現出し得ると見られる場合には、当該企業結合は禁止される。これは、市場支配力が形成・維持・強化される蓋然性がある場合と言い換えることができる。
　競争の実質的制限にいう「競争」は、通常は価格競争が念頭におかれることが多いが、性能・品質といった価格以外の要素も競争に関係する。価格のみならず、「品質、数量、その他各般の条件」を左右する力が形成・維持・強化されることによって、「競争を実質的に制限する」こととなる場合がある。(株)日立ハイテクノロジーズによるエスアイアイ・ナノテクノロジー(株)の株式取得（平成24年度主要な企業結合事例5）では、各取引分野の競争状況として、「性能・品質競争が活発な市場」であると判断しており、価格以外の要素も競争の対象となることが示されている。もっとも、性能・品質競争が継続されているからといって、価格競争が制限されてもかまわないということにはならない。
　市場支配力が形成される場合のみならず、それが維持・強化される場合も禁止対象に含まれる。企業結合前においてすでに市場支配力を有している会社が企業結合を行った場合には、当該会社が企業結合前よりも価格を左右できる余地が大きくなる可能性がある。そのような可能性があるにもかかわらず、市場支配力が形成される場合にしか企業結合を禁止できないとすれば、市場構造が非競争的になることを防止するために独占禁止法が企業結合規制を設けた趣旨に反することになるからである。
　企業結合は、水平型、垂直型と混合型の3類型に大別される。水平型企業

結合は、同じ一定の取引分野において競争関係にある会社間の企業結合であり、競争単位の減少という点で競争に与える影響が最も直接的であり、一定の取引分野における競争を実質的に制限することとなる可能性は、垂直型・混合型の企業結合と比べて高い。水平型企業結合は、ある市場における複数の競争者が、企業結合により、一定程度または完全に一体化して事業活動を行うことになるため、企業結合後においては、当該市場における競争単位の数が減少することになる。そのため、かかる競争単位の数の減少が一定の取引分野における競争にどのような影響を及ぼすことになるのかを検討することになる。取引段階を異にする会社間の企業結合である垂直型企業結合や、水平型と垂直型とのいずれにも該当しない混合型企業結合（異業種に属する会社間の合併等）は、競争単位の数を減少させるわけではないため、一般的には、競争に与える影響は必ずしも大きくない。

　ある企業結合が一定の取引分野における競争に影響を与えるシナリオとしては、①当事会社グループの単独行動による場合と、②当事会社グループとその競争者との協調的行動によって生じる場合との2つがある。

　①の単独行動による競争の実質的制限とは、たとえば、当事会社グループが、合併後に商品の価格を引き上げようとした場合に、競争者は価格を引き上げないで、販売量を増やすことが考えられ、また需要者が購入先を競争者に容易に切り替えることができれば、当事会社グループが単独で当該商品の価格等をある程度自由に左右することは難しい。しかし、競争者の工場がフル稼働状態でさらなる増産が難しいなど競争者の供給余力が限られていると、競争者は価格を引き上げずに販売量を増やすことが難しく、また、需要者は購入先をそう簡単には他の事業者に切り替えることができないときがある。このような場合には、当事会社グループが単独で当該商品の価格等をある程度自由に左右することができる状態が容易に現出し得ることになる。たとえば、水平型企業結合でいえば、当事会社グループの合算市場シェアが高くなり、競争者との市場シェアの格差が広がること、有力な競争者が存在しないこと、あるいは有力な競争者が存在しても供給余力がないことなどは、「競争を実質的に制限することとなる」との認定を支持する方向で評価される事

実である。

　②の協調的行動による競争の実質的制限とは、たとえば、水平型企業結合により、競争単位の数が減少すると、集中度等の市場構造や商品の特性、取引慣行等から、各事業者がお互いの行動を高い確度で予測することができるようになり、値上げしないで販売量を増やすという競争的な行動をとるのではなく、お互いに当該商品の価格を引き上げることが利益となり、当事会社グループとその競争者との間で協調的な行動をとることにより、当該商品の価格等をある程度自由に左右できる状態が容易に現出し得ることになる。たとえば、水平型企業結合でいえば、市場における事業者数が減少すること、競争者だけでなく当事会社グループにも供給余力がないこと、業界全体での一斉値上げが観察されるなど従来から活発な競争が行われていないことなどは、「競争を実質的に制限することとなる」との認定を支持する方向で評価される事実である。

　このほか、輸入や参入の状況、競合品との競争状況、需要者からの競争圧力といった様々な要因も考慮に入れて、当事会社グループが単独で、または、他の会社と協調的行動をとることにより、市場支配力を形成、維持、強化することとなるか否かを判断することになる。

　「競争を実質的に制限することとなる」か否かを判断する最初のスクリーニングとなる指標として、市場シェアや集中度は有用である。もっとも、企業結合により競争単位が2社から1社独占となり、合算市場シェアが100％になったとしても、たとえば、需要者は当該商品が値上がりすれば自社で当該商品を容易に内製化することができ、当事会社グループの価格引上げを牽制できるようなときは、企業結合後に、当事会社グループが価格等をある程度自由に左右する力をもつには至らないので、市場シェアだけで企業結合が競争に与える影響を分析できるわけではないことには注意が必要である。また、市場シェアを算定する前提として、一定の取引分野の画定作業も重要になってくる。詳しくは、第9章の具体例で見ることにしよう。

第 2 節　手続規定の概観―事前届出制度

　公取委は、企業結合計画が一定の取引分野における競争を実質的に制限することとなるか否かについての審査（企業結合審査）を行う（図8-1）。

　一定の要件を満たす株式取得、合併、会社分割、共同株式移転および事業等の譲受けについて事前届出制度がとられている。事前届出義務の範囲は、企業側に過度の負担とならないように配慮しつつ、独占禁止法上問題となる蓋然性が高い企業結合案件について適切に調査の端緒を得ることを目的として設けられている。

　公取委は、企業結合計画の届出を受けて第1次審査を行い、その結果、当該企業結合計画について独占禁止法上の問題がないと判断した場合には、排除措置命令を行わない通知を行い、第2次審査に移行してより詳細な審査が必要であると判断した場合には、報告等の要請を行う。公取委に届け出られた企業結合の大部分は第1次審査で終了し、第2次審査に移行する案件は年に数件程度である。

　もう少し具体的に見ると、届出受理の日から30日を経過するまでの期間は、当該株式取得等を行うことができない禁止期間と定められている（株式取得について10条8項本文。その他の場合の読み替え規定は以下省略）。禁止期間は当事会社の申出により短縮することができる。当該計画について独占禁止法上の問題がないと判断した場合には、届出規則9条に基づき排除措置命令を行わない旨の通知を行う。より詳細な審査が必要な場合、10条9項に基づき必要な報告、情報または資料の提出（報告等）の要請を行う。排除措置命

```
①合併、株式取得等に関する計画の届出の受理（第1次審査の開始）
②報告等の要請（第2次審査の開始）
③すべての報告等の受理（事前通知期限は90日後）
④当事会社による問題解消措置に係る変更報告書の提出
⑤排除措置命令を行わない旨の通知
```

図8-1　企業結合審査手続の流れ

令前の通知(事前通知)ができる期間は、10条9項により、届出受理の日から120日を経過した日と、すべての報告等を受理した日から90日を経過した日とのいずれか遅い日までの期間に延長され得る。

　審査の結果、当該企業結合計画が一定の取引分野における競争を実質的に制限することとならないと公取委が判断すると、排除措置命令を行わない通知を出して、企業結合審査を終了する。

　審査を行った結果、競争を実質的に制限することとなると判断される場合には、公取委は、当事会社にその旨を伝えることになる。公取委による競争上の問題点の指摘に対して、当事会社から競争上の問題の解消方法(問題解消措置)の提案がなされるのが通常である。この提案を公取委が検討して、競争上の問題が解消されると認められれば、当事会社は、提案内容を問題解消措置に係る変更報告書に記載して提出することになる。その後、公取委は、当事会社が公取委に申し出た問題解消措置を前提とすれば一定の取引分野における競争を実質的に制限することとはならず独占禁止法に違反しないと判断して、排除措置命令を行わない旨の通知を当事会社に行い、企業結合審査は終了することになる。問題解消措置の履行は、10条9項1号により、不履行の場合には事前通知期限が経過しないとすることにより、実効性が担保される。ただし、履行期限から起算して1年以内に事前通知を行う必要がある(10条10項)。

　公取委は、企業結合審査の透明性を確保し、予見可能性の向上を図る観点から、平成5 (1993) 年度以降、企業結合事例の審査結果を年度ごとに取りまとめて、「主要な企業結合事例」として公表している。

　第9章では、この主要な企業結合事例集から、いくつかの審査事例を具体的に見ていくことにしよう。

第9章

企業結合審査の実態

第1節　一定の取引分野の画定方法

1　具体例①（イオン（株）による（株）ダイエーの株式取得・平成25年度主要な企業結合事例9）

　スーパーマーケット業を営む会社を傘下におく持株会社であるイオンが、スーパーマーケット業を営む会社であるダイエーの株式を公開買付けの方法により取得し、ダイエーを子会社化することを計画した。

　イオンは、本件計画の前からすでに、ダイエーの議決権の20％弱を保有し、議決権保有比率の順位が商社の丸紅に次いで第2位であり、イオンとダイエーとの間に役員兼任関係や業務提携関係が存在したこと等から、イオンとダイエーとの間には一定の結合関係がすでに形成されていた。

　なお、丸紅は、ダイエーの議決権の20％超を保有し、議決権保有比率の順位は第1位であったが（丸紅（株）による（株）ダイエー等への出資〔平成17年度主要な企業結合事例12〕）、本件株式取得後の丸紅によるダイエーの議決権保有比率は5％程度となる見込みである。

　本件株式取得により、イオンはダイエーの議決権を新たに追加で取得してダイエーを子会社化するため、イオンとダイエーとの結合関係が強まる。そこで、公正取引委員会（以下、「公取委」と略称する）は、本件株式取得による当該結合関係の強化が競争に与える影響について検討を行った。公取委は、当事会社が競合する約260個の市場のうち、一方の当事会社の店舗が他方の当事会社の店舗を競合店として設定している市場や、競争事業者の店舗が少ない市場といった観点から、約100個の市場について個別の検討を要すると考えた。結局、いずれの市場でも競争を実質的に制限することとはならない

と判断した。

以下では、本件における一定の取引分野の画定方法を見ていこう。

(1) 役務の範囲

スーパーマーケットには、食料品、日用品、衣料品等の幅広い商品を取り扱う総合スーパー（GMSと呼ばれる）と、食料品を中心に取り扱う食品スーパーとがある。当事会社は、いずれも総合スーパーと食品スーパーの両方を展開している。総合スーパーと食品スーパーはいずれも、生鮮食料品を中心とした食料品の品揃えを充実させ、食料品の購入者を主たるターゲットとして事業を行っている。総合スーパーや食品スーパーを営む事業者は、総合スーパーは総合スーパーとの間で、また、食品スーパーは食品スーパーとの間でもっぱら競争しているわけではなく、総合スーパーや食品スーパーといったスーパーマーケットの形態の区別なく互いに競争している実態にあると認識している。また、消費者も、食料品の購入においては、スーパーマーケットの形態を区別することなく購入店舗を選択している実態がある。

スーパーマーケットと同様の商品を取り扱う小売業者として、コンビニエンスストア、ドラッグストア、ホームセンター等がある。これらの小売業者も、近年、食料品の取扱いを増やすなど、スーパーマーケットとの間の垣根は低くなってきている。しかし、スーパーマーケットが強みとしている生鮮食料品等の品揃えは依然としてスーパーマーケットほど充実しておらず、消費者は、スーパーマーケットとコンビニエンスストア、ドラッグストア、ホームセンター等を目的に応じて使い分けている。

以上から、役務の範囲は、「スーパーマーケット業」と画定された。

(2) 地理的範囲

スーパーマーケット業を営む事業者間の競争は店舗ごとに行われている。各事業者は、来店客調査等の情報から各店舗に頻繁に来店する消費者が居住している範囲を商圏として設定し、チラシ配布、競合店調査等を行う際の目安としている。この商圏の範囲は、都市部か郊外かといった店舗の立地状況、規模等によって多少の相違がある。

本件では、各店舗の立地状況、規模等に基づき、各店舗の商圏と考えられ

る円形の範囲（店舗により異なるが、ダイエーグループの各店舗から半径500m〜3kmの円の範囲）を地理的範囲として画定した。

2　事案を読み解くポイントと問題の所在
（1）結合関係の強化
　複数の企業が株式保有、合併等により一定程度または完全に一体化して事業活動を行う関係のことを「結合関係」という。「結合関係」は条文上に根拠がある概念ではないが、公取委の企業結合ガイドラインでは、「結合関係」の形成・維持・強化を検討し、当該企業結合により当事会社間の競争関係がどの程度失われるのかを把握したうえで、「一定の取引分野における競争を実質的に制限することとなる」か否かを判断している。

　ちなみに、2010年に改定された米国水平合併ガイドラインでは、部分的買収（少数株式取得）が競争に与える影響について分析の視点が明らかにされている。それによれば、部分的買収により、①買収企業が議決権等を行使すること等により、被買収企業の競争行動に影響を及ぼす能力を獲得すること、②被買収企業の損失の一部を買収企業が負担することとなるため、買収企業が被買収企業と競争するインセンティブをなくすこと、③買収企業が被買収企業の秘密情報にアクセスできるようになることにより、部分的買収が競争に悪影響を与え得るとされる。

　自社より上位の株主がいたとしても、自社の株式保有により株式発行会社の損失の一部を自社が負担することとなるため、株式発行会社と競争するインセンティブが減退するケースや、株式保有により株式発行会社の秘密情報にアクセスできるようになることにより、競争に悪影響を与えるケースのような場合には、自社と株式発行会社との間に結合関係があると判断することが妥当な場合もある。

　本件では、イオンはダイエーの議決権の20％弱を保有し、議決権保有比率の順位が第2位であったところ、イオンとダイエーとの間に役員兼任関係や業務提携関係が存在すること等から、イオンとダイエーとの間には一定の結合関係がすでに形成されていると認定された。本件株式取得により、イオ

ンはダイエーの議決権を追加取得し、ダイエーを子会社化するから、イオンとダイエーとの結合関係が強まることになる。本件では、結合関係の強化により、イオンとダイエーとの間の競争がさらに弱まり、一定の取引分野における競争を実質的に制限することとならないかが審査されたわけである。

(2) 市場画定の目的と役割

市場画定を行うことにより、市場シェアを算出できるようになる。市場シェアは、一定の取引分野における商品の販売数量（製造販売業の場合）に占める各事業者の商品の販売数量の百分比で求められ、数量によることが適当でない場合には、販売金額により市場シェアを算出する。また、企業結合審査においては、競争を実質的に制限することとなるとは通常考えられない場合をふるい分けるセーフハーバーが設けられている。セーフハーバーは、企業結合後のHHI（ハーフィンダール・ハーシュマン指数。集中度を示す指標の一つ。当該一定の取引分野における各事業者の市場シェアの二乗の総和によって算出される）やHHIの増分で定められている。セーフハーバーに該当するかを判断するためにも、市場画定をして、市場シェアを算定することが必要である。

ところが、本件では、ダイエーグループの各店舗を中心とする地理的範囲で、スーパーマーケットの各店舗の売上高ベースでの市場シェアを算出することが技術的に困難で、したがってまた、水平型企業結合のセーフハーバー基準に該当するかを判断することも困難であった。なぜなら、競争事業者の各店舗の売上高は公開されておらず、また、各地理的範囲に所在する消費者に対する売上高は把握不可能であったからである。

そこで、公取委は、基本的には、各地理的範囲における競争事業者の店舗数、店舗の規模、位置関係や来店客調査の結果等に鑑みた競争状況から、本件株式取得が競争に与える影響を検討するアプローチをとることにした。その結果、当事会社が競合する約260の地理的範囲から、個別の検討を要する地理的範囲を約100にまで絞り込んでいる。

3 法的論点の解読

イオンがダイエーの株式を取得し、ダイエーを子会社化しようとしている。

本件株式取得により、「一定の取引分野における競争を実質的に制限することとなる」場合には、本件株式取得は禁止されることになる。企業結合により「競争を実質的に制限することとなる」か否かを判断するためには、その前提として、制限の対象となり得るような「競争の範囲」を把握する必要がある。そのような意味での「競争の範囲」を画定する作業が、一定の取引分野の画定である。すなわち、「一定の取引分野」とは、「企業結合により競争が制限されることとなるか否かを判断するための範囲を示すもの」といえる（企業結合ガイドライン第2の1）。

企業結合審査における一定の取引分野の画定は、取引の対象となる商品（役務）範囲と地理的範囲の観点から、需要者にとっての代替性と、必要に応じて供給者にとっての代替性に照らして画定される。

(1) 役務範囲（商品範囲）

本件は、スーパーマーケットどうしの企業結合である。総合スーパーも食品スーパーも食料品の購入者を主たるターゲットとして事業を行っており、スーパーマーケットの形態が総合スーパーか食品スーパーかにかかわらず競争している実態にあると、スーパーマーケット業を営む事業者は認識している。消費者も、食料品の購入においては、スーパーマーケットの形態を区別することなく購入店舗を選択していることから、役務範囲は、総合スーパーと食品スーパーとを含めた「スーパーマーケット業」と画定された。

小売業の企業結合事例では、競争の実態に鑑み、個別の商品ごとではなく、業態の違いに着目して、役務の範囲で取引分野を画定することが一般的である。スーパーマーケットは、様々な生鮮食料品を販売しているが、キャベツやトマトといった個々の生鮮食料品ごとに競争が行われていると見るよりは、生鮮食料品の品揃えから特徴づけられる業態ごとに競争が行われていると見る方が競争の実態をより正確に捉えていると考えられるからである。たとえば、過去のスーパーの統合事例（イオン（株）による（株）マルナカ及び（株）山陽マルナカの株式取得〔平成23年度主要な企業結合事例9〕および丸紅（株）による（株）ダイエー等への出資〔平成17年度主要な企業結合事例12〕）でも、役務の範囲は「スーパーマーケット業」で画定された。

一定の取引分野の画定において中心的に考慮される需要の代替性は、競争の実質的制限の蓋然性の判断においても考慮される。一定の取引分野の画定において考慮される需要の代替性と、競争の実質的制限の判断において考慮される需要の代替性との違いは、質的なものではなく、程度の違いといえる。その意味で両者の間には連続性がある。

本件では、コンビニエンスストア、ドラッグストア、ホームセンター等は、スーパーマーケットが強みとする生鮮食料品等の品揃えの面でスーパーマーケットの店舗に劣るため、消費者はスーパーマーケットとこれらの業態とを目的に応じて使い分けている。このことから、コンビニエンスストア等が提供する役務とスーパーマーケットが提供する役務との間の、需要者にとっての代替性は部分的なものであった。だから、コンビニエンスストア等は、市場画定の段階では役務の範囲には含められなかった。その分、企業結合の当事会社の合算シェアは、より大きく算定されたことになる。しかし、当事会社の店舗と他業態の店舗の間で共通して取り扱う商品に限って見れば、特売の実施等による価格競争やサービス競争が一定程度行われていることから、コンビニエンスストア等からの競争圧力は、「隣接市場からの競争圧力」(「他業態〔コンビニエンスストア等〕からの競争圧力」)として評価された。

(2) 地理的範囲

地理的市場は、需要者が、通常、どの範囲の地域から当該商品を購入することができるかを検討することにより判断できることが多い。たとえば、①供給者の事業地域、需要者の買い回る範囲、②商品の特性、③輸送手段・費用が考慮される。

消費者は、移動にかかる時間や費用を考慮して、自宅の近隣スーパー等で商品を購入することが多い。本件では、スーパーマーケット業を営む事業者は、各店舗に頻繁に来店する消費者が居住する範囲（消費者が買い回る範囲）を商圏として設定し、店舗ごとに競争を行っているところ、この商圏の範囲は、店舗の立地状況（都市部か郊外か）、規模等によって多少の相違があるため、「各店舗の商圏と考えられる円形の範囲（店舗により異なるが、店舗から半径500m～3kmの円の範囲）」が地理的範囲と画定された。

これに対して、大型家電のように高価で購入頻度が低い商品については、消費者（需要者）が買い回る範囲は、日常的に購入する商品よりも広いことが多い。(株)ヤマダ電機による(株)ベスト電器の株式取得（平成24年度主要な企業結合事例9）では、各家電量販店は、消費者が買い回る範囲等から個別店舗ごとに商圏を設定していること等を理由に、「店舗から半径10キロメートル」を地理的範囲として画定している。

なお、実際の商圏（実勢商圏）は、地形（山や川）や幹線道路の有無等により、必ずしも店舗を中心とした円とはならない。この点は、市場画定の段階ではなく、競争の実質的制限の判断の段階で、必要に応じて実勢商圏における競争状況が考慮された。

小売業の地理的範囲は、店舗からの距離によって形式的に画定されることが多いが、需要者（消費者）は必ずしも画定された「地理的範囲」の中で買い回るわけではなく、「地理的に隣接する市場」において買うこともある。とりわけ、画定された「地理的範囲」の外縁に近い場所に所在する需要者（消費者）はその傾向が強くなる。この場合には、競争の実質的制限の判断の段階で、「隣接市場からの競争圧力」、特に「地理的隣接市場からの競争圧力」として評価される。本件では、消費者が地理的範囲を越えて買い回っている実態があることや、当事会社の店舗と隣接地域に所在する競争者の店舗との間でも、特売の実施等による価格競争やサービス競争が一定程度行われていることが、「地理的隣接市場からの競争圧力」として評価された。

なお、本件では、ダイエーグループの各店舗を中心とした地理的範囲が検討された。これは、各当事会社の店舗数や店舗情報等の入手可能性等を勘案し、迅速に審査を進める観点からダイエーの店舗が基準とされたものである。

4 発展的論点——世界市場、国境を越えた市場

経済のグローバル化に伴い、国際競争に勝つことを目的として企業結合を計画する会社からは、日本国内の競争実態だけを見るのではなく、厳しい国際競争にさらされている実態、すなわち、世界全体や東アジアを地理的範囲とした競争実態を踏まえて企業結合審査が行われるべきとの主張がなされる

ことがある。この主張は、多くの場合、競争の場としての一定の取引分野の地理的範囲として、日本の国境を越えた市場を画定できるかという論点と関わる。これは、日本の国内市場では合算市場シェアが高くなるとしても、地理的範囲をより広く世界全体や東アジアで見れば当事会社の合算市場シェアは低く算定され、競争への影響は小さいと評価されて企業結合が認められやすくなること、あるいはセーフハーバーに該当して企業結合審査をより早期に終了させることを期待しての主張である。

国境を越えた市場の画定については、かつては独占禁止法の保護法益論から、「一定の取引分野」は国内市場に限定されると考えられた時代もあった。独占禁止法は、公正かつ自由な競争の促進することにより、わが国の需要者・一般消費者の利益を確保することを目的とした法律であるから（1条）というのがその理由である。

しかし、市場画定の基本的な考え方を論理的につきつめると、地理的範囲を国内に限定しなければならない必然性はない。平成19（2007）年3月に改定された企業結合ガイドラインで国境を越えて市場を画定できることが明らかになり、平成23（2011）年6月の改定でさらに明確化された。実際の審査事例においても、世界全体や東アジアを地理的範囲と画定した例が出ている。現在では、国境を越えた地理的市場を画定できるか否かは、法的に可能であるかどうかという問題ではなく、どのような事実関係があれば認定できるのかという問題となっている。

ただし、国内市場を前提としても、海外での競争実態は、輸入圧力や隣接市場からの競争圧力等として競争の実質的制限の判断の段階で考慮されるため、世界市場や東アジア市場を画定した場合と実質的には同じ分析がなされることになる。その意味で、市場画定の段階で国内か否かを争う実益はそれほど大きくないともいえる。国境を越えた市場を画定できる可能性があったものの、当事会社が国内市場を前提とした資料を提出したので市場の地理的範囲を国内と画定しつつ、海外メーカーとの競争は競争の実質的制限の判断の段階で、輸入圧力や地理的な隣接市場からの圧力として評価することにしたという審査事例も多い。もっとも、国境を越えた市場を画定することによ

り企業結合がセーフハーバーに該当し、企業結合審査を早く終了させることができるなら、当事会社にとっては意味がある。

　国境を越えて地理的市場が画定される場合でも、市場画定の目的は、独占禁止法の保護法益の観点から、あくまでも、わが国の一般消費者や需要者がその利益を享受できるところの、日本における競争に企業結合が与える影響を判断することに変わりはない。

　企業結合ガイドラインでは、「ある商品について、内外の需要者が内外の供給者を差別することなく取引しているような場合は、……国境を越えて地理的範囲が画定されることとなる」とする。日本で供給される商品と海外で供給される商品との間に需要の代替性が認められるからである。地理的範囲は、たとえば、日本を含む「世界全体」や「東アジア地域」となる。このような場合には、「日本全国」と「世界全体」・「東アジア地域」とのいずれで見ても市場シェアの分布は大きく異ならないと考えられる。日本を含む内外の需要者に対する競争状況が日本国内の需要者をめぐる競争にも反映されると考えられるからである。したがって、企業結合審査では、内外での競争実態を示す指標である、内外の供給者の内外の需要者に対する販売シェアをもって、企業結合が日本を含む世界の需要者をめぐる競争に与える影響を分析して、これに基づき日本国内の需要者をめぐる競争に与える影響を判断することになる。

　これに対して、日本国内の需要者が内外の供給者から差別することなく調達しているものの、内外の供給者は「日本国向け」に差別化された商品を供給しており、当該商品が値上がりしても日本国内の需要者は海外の需要者向けの商品に代替し得ない場合には、供給者は世界全体でも需要者は日本国内と考えられることから、内外の需要者が内外の供給者から無差別に調達している状況とは異なり、地理的範囲は日本国内で画定される。

　大建工業（株）によるC&H（株）の株式取得（平成24年度主要な企業結合事例1）では、MDF（中密度繊維板）について、日本の需要者がJIS（日本工業規格）の品質基準を満たした製品を好んで購入するため、日本国内で流通するMDFはJIS認証を得たMDFとなっており、日本の需要者と海外の需要者

とは性質が異なることを理由に、地理的範囲は「日本全国（日本全国の需要者向けの市場）」とした。日本国内の需要者が海外の供給者から調達していても、本件ではJIS認証の点で日本国内の需要者向け取引が海外の需要者向けの取引とは区別して考えられるから、日本国内の需要者向けの地理的範囲が画定された。内外の供給者は、日本国内の需要者と海外の需要者とを区別して供給を行っているため、内外の供給者の内外の需要者に対する販売シェアをもって日本国内の需要者をめぐる競争への影響を判断するべきではなく、内外の供給者の日本国内の需要者に対する販売シェアをもって、日本国内の需要者をめぐる競争への影響を判断される。

　新日鉄と住友金属の合併（平成23年度主要な企業結合事例2）では、「無方向性電磁鋼板」について、当事会社は、日本を含む「東アジア」を地理的範囲と主張した。その理由として、①国内ユーザーの東アジアを中心とした海外展開に伴う海外拠点における現地調達化や、②国内拠点での東アジアに所在する海外メーカー品の採用の加速化、③国内ユーザーは海外拠点における調達を通じて海外メーカー品の価格を熟知しており、海外の価格が国内の価格に反映されていること等が挙げられた。これに対して、公取委は、国境を越えて「東アジア」と画定することは適当ではないとして、「日本全国」と画定した。その理由として、（ⅰ）国内の需要者は、国内拠点だけでなく海外拠点も含めて、大部分を国内メーカーから調達し、海外メーカーからの調達量は相対的に少ないこと、（ⅱ）国内拠点で国内メーカーから調達している価格が5～10％程度上昇しても海外メーカー品に切り替えないとする需要者が多いこと、（ⅲ）国内ユーザーのヒアリングによれば、海外メーカーからの調達価格を引き合いに出して国内拠点における国内メーカーからの調達価格を交渉することは現実的でないとしていること、（ⅳ）日本と東アジアにおける価格の連動性が必ずしも認められないこと、（ⅴ）国内メーカーの市場シェアは、日本では高いが東アジアでは低く、日本と東アジアとで市場シェアの分布がまったく異なる状況にあること、（ⅵ）日本国内では輸送の難易性や輸送費用の点から制約はなく、当事会社および競争者は日本全国で販売しており、地域により販売価格が異なる等の事情はないことに求められ

た。(ⅰ)～(ⅴ)は、「日本全国」よりも広い、国境を越えた地理的範囲を否定する事情であり、(ⅵ)は、「日本全国」よりも狭い地理的範囲を否定する事情となる。

これに対し、携帯電話やデジタルカメラといったモバイル製品等のディスプレイに使われる「中小型 TFT 液晶ディスプレイ」については、軽量で商品の特性上長距離の輸送を困難にする事情はなく、航空便、トラックのいずれの輸送手段であっても、販売価格に占める輸送コストの割合はわずかであること等から、「世界全体」が地理的範囲として画定されている((株)ジャパンディスプレイによるソニーモバイルディスプレイ(株)、東芝モバイルディスプレイ(株)および(株)日立ディスプレイズの株式取得〔平成 23 年度主要な企業結合事例 7〕)。

企業結合ガイドライン 2 (1) カでは、国境を越えて地理的範囲が画定され得る商品の具体例として、国境を越える取引における制度上・輸送上の条件が日本国内の取引と比較して大きな差異がないものであって、品質面等において内外の商品の代替性が高い商品や、非鉄金属など鉱物資源のように商品取引所を通じて国際的な価格指標が形成されている商品が挙げられる。

国境を越えた地理的範囲が画定されている事例では、「内外の需要者が内外の供給者から無差別に対象商品を調達している」事実に加えて、「国内外の供給者は、世界全体において、同一の商品について実質的に同価格で国内外の需要者との取引を行っている」事実も併せて指摘されていることが多い。

第 2 節　競争の実質的制限の評価

1　具体例②（新日本製鐵(株)と住友金属工業(株)の合併・平成 23 年度主要な企業結合事例 2）

ともに鉄鋼会社である新日本製鐵（以下「新日鉄」という）と住友金属工業（以下「住友金属」という）の合併計画である。

当事会社（当事会社と結合関係を有する会社を含む）が競合する商品・役務について、約 30 の取引分野を画定して審査が行われたが、このうち「無方向性電磁鋼板」と「高圧ガス導管エンジニアリング業務」については、当事会社

が公取委に申し出た問題解消措置を前提とすれば、本件合併が競争を実質的に制限することとはならないと判断された。それ以外の取引分野については、いずれも、本件合併が競争を実質的に制限することとはならないと判断された。

審査が行われた約30の取引分野のうち、6つの取引分野の審査結果が公表されている。①問題解消措置が講じられた「無方向性電磁鋼板」、「高圧ガス導管エンジニアリング業務」、②公取委がアンケート調査を行うなど重点的に審査を行った「鋼矢板」、「スパイラル溶接鋼管」、③代表的な鉄鋼製品である「熱延鋼板」、「H形鋼」についてである。ここでは、「無方向性電磁鋼板」の「競争の実質的制限」にかかる審査結果を見てみよう。

電磁鋼板には、「無方向性電磁鋼板」と「方向性電磁鋼板」とがある。前者はモーター等のコアに用いられ、そのモーターは、主にエアコン、冷蔵庫、洗濯機等の家電製品に用いられる。後者は、変圧器のコアに使用される。両者は、用途が異なるため需要の代替性はなく、製造設備・製造技術が異なるため供給の代替性もないので、別々の商品範囲とされた。「無方向性電磁鋼板」には、高グレード品から低グレード品まで、板の厚みや磁気特性に応じて様々な規格が存在する。異なる規格の間における需要の代替性は低いが、規格により製造設備が異ならないため供給の代替性がある。商品範囲は、様々な規格を含む「無方向性電磁鋼板」で画定された。地理的範囲は、国内価格が5～10％程度上昇しても海外メーカー品に切り替えないとする国内ユーザーが多く、「東アジア」ではなく「日本全国」と画定された。

無方向性電磁鋼板の国内市場での販売シェアは、新日鉄が約40％で第1位、A社が約40％で第2位、住友金属が約15％で第3位、輸入は低グレード品を中心に約5％ある。

本件合併により新日鉄と住友金属との間に結合関係が新たに形成されるところ、当事会社の合算市場シェア・順位は、約55％で第1位となる。合併後のHHIは約4600、HHIの増分は約1100となり、水平型企業結合のセーフハーバー基準に該当しない。

(1) 単独行動による競争の実質的制限

　本件合併により当事会社の合算市場シェアと順位は、約55％で第1位となる。約40％の市場シェアを有する有力な競争事業者であるA社が1社存在するものの、十分な供給余力がないため、当事会社が価格を引き上げた場合にA社は供給量を十分に増やすことが難しい。輸入圧力については、高グレード品については、国内ユーザーが国内拠点において求めるような高品質な製品を海外メーカーは製造しておらず、輸入圧力は認められない。低グレード品については、一定程度輸入が行われており、国内の価格が上昇した場合に海外メーカー品に切り替えるという国内ユーザーも一定数見られるが、品質や安定供給の面で海外メーカー品への切替えは必ずしも容易な状況ではなく、輸入圧力は必ずしも強いとは認められない。国内ユーザーにとって調達先メーカーの変更は多大な時間と費用を要するため、いずれのグレードの製品でも容易ではなく、需要者からの競争圧力も認められない。

　したがって、本件合併により高グレード品において顕著に、当事会社グループが単独で価格等をある程度自由に左右することができる状態が容易に現出し得ることから、本件合併は競争を実質的に制限することとなると考えられる。

(2) 協調的行動による競争の実質的制限

　本件合併により無方向性電磁鋼板の国内市場における事業者は3社から2社に減少し、合併前と比較して、協調的行動がとりやすくなると認められる。また、住友金属は、ユーザーが無方向性電磁鋼板とセットで購入することもある方向性電磁鋼板を取り扱っておらず、生産基盤も脆弱である点で、新日鉄およびA社とは異なっており、実際の価格戦略でも新日鉄およびA社とは異なる。本件合併後には競争力において同質的な2社が市場をほぼ二分することとなるため、互いの行動を高い確度で予測することができるようになると考えられる。

　そのような状況の中で、高グレード品については輸入圧力が認められず、低グレード品についても輸入圧力が必ずしも強くはなく、また、需要者からの競争圧力も認められない。

したがって、本件合併後、高グレード品において顕著に、当事会社グループとその競争者が協調的行動をとることにより、価格等をある程度自由に左右することができる状態が容易に現出し得ることから、本件合併は競争を実質的に制限することとなると考えられる。

2 事案を読み解くポイントと問題の所在
(1) 結合関係の認定と競争の実質的制限

本件では、当初の企業結合の手段は合併であったので、適用条文は15条である。本件企業結合審査後に、株式交換により住友金属を新日鉄の完全子会社とし、同じ日に新日鉄が住友金属を吸収合併するスキームに変更された。形式的には株式取得の事例となり、適用条文は10条となるが、当初予定されていた合併の場合と独占禁止法上の判断を行うにあたって実質的な違いがないことから、合併に係る事例として公表されている。このことは、企業結合の手段が異なっても、当事会社間の競争が失われる程度が同じであれば、競争に与える影響に実質的な違いがないことを示している。

複数の企業が株式保有、合併等により一定程度または完全に一体化して事業活動を行う関係のことを「結合関係」という（詳しくは、本章第1節2(1)を参照）。企業結合によりある程度一体化して事業活動を行う関係になるが、当事会社間に引き続き一定の競争関係も認められる場合に、これをどのように評価するかが問題となる。本件では、当事会社の議決権保有比率が10％超50％以下の事業者の取扱いが問題となった。

当事会社は、新日鉄の議決権保有比率が20.5％で単独第1位のトピー工業（株）や、新日鉄の議決権保有比率が15.7％で単独第1位の合同製鐵（株）は、当事会社とは独立した競争単位であるため結合関係にはないと主張した。

公取委は、トピー工業や合同製鐵は新日鉄と結合関係があると認めて、トピー工業や合同製鐵の市場シェアを新日鉄の市場シェアに算入することにしたが、競争の実質的制限の判断の段階で、（ⅰ）トピー工業と合同製鐵は、他の電炉メーカーとの競争を意識した価格設定を行ってきており、新日鉄と価格戦略を共有していないと考えられること、（ⅱ）新日鉄とトピー工業と

の間、新日鉄と合同製鐵との間では顧客の奪い合いが見られることから、新日鉄とトピー工業の結合関係、新日鉄と合同製鐵の結合関係は、いずれも、両社が完全に一体化して事業活動を行うような強固な関係ではなく、緩やかであり、一定程度の競争関係を維持しており、本件合併後も一定程度の競争関係が維持されると考えられることも考慮に入れて、本件合併が競争を実質的に制限することとはならないと判断した。

　結合関係の程度には強弱があり、その程度が緩やかな場合には、結合関係が認められる会社間であっても一定の競争が見られる場合がある。一応、独立性が失われるかもしれないことを考慮して結合関係を認めて、市場シェアの合算を行いつつ、当事会社グループ内部の残された競争関係については、競争の実質的制限の有無の判断の段階で、市場支配力の形成・維持・強化を妨げる要因として考慮するという、より実態に即した評価方法がとられたといえる。

　このように判断された取引分野は、「H形鋼」を含め複数存在した。公取委は、「今後当事会社が当該事業者の議決権を追加取得し、または役員兼任の範囲を拡大するなどして当事会社と当該事業者との間の結合関係が強まり、当事会社と当該事業者との間の競争関係の程度が弱まる結果、当該取引分野における競争を実質的に制限することとならないかについて、今後とも注視していく」としている。

　この趣旨は、今回行われた企業結合審査で不問に付された範囲は、当事会社が審査当時に保有する議決権保有比率を前提とするもので、将来の議決権の追加取得や役員兼任の範囲を拡大する場合までを不問に付したわけではないことを明らかにしたものである。

(2) 競争の実質的制限の分析の意義

　競争を実質的に制限することとなるか否かの判断としては、企業結合の当事会社グループが、取引の対象となる商品について、統合後に、ある程度自由に価格等を左右することができる蓋然性が現出し得るか否かが問われる。統合後にある程度自由に価格等を左右することを妨げる要因のことを「競争圧力」ないし「牽制力」という。

企業結合が競争を実質的に制限することとなる場合のシナリオは、大別して2つある。①当事会社グループの単独行動による競争の実質的制限と、②当事会社グループと競争者との協調的行動による競争の実質的制限である。企業結合が禁止されないためには、単独行動および協調的行動のいずれにおいても競争上の問題が生じないことが必要である。

3　法的論点の解読
(1)　単独行動による競争の実質的制限
　本件合併により、合併会社は、約55％の市場シェアを有することになる。
　市場シェアが大きいということは、市場シェアが小さい企業より商品の販売数量が多いということである。市場シェアが大きい当事会社グループが価格を引き上げたとき、市場シェアが小さい競争者は、それまで当事会社グループが供給していた数量を十分に供給するだけの供給余力がないことが想定され、当該商品の価格を引き上げないで、当事会社グループに代わって当該商品を十分に供給することは容易ではない。このため、市場シェアが小さい競争者による当該商品の供給では十分に需要を充たすことができないため、需要者は購入先を他の事業者に振り替えることができないことから、当事会社グループによる価格引上げに対する牽制力は弱いと考えられる。当事会社グループと競争者の市場シェアの格差が大きくなる場合も同じである。
　市場シェアは判断要素としては重要なものであるが、それだけで競争が実質的に制限されることとなるか否かが判断されるものではない。市場シェア100％となる事例においても隣接市場からの競争圧力や需要者からの競争圧力等の各判断要素を検討した結果、競争が実質的に制限されることとはならないと判断された事例がある（北越紀州製紙（株）による東洋ファイバー（株）の株式取得〔平成22年度主要な企業結合事例2〕の「バルカナイズドファイバー」、パナソニック（株）による三洋電機（株）の株式取得〔平成21年度主要な企業結合事例7〕の「ニッケル水素電池〔自動車用〕」）。
　次に、競争者からの競争圧力について、本件では、市場シェア約40％を有する有力な競争者であるA社が存在するものの、十分な供給余力を有し

ていないため、競争者が供給量を十分に増やすことが難しく、当事会社の価格引上げに対する牽制力が働かないと評価された。企業結合ガイドラインの第4の2（1）オも、「競争者の供給余力が十分でない場合には、企業結合後の当事会社の市場シェアと競争者の市場シェアとの格差がさほど大きくないときであっても、当該企業結合の競争に及ぼす影響が小さいとはいえないことがある」とする。

供給余力を見るべき対象について、単独行動による競争の実質的制限においては、当事会社グループが価格を引き上げた場合に、競争者がこれに対する牽制力となり得るかどうか、需要者が競争者の商品に切り替えることができるかという観点から、競争者の供給余力が考慮される。当事会社グループの供給余力が大きいか否かは基本的に関係ない。

これに対して、協調的行動による競争の実質的制限においては、当事会社グループも含めて、当該一定の取引分野で活動している事業者すべてにおいて、協調的行動を採るインセンティブがあるかどうかがポイントになる。価格を引き下げて競争者のシェアを奪うのが良いか、競争者に追随して協調的に行動した方が良いかは、競争者に供給余力があるか否かに加えて、当事会社グループに供給余力があるか否かも重要な考慮要素となる。

輸入圧力が十分に働いているかどうかは、現在輸入が行われているかどうかにかかわらず、関税等の制度上の障壁の程度、輸入に係る輸送費用の程度や流通上の問題の有無、輸入品と当事会社グループの商品の代替性の程度、輸入増加の可能性の程度のような輸入に係る状況をすべて検討して、商品の価格が引き上げられた場合に、輸入の増加が「一定の期間」に生じ、当事会社グループがある程度自由に価格等を左右することを妨げる要因となり得るかが考慮される（企業結合ガイドライン第4の2 (2)）。当事会社グループの価格引上げの牽制にかかる時間として、「一定の期間」は、おおむね2年以内が目安とされている（企業結合ガイドラインの注7）。

本件では、高グレード品については輸入圧力は認められず、低グレード品については、輸入圧力は必ずしも強くないと評価され、現時点においては、本件合併が無方向性電磁鋼板の競争を実質的に制限することとなり、違法と

なるとされた。もっとも、直近の状況として、東日本大震災を契機とした国内ユーザーの調達チャンネルの多様化の動き等を受けて、低グレード品の輸入圧力が高まりつつあるほか、高グレード品についても、現時点では輸入圧力が認められないが、現在、国内ユーザーの中には海外拠点において海外メーカーの高グレード品を実際に使用し始めているものがいるほか、国内拠点においても海外メーカーの高グレード品のサンプルを取り寄せるなど、採用に向けた動きが始まっており、国内ユーザーがサンプルを取り寄せてから採用するまでに要する期間を考慮に入れても、合併後5年間を経過した後であれば、高グレード品も含めて輸入圧力が働く蓋然性は高いと公取委は評価した。これを受けて、商社の住友商事に対して、5年間のコストベースの引取権の設定と住友金属の商権の譲渡を問題解消措置として認めた。当事会社グループの価格引上げを妨げる要因として輸入圧力を評価するためには、輸入の増加が2年の間に生じる必要があるが、合併後5年間経過後に輸入圧力が高まるまでの繋ぎの問題解消措置を講じることで、合併後5年間経過後の輸入圧力も企業結合審査において考慮されたわけである。

　需要者からの競争圧力については、合併会社が商品の価格を引き上げようとした場合に、需要者は、商品の購入先を他社に切り替えるとか、海外メーカーからの輸入を検討するとか主張することにより、合併会社による価格引上げを牽制することが可能である。しかし、本件では、同じ規格でもメーカーにより微妙な違いが存在し、国内ユーザーが調達先を切り替えるには規格ごとに特性を評価・試験する必要があり、多大な時間とコストがかかるため、高グレード品と低グレード品とも調達先メーカーの変更は容易ではないとして、需要者からの競争圧力は認められなかった。

(2) 協調的行動による競争の実質的制限

　協調的行動による競争の実質的制限は、企業結合の結果、当事会社グループがその競争者と協調して行動しやすくなることにより、一定の取引分野における価格等の条件をある程度自由に左右できるようになることによって生じる。企業結合規制において問題となる競争者との協調的行動とは、カルテルや談合のように明示または黙示の意思の連絡が認められて不当な取引制限

として3条違反となる違法行為に限られず、「共同して」の要件を欠くために不当な取引制限の違反行為としては取り締まることができない意識的並行行為などの暗黙の協調的行動も含まれる。意識的並行行為は、競争関係にある事業者が互いに自らの競争行動に対する他者の反応を予測しながら行動する結果として、意思の連絡を伴わないのに互いに競争を回避する状況を指し、価格の上昇を引き起こしたり、消費者に対してより良い取引条件を提示したり価格を引き下げるインセンティブが弱まる状況も含まれる。

協調的行動が出現する要因は、企業結合の結果、各事業者がそれぞれ単独で自己の利益の最大化を図るよりも、互いに協調して行動することによって共同の利益を最大化し、その利益を分け合った方が、各事業者にとってメリットが生じるからである。このような状況は、①互いが協調して行動した方が利益になるという事業者間の共通の認識があり、②そのような行動が維持可能である場合に生じるとされる。そのための条件としては、（ⅰ）企業結合の結果、競争単位の数が減少することに加えて、当該一定の取引分野の市場構造、商品の特性、取引慣行等から、各事業者が互いの行動を予測しやすくなること、（ⅱ）協調的行動からの逸脱行為を他の事業者が容易に発見できること、（ⅲ）逸脱に対する報復措置を採ることができること、（ⅳ）アウトサイダーや需要者から協調的行動を妨げられないことが挙げられる。

本件では、「無方向性電磁鋼板」の国内市場における事業者は、3社から2社に減少する。一定の取引分野における競争者の数が少ないので、競争者の行動を高い確度で予測しやすくなり、合併前と比較して、協調的行動をとりやすくなる。

また、本件では、住友金属は、取り扱う商品範囲や生産基盤の強弱の点で、新日鉄およびA社とは異なる立場にあり、実際の価格戦略でも他の2社とは異なる行動をとっていた。本件合併後は、合併会社は、取り扱う商品範囲や生産基盤の面で新日鉄と同様の性質を有する会社となることから、住友金属が従来とっていたような価格戦略をとらなくなると考えられた。このように異なる価格戦略をとっていた住友金属が本件合併により消滅してしまうことにより、本件合併後には同質的な2社が市場をほぼ二分することになり、

当事会社グループとA社は互いの行動を高い確率で予測できるようになるため、協調的行動による競争の実質的制限が問題となった。住友金属のような、協調的行動をとりにくくして、市場をかく乱する要因となる企業のことを、一匹狼企業（マーベリック、maverick）という。企業結合ガイドライン第4の3(1)イも、「一方が価格引下げに積極的であった場合など、従来、……当事会社の行動が市場における競争を活発にしてきたことが、市場全体の価格引下げや品質・品揃えの向上などにつながってきた場合には、……当該企業結合によりこうした状況が期待できなくなるときは競争に及ぼす影響が大きい」とする。

4 発展的論点—効率性の向上

企業結合後に、規模の経済性、生産設備の統合、工場の専門化、輸送費用の軽減、研究開発体制の効率化等により、当事会社グループの効率性が向上することによって、当事会社グループが競争的な行動をとることが見込まれる場合がある。需要者（消費者）としても、価格が低下したり、品質が向上したり、新商品が提供されたりして、合併による利益を享受できるようになるかもしれない。このような効率性の向上による競争促進効果をどのように考慮すべきだろうか。

企業結合ガイドライン第4の2(7)によれば、「当事会社グループの効率性が向上することによって、当事会社グループが競争的な行動をとることが見込まれる場合」には、その点も加味して競争に与える影響が判断される。

次の3つの観点から判断される。①企業結合に固有の効率性の向上であるか（固有性）、②効率性の向上が実現可能であるか（実現可能性）、③効率性の向上による成果が需要者に還元される蓋然性があるか（需要者の厚生の増大可能性）である。その趣旨は、次の通りである。

①（固有性）とは、企業結合後に予定される効率性が、より競争制限的ではない他の方法によっては生じ得ないことをいう。企業結合により競争が制限されるときに、同様の効率性が、業務提携等のようなより競争制限的ではない他の方法により達成できるのであれば、そのような他の方法が採られる

方が競争にとって望ましいからである。

②（実現可能性）は、根拠を伴わない単なる主張だけでは足りない。効率性の向上が実現可能で、当事会社グループが競争的な行動をとることが見込まれる場合でないと、当該企業結合が競争に与える悪影響を打ち消す方向で効率性の向上による競争促進効果を考慮することはできないからである。

③（需要者の厚生の増大可能性）が考慮されるのは、効率性が達成されてもそれが企業の内部留保や株主への還元に用いられ、需要者に還元されないようなものであれば、企業結合の結果、損なわれる需要者の利益は回復されないからである。

企業結合ガイドラインの第4の2（7）では、「独占又は独占に近い状況をもたらす企業結合を効率性が正当化することはほとんどない」とする。これは、競争がなければ、効率性の達成により得られる費用の低下を需要者に還元してより安い価格で商品を販売するなど、当事会社グループが競争的な行動をとることが見込まれるとは言い難いからである。

「効率性」の検討項目が立てられた初めての公表事例として、外国の鉱業資源大手であるBHPビリトンおよびリオ・ティントによる鉄鉱石の生産ジョイントベンチャー（共同事業体。以下、JVと略称）の設立事例（平成22年度主要な企業結合事例1）がある。当事会社はJV設立により100億米ドル以上の効率性を達成できると主張したが、公取委は、粉鉱市場について、固有性、実現可能性、需要者厚生の増大可能性の3要件いずれも満たさないと結論づけた。

固有性の要件について、公取委は、「本件JVよりも競争制限的でない他の方法により達成可能なもの」が存在するかを検討した。

当事会社は、「ベストプラクティスの共有化」に基づく効率性を主張した。公取委は、「一方の当事会社のベストプラクティスが、競争事業者では策定できないような特殊な技術やノウハウを持ったものであるとは必ずしも認められない」と評価した。企業結合によらなくとも、市場参加者が単独で達成可能な効率性は固有性の要件を満たすことはなく、妥当な判断である。

これに対して、当事会社が主張した「近接鉱山の業務統合による効率性」

について、公取委は、「各当事会社所有の採掘地区を当事会社間で売買し区画整理することにより、本件 JV と同様の効率性を達成することができる」とした。しかし、このような採掘地区の売買は大きな取引費用（取引相手を探したり、取引条件について交渉したりするのにかかる費用）を要し、当事会社にとって現実的な代替手段でない可能性がある。より競争制限的でない代替手段は、理論上のものではなく、当事会社にとって現実的な代替手段である必要があるとの批判がある。

　また、証券取引所間の合併においては、システムの統合により年間 70 億円程度のコスト削減効果が見込まれ、本件統合により効率性が向上する、と当事会社は主張した（（株）東京証券取引所グループと（株）大阪証券取引所の統合〔平成 24 年度主要な企業結合事例 10〕）。当該事案では、システムの集約やコスト削減の時期等が未定であったため、①効率性に係る固有性、②実現可能性のほか、③需要者の厚生が増大するメカニズムも十分に説明されていないとされた。また、当事会社の合算市場シェアが約 95％と非常に高くなり、独占に近い状態がもたらされるので、たとえ当事会社が主張する効率性の向上が実現したとしても、当事会社が価格引下げなどの競争的な行動をとるとは認められないとして、効率性の向上を考慮することはできないと判断された。

第 3 節　問題解消措置の内容とその評価

1　具体例③（（株）ヤマダ電機による（株）ベスト電器の株式取得・平成 24 年度主要な企業結合事例 9）

　量販店の形態で家電小売業を営むヤマダ電機が、同業者のベスト電器の株式を取得し、議決権の過半数を取得することを計画した。

　家電量販店では、大型の店舗で主に家電製品を幅広い品揃えで販売している。一般に、家電量販店においては、店舗ごとに、自社店舗の近隣に所在する特定の競合家電量販店の店舗を注視して、当該店舗で販売されている家電製品の販売価格を調査するなどしたうえで、当該店舗を競争相手と強く意識して価格設定を行っている実態がある。このため、自社店舗の近隣に複数の

競合家電量販店の店舗がある場合でも、特に注視の対象となっている店舗との間で活発に競争を行っている。

　当事会社が競合する253地域のうち、ヤマダ電機がベスト電器を注視している地域は41地域存在するところ、10地域（甘木、唐津、島原、諫早、大村、人吉、種子島、宿毛、四万十、秩父の各地域で、いずれもヤマダ電機の特定の店舗から半径10kmの地域）については、ヤマダ電機がベスト電器の店舗を注視していた。また、同一の地理的範囲内または地理的に隣接する市場内における店舗の立地状況や売り場面積のような規模等に照らして当事会社の店舗と遜色ない競争力を有する競争事業者の店舗は存在せず、また具体的な参入計画も存在しないので顕在的な参入圧力もないことから、インターネット販売を中心とした通販事業者からの一定程度の競争圧力が認められるものの、本件株式取得により10地域における競争が実質的に制限されることとなると公取委は認めた。

　ヤマダ電機は、公取委に対して、次の問題解消措置を講じることを申し出た。

　①ヤマダ電機は、10地域それぞれについて、当該地域における当事会社の店舗のうち1店舗を第三者に譲渡する。譲渡する店舗は、ヤマダ電機とベスト電器のいずれの店舗でもよい。店舗の譲渡先となる第三者としては、当事会社の企業結合集団に属する者または当該店舗において家電小売業を営む意思を有さない者は除く。約半年後の履行期限までに譲渡の契約を締結する。上記10地域のうち互いに隣接する地域（諫早と大村、宿毛と四万十）では、両地域に所在する当事会社の店舗のうち1店舗を譲渡することとし、結局、合計8店舗を第三者に譲渡する。履行期限までに譲渡の契約が締結されなかった地域または譲渡契約の締結後に譲渡が実行されなかった地域では、適切かつ合理的な方法および条件で、入札手続を行う。

　②ヤマダ電機は、店舗の譲渡が完了するまでの間、対象店舗の事業価値を毀損しないようにするとともに、各対象店舗において消費者に不当に不利な価格設定を行わないものとする。

　③ヤマダ電機は、店舗の譲渡が完了するまでの間、定期的に、各対象店舗

等の家電製品の販売価格について公取委に報告するとともに、店舗の譲渡の実施状況等について、その内容を公取委に速やかに報告する。

　公取委は、ヤマダ電機の申し出た問題解消措置は適切であると評価して、ヤマダ電機が申し出た問題解消措置を前提とすれば、本件株式取得により一定の取引分野における競争を実質的に制限することとはならないと判断した。

2　事案を読み解くポイントと問題の所在
(1)　問題解消措置の設計思想

　企業結合審査の結果、一定の取引分野における競争を実質的に制限することとなると判断された場合でも、当事会社が一定の措置を講じることにより競争上の問題が解消されることがある。こうした措置は、「問題解消措置」と呼ばれる。

　本件は、小売業における企業結合事例で問題解消措置が付された初めての事例である。競争が実質的に制限されることとなる地域における当事会社のいずれかの店舗の譲渡が問題解消措置とされた。公取委は、ヤマダ電機が申し出た措置は「構造的措置」であり、10地域において当事会社の店舗を第三者に譲渡することにより、当該地域において新規の独立した競争者を創出するものであることから、適切な措置であると評価した。

　「構造的措置」であることや、新規の独立した競争者を創出する措置が、なぜ適切と評価されるのだろうか。

　企業結合ガイドライン第6（競争の実質的制限を解消する措置）の1では、「問題解消措置は、事業譲渡等構造的な措置が原則」とされている。本件に即していうと、店舗を譲渡すれば、問題解消措置の履行状況について、継続的な監視は不要となる。店舗を譲り受ける第三者は、当事会社の企業結合集団に属する者ではないため、独立性が確保されており、また、当該店舗において家電小売業を営む意思を有する者に店舗が譲渡されるので、新規の独立した競争単位を創出することになり、本件企業結合により失われる店舗間の競争が回復することになるからである。

(2) 履行確保の問題点

　本件は、資産譲渡の期限までに譲渡が実行されない場合には入札手続に付すとされた、わが国初めての事例でもある。この条件により、期限までに積極的に店舗の譲渡を行おうとするインセンティブが高まると考えられる。

　企業結合ガイドライン第6の1では、「問題解消措置は、原則として、当該企業結合が実行される前に講じられるべきものである」が、「やむを得ず、当該企業結合の実行後に問題解消措置を講じることとなる場合には、問題解消措置を講じる期限が適切かつ明確に定められていることが必要である」とされている。本件では、当該措置は本件株式取得後に実行される予定であるが、店舗の譲渡契約の締結期限が約半年程度と明確に定められている点も、適切であると評価された。

　さらに、店舗の譲渡までの間、譲渡の対象店舗の事業価値を毀損しないこと、および、当該対象店舗において消費者にとって不当に不利な価格設定を行わないこととされていることから、企業結合の実行後に店舗の譲渡という問題解消措置を実行するまでの間、当該譲渡対象店舗の競争力を維持しつつ、競争上の弊害を除去する仕組みが確保されており、企業結合実行後の問題解消措置の実施の問題点への対策が適切に講じられたといえる、と公取委は評価した。

　企業結合の実行後に問題解消措置を講じる場合には、当該問題解消措置の実行までの間に競争上の弊害が生じないような手当てや、譲渡対象資産の価値が毀損されないような手当てを講じる必要があるとの考え方は、日本の企業結合ガイドラインには明記されていないが、米国司法省の問題解消措置ガイドライン（Antitrust Division Policy Guide to Merger Remedies）では、実際に譲渡されるまでの間、譲渡対象資産の独立性の確保や価値保全が求められる旨の記載がある。

　この趣旨は、企業結合の実行後に問題解消措置を講じる場合には、問題解消措置の実行までの間は、競争の実質的制限が現出する蓋然性が高い状況にあるため、当該措置の実行までの間に競争上の弊害が生じないようにする手当てが必要となり、また、どうせ第三者に譲渡されてしまうからと、当事会

社は資産価値を保全する意欲が低下するのは避けられないため、譲渡対象資産の価値が毀損されないように手当てを講じる必要があるからである。

3 法的論点の解読
(1) 店舗間の立地競争と競争の実質的制限
　問題解消措置は、競争の実質的制限を取り除くために設計されるものであるため、どのような内容の問題解消措置が適切と評価されるかは、どのようなシナリオで競争の実質的制限の蓋然性があると判断されたのかに深く関係する。

　本件では、各家電量販店は、自社店舗の近隣に所在する特定の競合家電量販店の店舗を注視し、当該店舗を強く意識しながら価格設定を行っている実態があることから、自社店舗の近隣に複数の競合家電量販店の店舗がある場合でも、特に注視の対象となっている店舗との間で活発に競争が行われており、こうした競争の状況が、競争の実質的制限の蓋然性の判断にあたって考慮された。それゆえ、特に注視の対象となっている店舗を独立の第三者に譲渡することで競争が実質的に制限される状況が解消されることになる。

　企業結合ガイドライン第4の2(1)イでは、「従来、当事会社間で競争が活発におこなわれてきたこと……が、市場全体の価格引下げや品質・品揃えの向上などにつながってきたと認められる場合には、……競争に及ぼす影響が大きい」とされており、これは他の条件が一定であれば、転換率（本件を例にとると、一方の当事会社の店舗での価格引上げにより失われる売上げのうち、他方の当事会社の店舗の売上げの増加として吸収される割合）が大きい事業者どうしの企業結合ほど、当事会社グループが企業結合後に価格を引き上げるインセンティブが大きくなり、競争に与える影響が大きいという考え方に基づく。

　家電量販店の店舗間の競争は、同一の地理的範囲内にあっても、立地状況や売り場面積等の観点から、店舗間の競争の強弱は一様ではなくバラつきがあり、その意味で差別化されている。ヤマダ電機の店舗がベスト電器の店舗を注視しているということは、他店舗よりも手強い競争者（より密接な競争者）として、当事会社の店舗間で活発な競争が行われていることを意味する。そ

の結果、企業結合後に一方の当事会社の店舗で価格引上げを行った場合に他方の当事会社の店舗に多くの消費者（需要）が逃げるため、当事会社の店舗間の転換率は大きいと想定され、転換率の大きい地域では企業結合前は他店舗に需要が逃げるので価格引上げを行えなかったが、企業結合後には当事会社グループ全体で逃げた需要を取り込むことができるので、企業結合後には自己の利益となるように価格引上げを行えるようになり、競争に与える影響も大きくなると考えられるのである。

(2) 問題解消措置の事後的な変更・終了

問題解消措置の内容が、企業結合後の競争状況の変化により不要になることもある。企業結合ガイドライン第6の1によれば、「企業結合後の競争条件の変化を踏まえ、当該措置を継続する必要性を評価した結果、当該措置の内容を変更又は終了しても競争を実質的に制限することとなるおそれがない状況になったと判断される場合」には、当事会社からの申出に基づき、問題解消措置の事後的な変更・終了が認められる。

本件では、実際の店舗譲渡は、次のように行われた。約半年後の当初の譲渡契約の締結期限について、さらに1ヵ月間の猶予を得て、10地域のうち8地域の7店舗については、同じく家電量販店を営む（株）エディオンに対し譲渡を行うこととなった。秩父地域がヤマダ電機の店舗で、他の5店舗はベスト電器の店舗である。種子島地域ではベスト電器のフランチャイズ店舗がエディオンのフランチャイズ店舗となった。そして、残りの宿毛・四万十の両地域で譲渡される1店舗については、同地域内における競業他社の出店計画が現実化したことで、公取委との協議により、「店舗の譲渡先が見つからない場合には入札手続に付す」という問題解消措置の対象地域から除外された。

企業結合後に競業他社の出店計画が現実化して顕在的な参入圧力が認められ、競争を実質的に制限することとなるおそれがない状況になり、店舗の譲渡により、企業結合により失われた競争を回復する必要性がなくなったと判断されたのだろう。

4 発展的論点―企業結合後に不当に高い価格を付けないことを約する措置

　企業結合後に不当な価格設定を行わないことを約束する措置は、問題解消措置として適切だろうか。企業結合により市場構造が非競争的に変化すること自体は許容しつつ、利潤最大化行動をとらないことを約束する措置ともいえる。このような措置は、市場構造には何ら影響を与えず、当事会社の重要な競争手段である価格等に直接作用するものであることから、典型的な問題解消措置としてはふさわしくない。本件で、譲渡対象資産の独立性の確保に代えて、各対象店舗において消費者にとって不当に不利な価格設定を行わないとの措置が認められたのは、問題解消措置の実行までの間の過渡的な措置だからである。あるいは証券取引所のような極めて高い公共性を有し、価格（手数料）があまり重要な競争手段ではなく長期安定しているような市場における企業結合などにおいて、例外的に有効と判断される措置といえるだろう（東京証券取引所グループと大阪証券取引所の統合〔平成24年度主要な企業結合事例10〕の「新興市場の上場関連業務」。なお、日本航空（株）および（株）日本エアシステムの持株会社の設立による事業統合〔平成13年度主要な企業結合事例10〕の「普通運賃を、一律10％引き下げ、少なくとも3年間は値上げしない」とする措置をめぐる議論も参照）。

第5部

流通取引

第10章
問題の見取り図

第1節　流通取引とは何か

　流通取引とは、メーカーによって生産された商品が最終ユーザーに届けられるまでの間に介在する、事業者間の取引全般を指す。

　どんなに安くて良い商品を作っても、それだけでは利益は上がらない。確かにメーカーは、同業他社との競争を勝ち抜くために、自分なりに最終ユーザーのニーズを読み取り、それを充たすような商品を作ろうとするだろう。しかし、その商品を求める最終ユーザーが、どこに、どれだけ存在するかについて具体的な情報をもっていなければ、売上げには結びつかない。また、仮に、それを買ってくれそうな最終ユーザーの層を特定できたとしても、自分が作った商品を最終ユーザーによく知ってもらわなければならない。マスメディアを通じた一般的な宣伝広告だけでは、同業他社との差を際立たせることは難しいかもしれない。より最終ユーザーに近い場所での、焦点を絞った宣伝広告や販売に伴う付加的サービスが売上げを伸ばすのに有効な場合が考えられるのである。

　さらに、単に欲しい商品が手にはいるというだけで、最終ユーザーのニーズが十分に充たされるとは限らない。商品そのものの価格や品質と同じくらい、配送の迅速さが重視される場合があろう。また、特に耐久財では、販売後のメンテナンス、付加的サービス、付属品の継続的な供給等が、商品そのものの効用を十分に発揮させるのに必要不可欠な場合がある。

　これはほんの一例で、要するに、商品を作ってもうけようと思えば、生産面での工夫だけでなく、生産の現場と最終ユーザーとを仲立ちする、生産そのものとは別の活動が必要なのである。卸売業者、小売業者、その他の物流

業者は、このような活動を担う専門の企業であり、この分野でも一種の社会的分業が成立している。

　流通においてこのような社会的分業が成り立っていて、たとえば、ある商品が最終ユーザーに届けられるまでの過程で、メーカーのほかに、卸売業者、小売業者が介在する場合には、直接の取引関係は、それぞれ、メーカーと卸売業者、卸売業者と小売業者、小売業者と最終ユーザーとの間に成立することになる。言い方を変えると、メーカーから最終ユーザーにまで商品がたどり着くまでに、複数の取引の段階があることになる。それぞれの取引の段階において、商品の売り手と買い手がそれぞれ複数存在するのが通例であり、売り手は売り手どうしで、買い手は買い手どうしで、それぞれ競争関係に立つ。

第2節　流通取引をめぐる主導権

1　メーカーによる流通支配

　商品の生産に巨額の投資を行ったメーカーは、その商品の売上げから投資を確実に回収しなければならない。ところが、前述したところによれば、自分が生産した商品の売上げは、究極的には、自分が直接には取引していない最終ユーザーの購買行動に大きく左右される。そこで、大量生産を行うメーカーほど、他のメーカーとの競争上、商品の販売面においても独自の工夫を行いたいと考えるようになる。このようにして、メーカーは独自の販売政策をもつようになる。

　なお、販売政策の一手段として、流通業者が担っている活動の一部ないしすべてを、メーカー自身ないしその子会社が担うという方法が考えられる。これは、生産活動を起点として考えると、より最終ユーザーに近い事業活動への進出であり、川の流れにたとえて、「下方への垂直統合」と呼ぶ場合もある。しかし、少なくとも消費者が最終ユーザーである場合には、メーカー自らが流通に関わるすべての活動を担うということはほとんどない。メーカーにとっては、メリットよりもコストが大きいということだろう。

むしろ、メーカーは、卸売業者や小売業者との間で長期継続的な取引関係を築くことを通じて、自らの販売政策を実現しようとすることが多い。この場合、メーカーは、自らの生産した商品を購入し、再販売する地位を相手方に認める契約を流通業者との間で締結する。実務では、「特約店契約」等と呼ばれる。この契約の中にメーカー独自の販売政策を実行することを求める契約条項を盛り込んだり、明示の契約条項がない場合でも、契約関係継続の前提として自らの販売政策への協力を求めたりする。

たとえば、メーカーは、「販売奨励金」とか「協賛金」等の様々な名目で、卸売業者や小売業者に金銭を支払うことが多い。これらは「リベート」と総称され、小売業者が小売価格を引き下げる際の原資として使われることが多い。しかし、リベートが恒常的に支払われている場合には、卸売業者や小売業者をメーカーの販売政策に従わせる手段としても利用される。たとえば、メーカーの販売政策に対する協力の度合いに応じて取引相手によりリベートの額に差を設けたりする。このようにして、メーカーは、自分の販売政策に卸売業者や小売業者を従わせようとする。

メーカーが流通業者に対して自らの流通政策にどれだけ従わせることができるかは、メーカーが流通業者に対してどれだけ交渉上優位に立てるかにかかっている。一般的にいえば、ユーザーにとって他に替えがたいと思わせるほど有力なブランドは、流通業者にとってそれを品揃えしておくことが事業活動上必要不可欠（あるいは、それを品揃えできることが事業活動上きわめて有利となる）となるので、そのようなブランドをもつメーカーは流通業者に対して優位に立てることが多い。流通業者がメーカーの販売政策への協力を拒むときに、「それでは、あなたとは取引しない」といわれて困るのは流通業者の方だからである。

2 大規模小売業者による流通支配

他方、これまでの話とは逆に、小売業者の方が、その独自の販売政策にメーカーを従わせる場合もある。これをやれるのは、スーパー、百貨店、量販店、コンビニ等の大規模な小売業者である。これら大規模な小売業者は、

モノの購入額が大きいということだけでも、卸売業者や（大規模小売業者と直接取引している）メーカーに対して交渉上優位に立てる。しかし、近年はそれだけでなく、情報通信技術の飛躍的な発達と相まって、最終ユーザー（消費者）に最も近い取引の現場にある大規模小売業者は、何が売れ筋であるかを迅速に読み取る能力に長けるようになっている。これをも利用して、卸売業者やメーカーを自らの販売政策に従わせることが可能となる。

その究極の形態として、小売業者自身がモノの生産に進出する場合もある。こちらは、メーカーによる下方への垂直統合の逆で、「上方への垂直統合」ということになる。具体的には、たとえば、自らのブランドを付して販売する商品の生産をメーカーに委託する。これは「プライベート・ブランド（PB）」と呼ばれ、メーカー自身のブランドを付して販売される「ナショナル・ブランド（NB）」と対比される。

流通取引において自己の言い分を通しやすいのがメーカーと小売業者とのどちらなのかは、商品にもよるし、時代によっても異なる。そのことは、小売価格を最終的に決定する主導権がどこにあるかに反映される。大雑把にいえば、1960〜70年代の高度経済成長の時代には、消費財を含めてメーカー側に小売価格決定の主導権があったが、90年代の量販店の台頭以降、消費財の分野では小売業者が小売価格決定の主導権を握るようになっている。ただ、前述のように、消費財の中でもブランド力（所費者への訴求力）が著しく強い場合や中間財においては、今日なおメーカーが主導権を握る場合もみられる。

3 卸売業者による流通支配

なお、商品によっては、メーカーと小売業者との中間に位置する卸売業者が、自らの販売政策にメーカーと小売業者を従わせる場合もある。たとえば、書籍の世界では、メーカーに相当する出版社と、小売業者に相当する書店とに比べて、卸売業者に相当する取次業者の規模が大きく、書籍の企画や価格設定において影響力を発揮することが多いといわれている。

第3節　経済法における問題の所在

　流通取引の実態が大きく変化する中で、経済法との関わりでは、大別すれば、次の3つの問題群が議論されてきた。それは、①流通系列化に伴う諸問題、②大規模小売業者による力の濫用の問題、③商店街の衰退に伴う「まちづくり」の課題、である。このうち本書で中心的に取り上げている独占禁止法の適用に直接に関わるのは、①と②である。

1　流通系列化

　これは、メーカーが、卸売業者や小売業者を自らの販売政策に従わせることに伴う諸問題を指す。前述のように、メーカーは、卸売業者や小売業者と長期継続的な取引関係を結び、これを前提として自らの販売政策を実現しようとする。この販売政策の中には、小売業者間、卸売業者間の競争に悪影響を及ぼすものが含まれており、それらについては、独占禁止法における不公正な取引方法に該当するかどうかが主として問題となる。
　具体的に列挙すると、まず、メーカーが、自ら生産・販売した商品が転売される際の価格をあらかじめ拘束する行為（「再販売価格の拘束」）がある。メーカーが自ら生産した商品を卸売業者に販売した後は、その商品の所有権は卸売業者に移り、所有権とは「その所有物の使用、収益及び処分をする権利」（民法206条）だから、その商品を卸売業者が小売業者に販売（転売）する際の価格は卸売業者が自由に決められるはずである。独占禁止法で問題となるのは、その価格をメーカーがあらかじめ指定し、卸売業者が、その指定された価格以外の価格を設定できないようにすることである。メーカーが、卸売業者を通じて、小売業者に対して同様のことを行わせる場合も同じである。これは、卸売業者間、小売業者間での価格競争に悪影響を及ぼし、小売価格を高止まりさせることから、独占禁止法上最も悪質な行為のひとつに挙げられている。具体的には、独占禁止法2条9項4号（「再販売価格の拘束」）の適用が問題となる。

再販売価格の拘束と同様に、卸売業者間、小売業者間の競争を少なくする効果をもつ行為としてほかに、メーカーが卸売業者や小売業者の取引相手を制限する行為（「帳合取引」、「仲間取引の禁止」）、その販売地域を限定する行為（「テリトリー制」）、販売方法を指定する行為等が挙げられる。具体的には、一般指定12項（「拘束条件付取引」）の適用が問題となる。

また、耐久財の分野でよく見られる「専売店制」は、卸売業者や小売業者に対して、特定のメーカーとのみ取引するように義務付けるものである。特定のメーカーの「系列店」と呼ばれることもある。これは、商品の販売後のメンテナンス、付加的サービス、付属品の継続的な供給等の必要性に由来する場合が多いが、ライバルメーカーが販路を閉ざされてしまう可能性があり、独占禁止法の関心も主としてそこにある。具体的には、一般指定11項（「排他条件付取引」）の適用が問題となる。

2　大規模小売業者による力の濫用

これは、大規模小売業者の台頭を背景とする独占禁止法上の諸問題を指す。

ひとつには、大規模小売業者による安売りが引き起こす問題がある。大規模小売店の中でも、特に量販店と呼ばれる形態の小売業者は、大量の仕入れと販売経費の削減を通じた販売価格の引下げを武器としている。もちろん、自らのコスト削減を通じた販売価格の引下げそのものは、独占禁止法上は非難できない。しかし、この種の小売業者は、集客効果を狙って、消費者が日常的に使用するモノを対象として、時には仕入れ原価をも下回るような価格設定を行うこと（「おとり廉売」と呼ばれる）がある。この場合には独占禁止法上の問題となり得る。具体的には、独占禁止法2条9項3号や一般指定6項（「不当廉売」）の適用が問題となる。

もうひとつには、大規模小売業者が納入業者（卸売業者やメーカー）に対して、交渉上の優位性を利用して不当な不利益を押し付けるという問題がある。具体的には、不当な返品、代金の不当な減額、納入業者に対する見返りのない派遣店員や協賛金等の強要等が問題となる。具体的には、独占禁止法2条9項5号（「優越的地位の濫用」）の適用が問題となる。

なお、コンビニエンス・ストアの場合、チェーンの本部とフランチャイズ契約を結んで営業する店主が、チェーンの本部から不当な不利益を強要されるという問題があり、やはり、独占禁止法2条9項5号の適用が問題となる。

3　商店街の衰退に伴う「まちづくり」の課題

　これは、2で述べた問題と同様、大規模小売店の台頭に伴う問題だが、独占禁止法が目指す「公正かつ自由な競争」の促進とは別の視点からの問題である。流通に携わる事業者のうち、特に小売業者は、地域のコミュニティーを維持するうえでも重要な役割を担ってきた。そのことと関わる問題である。

　人の移動手段として自動車が一般化すると、大規模小売店は、地方の幹線道路沿いに店舗を構えるようになった。消費者は、その都度必要なモノを買うというよりも、一度にまとめ買いをするようになった。そうすると、全体的な人口減少とも相まって、従来からあった、いわゆる駅前商店街が衰退するようになる。少しずつ、まるで歯が抜けるように店が閉まり、シャッターが下りたままとなって、そのまま放置される。その荒廃した雰囲気が敬遠されて、ますます客足が遠のく、という悪循環が始まるのである。ほかにも、従来は大規模小売店と商店街が共存していたが、大規模小売店の撤退に伴って商店街が衰退してゆくというパターンもあるようである。

　いずれにしても、このようにして商店街が衰退すると、商店街が担ってきた公共的な役割の担い手がいなくなる。具体的には、防犯であるとか、子供や高齢者の世話であるとか、祭りや運動会を通じた住民どうしの絆といったことである。

　平成10 (1998) 年に制定された「まちづくり3法」（大規模小売店舗立地法、中心市街地活性化法、改正都市計画法）は、住民本位の「まちづくり」の視点から、大型店の事業活動の調整（交通渋滞、騒音、廃棄物処理の観点から）、中心市街地活性化の試みに対する支援、市町村の都市計画における大型店進出の規制を定めている。これらの措置が有効に機能しているかどうかは意見が分かれるところだが、これらの措置が独占禁止法とは異なる理念をもつことは明らかだろう。独占禁止法は、事業者間の公正かつ自由な競争の促進を通じて、消

費者に多様な選択肢を保障するとともに、多様な選択肢の中から主体的な判断によって商品・役務を選択できるような状態を目指している。しかし、独占禁止法は、消費者が属する地域コミュニティーの維持には関心がない。

　本書は独占禁止法に焦点を当てているので、この問題にはこれ以上立ち入らない。ただ、商品役務の購入と消費は、人間の生存に不可欠ではあるが、それだけが人間生活のすべてではない。独占禁止法の「公正かつ自由な競争」の促進の視点を超えた、より広い視点からも事業者規制が行われ得ることは常に意識しておかなければならない。

4　第5部の構成

　第5部の以下の章では、流通取引に関わる、主として独占禁止法上の問題を扱う。第11章は、流通系列化の諸問題を取り上げる。第12章は、大規模小売店による力の濫用の問題を取り上げる。第13章と第14章は、流通系列化の問題と大規模小売店による力の濫用との、どちらにも分類しにくいが、流通取引に関わる独占禁止法の論点として重要なものを補足的に取り上げる。第13章は、共同および単独の取引拒絶を、第14章は、抱合せを、それぞれ取り上げる。

第11章
流通系列化

　本章では、流通系列化にまつわる不公正な取引方法について取り上げる。流通系列化とは、「製造業者が、自己の商品の販売について、販売業者の協力を確保し、その販売について、自己の政策が実現できるように販売業者を掌握し、組織化する一連の行為」である（独占禁止法研究会報告書「流通系列化に関する独占禁止法上の取扱い」〔1980年〕。以下、「独禁研報告書」という）。化粧品、石鹸・洗剤（日用雑貨品）、自動車、家電、加工食品、ビール、大衆医薬品、文房具といった様々な業界の有力メーカーは、戦後の早い時期（業界によっては戦前）から流通系列化に力を入れてきたが、その主目的は販売価格の安定にあったといえる（第3節参照）。

　メーカーは、流通系列化に際し、様々なマーケティング手法を用いる。たとえば、メーカーが流通業者に対して行う販売価格・取扱い商品・販売地域・取引先等の制限、リベートの供与などである。これらのマーケティング手法は、競争を阻害する効果をもつ場合、独占禁止法違反となり得る。

　以下では、流通系列化と関わって独占禁止法上の主要論点となってきた「再販売価格の拘束（以下、「再販」という）」、「排他条件付取引」、「拘束条件付取引」を中心に取り上げることにする。

第1節　再販売価格の拘束と流通系列化・製品差別化

1　具体例（ハマナカ毛糸審決取消訴訟事件・東京高判平23・4・22）
(1) 事実の概要

　X（ハマナカ）は、手編み毛糸等にハマナカ等の商標を付して（以下、「ハマナカ毛糸」という）小売業者等に販売している。Xはハマナカ毛糸について、「標

準価格」等と称する希望小売価格を定め、小売業者に周知していた。

　平成20（2008）年6月23日、公取委は、Xが小売業者に対し値引き限度価格を維持するとの条件付きで毛糸等を供給している行為が、旧一般指定12項1号および2号（再販。現独禁法2条9項4号イ、ロ）に該当し、独占禁止法19条に違反するとして排除措置命令を行った。これに対してXが審判請求を行ったところ、下記のように請求棄却の審決がなされたことから、Xは当該審決を不服として、審決取消訴訟を提起した。

(2) 審判審決：Xの請求棄却

　①審決が認定した事実の概要：　かねてから、ハマナカ毛糸の廉売に関して、小売業者からXに苦情が寄せられ、Xは安売り店に対して、極端な安売りはやめるように要請していた。

　A（大型手芸用品店チェーン）はハマナカ毛糸を以前から割引して販売していたところ、周辺の小売業者からXに苦情が寄せられたことから、XはAに対して、Xが設定した「値引き限度価格」以上で販売するよう再三申し入れた。Aは、当初は応じなかったが、他の小売業者にも値引き限度価格以上で販売させることを条件として販売価格を引き上げた。Xは、他3社の大型手芸用品店チェーンに対してもハマナカ毛糸を値引き限度価格以上で販売するよう申し入れた。3社は、品揃えの必要性から、やむなく、もしくは、Xから示唆された出荷停止を恐れて、値引き限度価格まで価格を引き上げた。

　B（全国展開している大規模スーパー）に対しても、Xは卸売業者を通じて値引き限度価格以上で販売するよう申し入れたが、Bが応じなかったため、Bの店舗でハマナカ毛糸を買い上げ、出荷も停止させた。平成20年1月時点で、Bは見切り品等を除き、本件毛糸を取り扱っていない。

　平成18（2006）年頃から、小売業者等から、インターネット上でのハマナカ毛糸の安売りについての苦情がXに寄せられていた。Xは、平成19（2007）年6月頃、少なくとも15社のインターネット小売業者に対して、値引き限度価格以上で販売するよう申し入れるとともに、卸売業者からも同様の申し入れをさせた。インターネット小売業者はおおむねこれに応じ、結果としておおむね10％引きの小売価格となった。

ハマナカ毛糸は、編み物雑誌の作品例に頻繁に使用されていることから知名度が高く、指名買いする消費者が少なくない。このため、本件毛糸は、小売業者にとって品揃えに加えておくことが重要な商品となっている。
　②審決の概要：　Xは、ハマナカ毛糸の販売価格を定めたうえで、小売業者に対し、当該販売価格を維持するという拘束条件をつけて本件毛糸を供給していた。Xの行為が小売業者間のハマナカ毛糸に係る価格競争を阻害するものであって、公正競争阻害性を有するものであることは明らかである。

(3) 審決取消訴訟：X敗訴

　①Xの主張（一部業者に対する拘束に関する部分のみ）：　Xは、値引き限度価格の維持の要請に実効性がないことの根拠として、Bは出荷停止後も原告の要請に従っていないこと、インターネット通販は参入が容易であり、全インターネット小売業者の把握は困難であるうえに、15社への伝達によってネット上の全53店が販売価格を決めることはあり得ないことを主張した。
　②審決取消訴訟判決の要旨：　ハマナカ毛糸を取り扱う小売業者の多くは、ハマナカ毛糸を品揃えに加えておくことが重要であるため、Xの「要請に従わざるを得ないと考えていたこと」、実際に、Aらが「不本意ながら要請に従うことを決めたことからすれば、大規模な小売業者においても、ハマナカ毛糸を販売できなくなれば小さくない不利益を被ると認識していたと認められるから」、Xは、「値引き限度価格を実効性をもって維持させていると認定」できる。
　Bの件は、「他の小売業者に対して『見せしめ』的効果をもつことは明らかであるから」、これによって価格維持の実効性の認定は左右されない。
　インターネット小売業者についても、15社への申し入れと販売価格の引上げ、その他業者の追随の結果、「インターネット小売業者の販売価格がおおむね10％引きとなったことが認められるから」、本件行為の実効性についての認定は動かない。

2　事案を読み解くポイント——製品差別化（ブランド化）

　価格拘束が意味をもつのは、メーカーが自己の商品を他社の商品と識別で

きるように製品差別化（ブランド化）したうえで、様々な流通業者に当該商品を取り扱わせる場合である。製品差別化とは、自社製品とライバル製品との間で、機能・品質等の面で差異を設けるか、あるいは、それが難しければ、商標・デザイン・広告等によって、心理的差異を作り出すマーケティング手法を指す。

　ハマナカ毛糸は、指名買いする消費者が少なくないと認定されているように、製品差別化に成功している商品である。このような商品は、小売業者にとって品揃えに加えておくことが重要であることから、小売業者はメーカー等からの価格維持の要請を受け入れざるを得ず、結果として、価格拘束が実効性をもつ可能性が高くなる。このように、メーカーが流通系列化によって自己の商品の販売政策を実現するには、当該商品の製品差別化を成功させ、小売店の品揃えに欠かせない商品にすることが前提条件となる。

　また、流通系列化において、中小小売店が重要な役割を果たしている場合には、それら中小小売店からの苦情を発端とした再販が生じやすい。本件でも、そのような苦情を発端として、Xが大手小売業者に値引き限度額の遵守を要請し、今度は、その大手小売業が、Xに対して、ネット上の小売業者等にも値引き限度額を遵守させるように要請している。結果として、広範囲にわたる小売業者の間で価格カルテルが行われたのと同様の効果が生じた。

3　問題の所在

(1) 再販売価格の拘束（独禁法2条9項4号）概説

　再販売価格の拘束（再販）とは、自己の供給する商品を購入する相手方に、正当な理由がないのに、次の（イ）、（ロ）に掲げる拘束の条件を付けて、当該商品を供給することをいう。

　（イ）相手方に対し、その販売する当該商品の販売価格を定めてこれを維持させること。その他相手方の当該商品の販売価格の自由な決定を拘束すること。

　（ロ）相手方の販売する当該商品を購入する事業者の当該商品の販売価格を定めて相手方をして当該事業者にこれを維持させること。その他相手方を

して当該事業者の当該商品の販売価格の自由な決定を拘束させること。

平成3 (1991) 年に公取委が公表した「流通・取引慣行ガイドライン」(平27・3・30改正。後述)は、「事業者が……自己の販売価格を自主的に決定することは、事業者の事業活動において最も基本的な事項であり、かつ、これによって事業者間の競争と消費者の選択が確保される」とし、さらに、「メーカーが……流通業者の販売価格を拘束する場合には、流通業者間の価格競争を減少・消滅させることになることから、このような行為は原則として不公正な取引方法として違法となる」としている。

なお、平成21 (2009) 年独占禁止法改正により、再販は、一般指定ではなく独占禁止法2条9項4号に規定され、10年以内に繰り返して行った場合には課徴金が課されるようになった (独禁法20条の5)。

(2) 再販規制の要件

①行為者は「商品」の「売り手」であることを要する。したがって、役務 (サービス) の料金を拘束する場合や、コンビニエンス・ストアの各加盟店が推奨業者から仕入れる商品の小売価格を、コンビニエンス・ストア本部が拘束するような場合には、2条9項4号ではなく一般指定12項 (拘束条件付取引) の規制対象となる。

②拘束される相手方は、その商品を「購入」し「再販売」することを要する。

③再販売価格の「拘束」に該当する行為が行われていることを要する。拘束の有無に関しては、学説上、不利益処分説 (遵守しない場合に何らかの経済上の不利益を伴うことが必要であるとする説) と、実効性確保説 (再販が現実に実効性をもって遵守されていれば足りるとする説) とがあるが、「何らかの不利益」が広く解されていることもあって、両説の差は小さい。なお、流通・取引慣行ガイドラインは、拘束の有無について、「メーカーの何らかの人為的手段によって、流通業者がメーカーの示した価格で販売することについての実効性が確保されていると認められるかどうかで判断される」としており、実効性確保説をとっているとされる。

実際、これまでのところ、メーカーの何らかの人為的手段によって、流通

業者の事業活動の制限について実効性が確保されていれば、拘束が認められてきた。具体的には、以下のような場合である。（ⅰ）合意による場合：文書によるか口頭によるかを問わず、メーカーが販売業者の販売価格を定め、それを了解した販売業者に商品を供給するような場合、（ⅱ）経済上の不利益を課す場合：相手方が価格拘束に従わない場合の出荷停止、出荷量の削減、リベートの供給停止、リベート金額の削減、卸売価格の引上げなどがこれに該当する。試供品を提供することによって指示に従わせることも拘束にあたる（指示に従わなければ試供品が提供されなくなるためである）。

④拘束の様態は様々である。拘束される価格には、特定の販売価格のみならず「希望小売価格の△％引き以内の価格」を維持させる場合も含まれる。また、小売店舗の巡回・監視、秘密番号による流通ルートの探索等によって指示を守らせる場合も拘束にあたる。なお、公取委は、指示が守られない場合にこれらの手段を講じることを通知・示唆すれば「拘束」にあたるとの法運用をしている。しかし、メーカーは「希望小売価格」を設定するのみで、販売業者が販売価格を自由に設定できるのであれば、拘束にはあたらない。

⑤再販の公正競争阻害性と関わって、「ブランド内競争とブランド間競争」という問題が争点になることもある。ある会社が自社製品Ａについて価格拘束を行った場合、次の主張は独占禁止法上正当なものとして認められるだろうか。「わが社の商品Ａについては、価格拘束により小売店間での価格競争は行われていないが（＝ブランド内競争は制限されている）、それにより、ライバル製品との品質やサービス競争等の非価格競争（＝ブランド間競争）が促進されるから、商品Ａの価格拘束には正当な理由がある」という主張である。

この点に関して、第１次育児用粉ミルク（和光堂）事件最高裁判決（昭50・7・10）は、ブランド間競争が強化されるとしても、それが、必ずしも「当該商品の販売業者間において自由な価格競争が行われたと同様な経済上の効果をもたらすものでない以上、競争阻害性のあることを否定することはできない」と判示し、ブランド内競争の制限をもって独占禁止法違反となるとの立場を明確にしている。流通・取引慣行ガイドラインも、「流通分野において公正かつ自由な競争が促進されるためには、各流通段階において公正かつ自

由な競争が確保されていることが必要であり、流通業者間の競争とメーカー間の競争のいずれか一方が確保されていれば他方が失われたとしても実現できるというものではない」としている。

4　法的論点の解読

　2条9項4号（旧一般指定12項）の適用にあたっては、まず「販売価格」を定めて維持させているかが問題となる。この点について、「値引率」を設定して拘束するという手法が違法であることに関しては、公取委の実務でも、学説でも異論はない。次に、価格「拘束」があったか否かが問題となる。本件では、Xの要請に従わない小売業者に対しては出荷を停止するというという手法で、Xは価格拘束の実効性を確保した。

　「拘束」の実効性に関しては、Bの件をどのように考えるべきかが争点となった。Bは、品揃えに加えておくことが重要であるはずのハマナカ毛糸を取り扱わないと決定した。判決は、この点を価格拘束の実効性を否定する事実とは捉えず、「見せしめ」という言葉を用いて、Bのような大手小売業者でさえ、Xの要請に従わないと不利益を受けるという事実が、他の小売業者に対する価格維持の圧力（拘束を強める要素）として働いていると捉えている。

　加えて、多数存在するインターネット小売業者の一部のみに対する価格拘束で十分か否かも争点となった。この点に関して、特定の相手方に対して最低価格を維持するように拘束がされていれば、当該相手方の価格競争は抑制されているのであって、公正競争阻害性ありと考えるのが理に適っていると指摘されている。判決は、結果的におおむね10％引きの販売価格になっているという価格動向を根拠として、本件価格拘束には実効性があったと結論付けた。

　最後に、本件では、価格拘束に関して「正当な理由」が認められる余地はあったのだろうか。判決内容の箇所では省略したが、Xは取消訴訟において、以下のような正当化事由を主張した。すなわち、手芸手編み業界は、中小小売業者等が消費者に編み方の指導等をし、手編み糸を販売することで成り立っている。ところが、消費者が大手小売業者等から安い手編み糸を購入す

るようになった結果、廃業する中小小売業者が増加してきた。Xは、産業・文化としての手芸手編み業を維持し、業界全体を守るため本件行為を行った、との主張である。

　この点に関して、判決は、前掲の和光堂最高裁判決をなぞる形で、「正当な理由」は「当該拘束条件が相手方の事業活動における自由な競争を阻害するおそれがないことをいう」との一般論を述べたうえで、中小小売業者が自由な価格競争をしないで生き残ることには正当性がないと判示し、さらに、産業・文化の維持は独占禁止法の目的と直接関係するとはいえないとしている。

5　発展的論点──再販原則違法の見直し騒動

　平成25（2013）年6月19日、経済産業省は「消費インテリジェンスに関する懇談会報告書」を公表した。本報告書は、平成3年に「流通・取引慣行ガイドライン」を公取委が公表してから20年以上が経ち、経済状況が大きく変化していること、再販について、米国では2007年のリージン判決（連邦最高裁）によって判例変更がなされ「当然違法」ではなく「合理の原則」が適用されるようになったこと、EUでも、新製品導入直後など一定の場合には再販が例外的に合法とされていることなどから、日本のきわめて厳格な再販規制は不適切な規制になっているという内容を含むものであった。同日、日経新聞（夕刊）で、「メーカーの価格指定容認」という見出しが一面トップを飾った。経産省と公取委がメーカーによる再販を容認する方向で検討に入ったという趣旨の記事であった。

　これを受けて、6月26日、公取委事務総長は定例会見にて、メーカーによる価格指定を容認する方向で独占禁止法運用の見直しを行う考えはないとして、上記報告書について次のようにコメントした。①米国の2007年のリージン判決が再販に適用されるというのは、個別事案ごとに不当性を判断するという意味で、メーカーの価格指定が全面的に認められるようになったわけではない、②EUでも再販は原則禁止という考え方がとられている、③英、独、仏、加、豪、韓においても、再販は法律等で禁止されており、近年の規

制事例もある（なお、米国においても、依然として再販を当然違法としている州があり、連邦と州で判例の動向は一致していない）。

その後、平成26（2014）年6月13日に内閣府規制改革会議が公表した「規制改革に関する第2次答申〜加速する規制改革〜」を受けて、6月24日に「規制改革実施計画」が閣議決定された。その中で、再販規制における「正当な理由」について所要の明確化を行うことが公取委に求められ、平成27（2015）年3月30日付で、流通・取引慣行ガイドラインが改定された。

改正によると、再販の「正当な理由」が認められるには、①再販によって実際に競争促進効果が生じてブランド間競争が促進される（競争促進効果）、②①の効果によって当該商品の需要が増大し、消費者の利益の増進が図られる、③①の効果が、再販以外のより競争阻害的でない他の方法によっては生じ得ないものである、④再販が、必要な範囲および必要な期間に限られている、という4要件を充たすことが必要である。要件①・②は競争促進効果が「実際に」生じることが必要（期待や見込みでは不十分）であるとされているうえに、要件③を充たすのはきわめて困難といわれており、正当な理由があるとして再販が違法でないとされる事例は、実際のところかなり想定しがたい。

第2節　専売店制と不当な排他条件付取引の規制

1　具体例（東洋精米機製作所事件・東京高判昭59・2・17）

（1）事実の概要

X（東洋精米機製作所）は精米機等の製造業者であり、製品の大部分を、食料加工機販売業者を通じて米穀小売業者（いわゆる「お米屋さん」等）に供給している。Xは取引先販売業者との間で、①Xの製品と競合する他社製品を取り扱わないこと、②Xの特約店以外の販売業者にXの製品を販売しないこと等を内容とする特約店契約を締結していた。公取委は、Xの上記行為が昭和28（1953）年一般指定7（排他条件付取引。現一般指定11項）等に該当するとして、特約店契約の破棄等を命ずる審決を行った（審判審決昭56・7・1）。Xがこれを不服として審決取消訴訟を提起した。

(2) 審決取消訴訟判旨概要とその後の経緯

判決は、本件特約店契約（＝排他条件付取引）が昭和28年一般指定7に該当するためには、「公正な競争が阻害されるおそれがあると認められることが必要であるところ」、(ア) <u>公正競争阻害性の有無は、「排他条件付取引によって行為者と競争関係にある事業者の利用しうる流通経路がどの程度閉鎖的な状態におかれることとなるかによって決定されるべき</u>であり、一般に一定の取引の分野において有力な立場にある事業者がその製品について販売業者の中の相当数の者との間で排他条件付取引を行う場合には、その取引には原則的に公正競争阻害性が認められるものとみて差し支えない」とする（下線は筆者。以下同）。

しかし、これに加えて、(イ) そのような場合であっても、「<u>すでに各販売業者が事実上特定の事業者の系列に組み込まれており、その事業者の製品だけしか取り扱わないという実態になっているなど特段の事情が認められる場合は、排他条件付取引に公正競争阻害性が認められないとされる余地が生ずるものと解される</u>」とも述べた。

判決は、上記の理由から、Xのシェアの正確な算定・他の競争事業者による並列的な系列化の実情・全国の販売業者の正確な総数についての証拠が必要であるにもかかわらず、それらの点についての実質的証拠がないとして、審決の事実認定を取り消し、公取委に差し戻した（再度、公取委での審判に付された）。しかし、差戻し後の審判手続中にXが同意審決を求め、結局、当初の審判審決の内容をそのまま踏襲した同意審決が出された（同意審決昭63・5・17）。

2 事案を読み解くポイント

(1) 専売店制とは

専売店制とは、メーカーが販売業者との契約において、そのメーカーの商品のみを取り扱い、競合する他社製品を取り扱わないという合意をするもので、排他条件付取引の一つである。日本の自動車メーカーの販売店（単一ブランド車の専売店であることが多い）によく見られる。他方、オートバイは、複数メーカーの商品を扱う併売店の方が一般的である。携帯電話の場合は、あ

る特定の携帯電話会社の製品のみを販売している専売店と、複数会社の製品を扱っている併売店とがある。一般的に、専売店制は、アフター・サービスを必要とする耐久消費財の販売において比較的よく用いられる。専売店制それ自体は違法ではなく、それによって、競争者が利用できる流通経路が閉鎖的な状態になるなど、不当性が認められる場合にのみ独占禁止法違反となる。

(2) 競争政策の動きと専売店制

1960年代から流通系列化が進展したことに伴い、多くの業界で専売店制が形成された。経済法では、1970年代～1990年代初頭まで、流通系列化における取引慣行がメーカー間や流通業者間での競争を阻害するか否かが最重要課題であった。流通系列化は通常、有力メーカーによって行われることから、各市場において進行している寡占化の影響が、各流通段階、さらには、消費者へと波及していくのではないかという懸念がその背景にあった。

そのような状況の下、公取委は昭和55 (1980) 年に独禁研報告書を公表し、流通系列化において現れる流通・取引慣行（再販、リベートの供与など）が、不公正な取引方法による規制の見地からいかなる評価を受けるかについて基本的方向を示した。昭和57 (1982) 年には不公正な取引方法の一般指定が改正されたが、その目的の一つは、流通系列化における不公正な取引方法該当行為の未然防止であったとされている。

このように流通系列化規制に力を入れていた公取委にとって、専売店制の規制は重要な位置を占めていただけに、審決を取り消した本件判決は、公取委にとって衝撃的だったとされている。

3 問題の所在

一般指定11項（排他条件付取引）は「不当に、相手方が競争者と取引しないことを条件として当該相手方と取引し、競争者の取引の機会を減少させるおそれがあること」を禁止している。専売店制は、それによって競争事業者や新規参入者が流通経路から締め出される可能性がある場合には、一般指定11項に該当し得る。しかし、市場シェアが下位の事業者や新規参入者が専売店制を行う場合には、流通経路が閉鎖される可能性は小さく、むしろ、付

加的サービスの充実や販売促進活動の強化を可能にすることによってブランド間競争を活発にする効果が期待されるため、通常、違法とはならない。

また、排他条件を付していなくても、占有率リベートや累進的なリベート（後述）の占有率・累進率が著しく高く、競争品の取扱いを制限する効果を有する場合には一般指定11項や12項（拘束条件付取引）などに該当する。

リベートとは、メーカー等が販売促進を目的として、小売業者等に対して、代金決済後に代金の一部を割戻すことをいう。その一例である占有率リベートは、小売業者等が販売する商品のうち、あるメーカーの商品が占める比率に応じて、当該メーカーが小売業者等に支払うリベートであり、一般に、商品比率（占有率）が高いほど高い金額が設定されている。そのほか、たとえば「年間売上×△％」という形で算定されるリベートがあるとして、その中でも算定比率が累進的に設定されているものが「累進的なリベート」である。

4 法的論点の解読

本判決は下線部（ア）のように述べて、排他条件付取引の公正競争阻害性の有無について、排除効果の存否（＝当該行為によって他の競争事業者が利用しうる代替的取引先がなくなるか否か）という観点から判断している。平成3年に公取委が公表した流通・取引慣行ガイドラインも、「市場における有力な事業者・メーカー」（シェア10％以上または上位3位以内が「一応」の目安）が排他条件付取引を行い、これによって「競争者の取引の機会が減少し、他に代わり得る取引先を容易に見いだすことができなくなるおそれがある場合」に違法となるとしている。このように、本判決の判断枠組みは現在まで維持されている。

他方、並列的に排他条件付取引が行われていた場合には公正競争阻害性が認められない余地があるとの判示部分（下線部（イ））については、それが新規参入を困難にする側面をもつことを見落としているとして批判が多かった。流通・取引慣行ガイドラインでは、この点の批判を容れて、「複数の事業者がそれぞれ並行的に自己の競争者との取引の制限を行う場合には、一事業者のみが行う場合に比べ市場全体として競争者の取引の機会が減少し、他に代わり得る取引先を容易に見いだすことができなくなるおそれが生じる可能性

が強い(第1部第四2注9)」と述べており、逆に公正競争阻害性が認められやすい場合があるとしている。

第3節　化粧品業界の流通系列化と拘束条件付取引

1　具体例（資生堂東京販売事件・最判平10・12・18）
(1) 事実の概要

①訴訟の当事者と特約店契約・対面販売義務：　本件は、公取委が規制した事例ではなく、私人間の民事訴訟である。原告Xは化粧品の小売業者であり、被告Yは資生堂系列の卸売販売会社であった。YはXと、昭和37(1962)年に特約店契約を締結した。「特約店」とは、一般に、メーカー等によってその商品を扱う流通・販売業者として認められた店舗のことを指す(代理店など、呼称は様々である)。契約では、Xは、資生堂化粧品の専用コーナーの設置などの義務を負うほか、化粧品の販売にあたり、顧客に対して化粧品の使用方法等を説明し、化粧品について顧客からの相談に応ずることが義務付けられていた(以下、「対面販売義務」という)。

②Xによる職域販売と解約・出荷停止：　Xは、昭和60(1985)年2月頃から、資生堂化粧品等について、商品名・価格・商品コードを記載しただけのカタログを職場に配布して電話等で注文を受けて配達するという方法(職域販売)によって、化粧品をメーカー希望小売価格の2割引きで販売していた。Yは、昭和62(1987)年末ころ、Xによる職域販売に気付き、カタログから資生堂化粧品を削除させた。ところが、その後、Xが資生堂化粧品のみを掲載した別冊カタログを使用していることが判明したことから、Yは、Xに対し、このような販売方法は対面販売義務に違反するので是正するよう勧告し、今後、特約店契約に適合した方法により販売することなどをXとの間で取り決めた。Yは、前記是正勧告以降のXとの折衝過程において、Xによる値引販売を問題にしたことはない。

Yは上記の事実を理由として、特約店契約を解約する旨の意思表示をし、Xに対する出荷を停止した。これに対して、Xは解約が無効であることの確

認を求めて提訴した。その際、Xは、解約の根拠となった対面販売義務が無効であると主張し、そのひとつの根拠として、対面販売義務が旧一般指定12項（再販。現独禁法2条9項4号）および旧13項（拘束条件付取引。現一般指定12項）に該当すると主張した。

(2) 下級審判決

1審（東京地判平5・9・27）は、本件のような制度品（後述）メーカーの化粧品の方が「より安全であると認めるに足りる資料もなく」、また、「化粧品が使用方法如何により危険を生じたり、効能を失うというものでない以上、対面販売義務は、それを順守しない小売店との取引拒絶を正当化するほどの重要な理念」とは解されず、さらに、対面販売は顧客台帳の作成等が求められることから販売経費の増大等を招き、大量販売を困難とし、結果的に小売価格を維持する効果を生じさせることから、独占禁止法の「法意にもとる可能性も大いに存する」として、解約を無効とした。

2審（東京高判平6・9・14）は、Xが対面販売義務に違反したとして、Yによる本件解約を有効なものと判断し、Xの請求を棄却した。

(3) 最高裁判決判旨：Xの上告棄却

メーカーや卸売業者が販売方法について有する「選択の自由は原則として尊重されるべきであることにかんがみると、これらの者が、小売業者に対して、商品の販売にあたり顧客に商品の説明をすることを義務付けたり」、「販売方法に関する制限を課することは、それが当該商品の販売のためのそれなりの合理的な理由に基づくものと認められ、かつ、他の取引先に対しても同等の制限が課せられている限り、それ自体としては公正な競争秩序に悪影響を及ぼすおそれはなく」、不当な拘束条件付取引には該当しない。

これを本件についてみると、本件「対面販売は、化粧品の説明を行ったり、その選択や使用方法について顧客の相談に応ずる」「という付加価値を付けて化粧品を販売する方法であって」、Yが「右販売方法を採る理由は、これによって、美容効果を高めたいとの顧客の要求に応え」、あるいは「皮膚のトラブルを防ぐ配慮をすることによって、顧客に満足感を与え、他の商品とは区別された資生堂化粧品に対する顧客の信頼（いわゆるブランドイメージ）を

保持しようとするところにあると解されるところ、化粧品という商品の特性にかんがみれば、顧客の信頼を保持することが化粧品市場における競争力に影響することは自明のことであるから」、Yが「対面販売という販売方法を採ることにはそれなりの合理性があると考えられる」。そして、Yは、「他の取引先とも本件特約店契約と同一の約定を結んでおり、実際にも相当数の資生堂化粧品が対面販売により販売されていることからすれば」、Xに対してこれを義務付けることは、不当な拘束条件付取引には該当しない。

次に、販売方法の制限を手段として再販売価格の拘束を行っていると認められる場合には、独占禁止法上問題となり得るところ、本件では、「販売方法に関する制限を課した場合、販売経費の増大を招くことなどから多かれ少なかれ小売価格が安定する効果が生ずるが、右のような効果が生ずるというだけで、直ちに販売価格の自由な決定を拘束しているということはできない」。

2 事案を読み解くポイント
(1) 化粧品業界の流通系列化の歴史

①化粧品業界における流通系列化のはじまり：　化粧品は一般的に、「制度品」（デパート等において対面販売を伴う形で販売されている比較的高額な化粧品）と「一般品」（セルフ商品とも称され、ドラッグストア等で販売されている、対面販売を伴わない比較的安価な化粧品）とに分類される。制度品の流通経路は「メーカー（資生堂、花王・カネボウ、コーセーなど）→系列販売会社（例えば資生堂の子会社である資生堂販売）→特約店契約を締結した小売店→消費者」となっている。

これらの制度品メーカーのうち、明治5（1872）年に開業した資生堂は、戦前から流通経路の整備を進めてきた。資生堂は、開業後、長らく化粧品業界における小売業者間のし烈な価格競争（希望小売価格の5〜6割引き）に悩まされていた。そこで、大正12（1923）年に資生堂化粧品連鎖店（チェインストア）制度を発表し、小売店に対して定価販売を励行した。また、資生堂と問屋が取次店契約を結び、その取次店には販売地域（テリトリー）を設定し、そのテリトリー内の小売店（連鎖店）に対してのみ商品を供給するように定め（小売業者の仕入先卸売業者を一つに限定する「一店一帳合制」である）、さらに取次店か

ら保証金を預かり、連鎖店に品揃えを確保させることや、その定価販売の状況等を調査することができるなどの定めを置いた。加えて、昭和2（1927）年には、卸売段階について、取次店制度から自社系列の販売会社制度へと移行した。

戦後、資生堂は、①報奨金（小売店舗内に資生堂の販売スペースを他の化粧品会社よりも多くとった場合や、資生堂化粧品の販売高に応じて、小売店へ支払われる割戻し額が異なる累進的リベートであり、小売店にとっては資生堂の化粧品販売に力を入れるインセンティブとなる）制度、②美容部員（制度自体は昭和9〔1934〕年に誕生）の派遣、③資生堂専用の販売コーナーの設置（昭和37年開始）といった、制度品流通の特徴とされる諸制度を整えていく。他の制度品メーカーも同様の手法で流通系列化を進めていった。

②指定再販制度による定価販売の定着： 昭和22（1947）年に制定された独占禁止法では、「共同の再販」が明文で禁じられていた。しかし、昭和28年の独占禁止法改正により、①おとり廉売（特定の商品をきわめて安価な価格で販売することにより顧客を当該小売店舗へと誘引して、他の商品を購入させる行為）の防止を目的として、公取委が指定した特定の商品についての再販を独占禁止法違反の例外として許容する指定再販制度と、②文化の向上を目的として著作物（書籍、雑誌、新聞、レコード盤、音楽用テープ・CD）についての再販を独占禁止法違反の例外として許容する法定再販制度が導入された（現行独禁法23条）。

当初、公取委の指定により再販が許容された商品は、化粧品、石鹸、医薬品など9品目あったが、昭和41（1966）年から指定商品は徐々に縮小され、化粧品の場合、昭和49（1974）年には、小売価格1000円以下の化粧品のみが再販許容商品となり、平成9（1997）年には、全指定商品の指定が取り消されて現在に至っている。

戦後、化粧品業界では乱売が大問題となっていたことから、昭和28年の独占禁止法改正による指定再販制度導入後、資生堂他9社は直ちに再販実施の届け出を行った。上述のように、制度品の場合、卸段階には自社系列販売会社が存在し、テリトリー制による一地域一販社制や、一店一帳合制が採用されるなど、流通系列化がすでに進んでいたことから、メーカーは、小売店

が再販契約を遵守しているかどうかを把握しやすかった。このような条件下で、制度品に関しては再販制度が活用され、定価販売が定着していく。前述のように、昭和49年にはほとんどの制度品は非再販商品となったが、定価販売が定着していたため、その後も小売り段階における値引き販売はほとんど見られなかった。そのため、本件事件当時に2割引きで制度品を販売していた原告Xは多額の売上げを得ることができたのである。

(2) 競争政策と流通系列化問題

米国の対日貿易赤字が膨らむ中、平成元（1989）年に開始された日米構造協議において、米国が日本の構造的な参入障壁として指摘した課題の中に、「流通」と「系列」が含まれており、そこでは取引慣行の透明性確保とルールの明確化が求められていた。

このような状況を背景に、平成3年、公取委は「流通・取引慣行に関する独占禁止法上の指針」（流通・取引慣行ガイドライン）を公表する。しかし、実のところ、そのころには、大規模小売業者（第12章参照）がその購買力を背景に大きな価格形成力をもち、メーカー主導の流通政策・流通系列を突き崩しつつあった。本件は、そのような時期にあっても、他業種の流通系列と比較して、依然、強固な流通系列が保持され続けていた化粧品業界において、その流通政策が独占禁止法上いかなる評価を受けるのかが問われた事件であった。

3　問題の所在

本件の解約は、実のところ、安売りを理由とした解約なのではないか——これが真の争点であった。安売りを理由とする解約であれば、それは再販に該当し、独占禁止法違反となる。しかし、高裁段階において、当該解約は安売りを理由とするものではなく、対面販売義務違反を理由とするものであると認定されたため、最高裁では、対面販売義務が一般指定12項（拘束条件付取引）に該当するか否かのみが争点となった。

(1) 拘束条件付取引（一般指定12項）概説

拘束条件付取引とは、再販（独禁法2条9項4号）、排他条件付取引（一般指

定11項）に該当する行為のほか、相手方とその取引の相手方との取引その他相手方の事業活動を不当に拘束する条件を付けて、当該相手方と取引することである。再販および排他条件付取引も拘束条件付取引の一類型であるが、各行為の重要性に鑑みて、別途、不公正な取引方法として定められている。したがって、独占禁止法2条9項4号および一般指定11項に該当しない拘束条件付取引が一般指定12項の対象となる。

拘束条件付取引には多種多様な類型があり、その違法性は一概に論じることはできない。そこで、ここでは対面販売に関連するもののみを取り上げ、その他の拘束条件付取引については、**5**で取り上げる。

(2) 流通・取引慣行ガイドライン

流通・取引慣行ガイドラインは、その第2部で、流通分野においてマーケティングの手段として用いられる制限的な制度・慣行に関する独占禁止法上の考え方を示している。そこでは「メーカー主導」の系列化、取引慣行が念頭に置かれている。そして、想定されている反競争的な流通系列化の手段行為は、①流通段階での価格競争の排除（価格維持）のおそれがある行為と、②競争事業者を排除するおそれがある行為とに分類されている。これらの目的達成のため、メーカーは様々な拘束条件（制限行為）を取引相手である事業者に課す。したがって、そこには事業者の取引の自由の侵害という危険性も潜む。

流通・取引慣行ガイドラインは、それらの拘束行為を、制限の対象に注目して、「再販売価格維持行為」（再販売価格の拘束）と「非価格制限行為」（競争品の取扱い・販売地域・取引先・販売方法に関する制限、リベートの供与など）に分類している。非価格制限行為であっても、その目的もしくは効果が価格維持にあることは少なくない。たとえば、メーカーが卸売業者に対して、ディスカウントストアへ販売しないようにさせることは、それによって商品の価格が維持されるおそれ（「非価格制限行為により流通業者間の競争が妨げられ、流通業者がその意思で価格をある程度自由に左右し、当該商品の価格を維持し又は引き上げることができるような状態をもたらすおそれ」）があることから、原則として一般指定12項などに該当する。非価格制限行為の多くは一般指定12項の規制対象とな

り得る行為であり、対面販売義務は、非価格制限行為のうち販売方法に関する制限に分類される。

(3) 販売方法に関する制限

メーカーが小売業者に対して、商品の説明販売・商品の品質管理の条件・自社商品専用の販売コーナーや棚場を設けること等を指示することがある。独占禁止法では、このような販売方法に関する制限を手段として、小売業者の販売価格・競争品の取扱い・販売地域・取引先等が制限される場合には、各制限が価格維持効果を有するか否か、もしくは、競争品や競争事業者等を排除する効果を有するか否かという観点から違法性の有無を判断する。

たとえば、ソニー・コンピュータエンタテインメント（SCE）事件（審判審決平13・8・1）では、家庭用ゲーム機であるプレイステーション（PS）用ソフトの①値引き販売禁止、②中古ソフト取扱い禁止、③横流し禁止（小売業者はPS製品を一般消費者のみに、卸売業者は取引先小売業者のみに販売すること）の3つの行為が問題となった。このうち、③について、①が消滅した後でも、閉鎖的流通経路外への当該製品の流出を防止し、外からの競争要因を排除する効果がある（値崩れ防止効果がある）ことから、公正競争阻害性があるとして不当な拘束条件付取引に該当するとされた（第15章第3節参照）。

なお、流通・取引慣行ガイドラインは平成27年改定の際に、違法性判断の際には、上記のような競争阻害効果に加え、競争促進効果（新商品の販売が促進される、新規参入が容易になる、品質やサービスが向上するなど）についても考慮するとの記述を加えた。ただし、現時点ではこの2効果をどのように比較考慮するのかについては明確にされていない。

4 法的論点の解読

本件最高裁判決では、対面販売義務に「それなりの合理的な理由」があり、かつ他の取引先にも同等の制限が課せられていれば、不当な拘束条件付取引に該当しないこと、および、対面販売を手段として再販売価格の拘束を行っているとは認められないと判示された。流通・取引慣行ガイドラインも、平成27年改正の際に、当該判示部分を販売方法の制限が違法とはならない基

準として採用している。ただし、この「それなりの合理的な理由」という判示に対しては、客観性・特定性を欠くであるとか、その具体的内容は一般消費者の実感に照らして「合理的」というにはほど遠いとか、あるいはまた、価格安定効果が生じている状況で「それなりの合理性」という事業者の意思を尊重する基準を採用してよいのか等々、厳しい批判が多々存在する。

　この点と関連して、判決は、対面販売義務について、価格安定効果が生ずるというだけで直ちに価格拘束に該当するとはいえない、ともしている。したがって、対面販売にそれなりの合理的な理由があったから合法とされたというよりは、原告らが、単なる価格安定効果を超える公正競争阻害性（対面販売が公正な競争に及ぼす悪影響）を立証できなかったがゆえに、違法とはされなかった事案といえる。このように、結局のところ、公正競争阻害性の立証がなかったことが判決の決め手（違法とされなかった理由）であり、したがって、「それなりの合理性」基準が通用する場面は、市場における公正な競争を阻害するおそれがない場合に限定されると考えられる。

　しかし、公正競争阻害性の立証に関して、販売方法の制限が価格拘束の手段となっている具体的証拠を小売業者に提出させ、その立証を要求することは不可能を強いるのに近いともいわれている。判決も、公正競争阻害性を立証するには、原告がいかなる具体的証拠を示すべきなのかについては何ら述べていない。本判決に対しては、小売業者・消費者の選択の自由は何ら考慮されず、メーカーとその系列卸売業者の選択の自由が尊重されているとの批判があることにも留意しておきたい。

　ちなみに、判決全文を読むと、実のところ、Xは本件解約等が独占禁止法違反であるとして公取委に申告したが、公取委は独占禁止法違反の事実はないとして調査を打ち切っていたことがわかる。ただし、それを契機として公取委は立ち入り検査を行い、資生堂が、ダイエーとジャスコに対して、化粧品サンプルを提供する代わりに割引販売を行わないように要請する等の手段で価格拘束を行っていたとして、平成7(1995)年11月30日に同意審決に至っている。これらの経緯から、公取委は、化粧品業界の対面販売義務それ自体は独占禁止法上問題視していないと指摘されている。

5 発展的論点——対面販売以外の拘束条件付取引

(1) 2条9項4号の規制対象に含まれない価格拘束

たとえば、役務の料金拘束（一例として、映画配給元が映画館入場料を制限したフォックスジャパン事件〔勧告審決平15・11・25〕）が挙げられる。

(2) 流通業者の販売地域に関する制限

流通・取引慣行ガイドラインでは、市場における有力なメーカーが流通業者に対し、厳格な地域制限（メーカーが流通業者に対して、割当地域外での販売を制限するが、地域外の顧客からの求めに応じた販売は禁止しない）を行った場合や、メーカーが流通業者に対し地域外顧客への販売制限（割当地域外での販売も、地域外の顧客からの求めに応じた販売も禁止する）を行った場合に、これによって当該商品の価格が維持されるおそれがある場合には、不当な拘束条件付取引に該当するとされている。

(3) 取引先に関する制限と選択的流通

たとえば、帳合取引の義務付け（メーカーが卸売業者に対して、その販売先である小売業者を特定し、小売業者が特定の卸売業者としか取引できないようにすること）や、仲間取引の禁止（メーカーが流通業者に対して、商品の横流しをしないよう指示すること）により、商品の価格が維持されるおそれがある場合、一般指定12項に該当し、違法となる。

花王化粧品事件（最判平10・12・18）は、ある化粧品店が、仕入れた花王化粧品の大部分を資生堂東京販売事件の原告Xに卸売販売していたことから特約店契約を解約された事件である。本件卸売販売の禁止も仲間取引の禁止に該当する。最高裁は、ブランドイメージ保持という目的から、特約店契約を締結していない小売店に対する卸売販売を禁止することは、カウンセリング販売義務に必然的に伴う義務であり、本件カウンセリング販売が違法でないならば、本件卸売販売の禁止も違法ではないと判示している。

この判決は平成27年の流通・取引慣行ガイドライン改定で新たに盛り込まれた「選択的流通」とも関係する。「選択的流通」とは、同ガイドラインによると「メーカーが自社の商品を取り扱う流通業者に関して一定の基準を設定し、当該基準を満たす流通業者に限定して商品を取り扱わせ……自社の

商品の取扱いを認めた流通業者以外の流通業者への転売を禁止すること」である。逆にいえば、基準を満たした流通業者どうしの販売は禁止されない、ということになる。そして、当該業者選定基準が、商品の品質の保持、適切な使用の確保等、「消費者の利益の観点からそれなりの合理的な理由に基づくもの」と認められ、かつ、他の流通業者に対しても同等の基準が適用される場合には、結果的に特定の安売り業者等が基準を満たさず、当該商品を取り扱うことができなかったとしても、通常、問題とはならないとされている。

(4) リベートの供与

リベートも多種多様である。たとえば、市場における有力なメーカーが自社製品の取扱量に応じて流通業者に著しく累進的なリベートを供与したことから競争品の取扱いが制限され、その結果、新規参入者や既存の競争者が代替的な流通経路を容易に確保することができなくなるおそれがある場合には、一般指定11項や12項に該当し得る。さらに、競争者を市場から「排除」する効果を有するリベートであれば、私的独占に該当し得る（インテル事件〔勧告審決平17・4・13〕および本書第3章参照）。

コラム：並行輸入と独占禁止法（取引妨害：一般指定14項）

1980年代後半から、内外価格差（日本からの輸出品の国内価格が輸出先国における価格よりも高い場合と、輸入品の国内価格が外国における価格よりも高い場合とがある）が大きな社会問題となった。その（後者の）一因として、流通系列の一類型である「輸入総代理店制」が挙げられた。

輸入総代理店は、外国メーカーと一手販売契約（＝排他条件付取引契約）を締結し、日本における当該メーカーの商品の販売・広告・修理・苦情処理などを一手に引き受ける。この輸入総代理店等による硬直的な価格設定、安売り店に対する取引拒絶、並行輸入（真正商品＝本物が輸入総代理店以外の業者により海外から輸入されてくること。並行輸入品は値引き販売される場合が多い）の妨害等が指摘され、その改善が重要課題とされた。

たとえば、アイスクリームの並行輸入を妨害していたハーゲンダッツ・ジャパンの行為が、取引妨害（旧一般指定15項。現一般指定14項）に該当するとされた事例がある（勧告審決平9・4・25）。輸入総代理店制度は、外国企業が日本に子会社や支店等を開設する場合のリスクを避け、日本の実情に詳しい日本の事業者に日本での販売等を任せることができるという利点がある一方、上記のような問題点も指摘されている。

第12章

大規模小売業者

　大規模小売業者とは、総売上げ100億円以上または一定以上の店舗面積を有する小売業者であって、百貨店（デパート）、スーパー、ホームセンター、衣料・家電等の専門量販店、ドラッグストア、コンビニエンス・ストア本部（以下、「コンビニ本部」という）、通信販売業者などがこれに該当し得る。これら大規模小売業者が、バイイング・パワー（チェーン・ストアなどの大規模小売業者が、巨大な販売力を背景に有している強い仕入力・購買力のことを指す）を利用して、納入業者に対して不当な従業員の派遣要請や、協賛金の負担要請、不当な返品等を行うことが問題とされてきた。また、大規模小売業者の中でも、コンビニに関してはコンビニ本部が加盟者に対して不利益を課す行為が問題となることもある。

　以下では、これらの問題を素材にして、「優越的地位の濫用」（取引上の優越した地位を利用して、取引相手に不利益を課す行為）の規制（旧一般指定14項、現独禁法2条9項5号）について考えてみたい。

第1節　大規模小売業者による納入業者に対する優越的地位の濫用①

1　具体例①従業員派遣と協賛金（ドン・キホーテ事件・同意審決平19・6・22）
(1) 事実の概要

　Y（ドン・キホーテ）は、わが国最大手の総合ディスカウントストア業者であって、平成16（2004）年11月末現在、101店舗を展開し、平成18（2006）年6月期までの前年度売上高は約2546億円である。

　Yと継続的な取引関係にある納入業者は約1500社である。(ア) <u>納入業者にとって、Yは重要な取引先であり、納入業者の多くは、Yとの納入取引の</u>

継続を強く望んでいる状況にある。このため、納入業者の多くは、納入商品の品質・価格等の取引条件とは別に、Yからの種々の要請に従わざるを得ない立場にあり、その取引上の地位はYに対して劣っている。(下線は筆者)

　Yは、①自社店舗の新規オープンの際の、自社の販売業務のための商品の陳列作業等、および、②自社の棚卸・棚替え等の作業を納入業者に行わせることとし、あらかじめ納入業者との間でその従業員等を派遣する条件について具体的に合意することなく、納入業者に対し、納入業者の負担で、その従業員等を派遣するよう要請している。

　これらの要請を受けた納入業者の多くは、Yとの納入取引を継続して行う立場上、その要請に応じることを余儀なくされている。たとえば、Yは、①について少なくとも延べ約5200人の従業員等を、②について少なくとも延べ約1万8000人の従業員等を納入業者に派遣させ、使用している。

　Yは、③負担額およびその算出根拠、使途等について、あらかじめ納入業者との間で明確にしていなかったにもかかわらず、新規オープン店に対する協賛金として、納入業者に対し、当該店舗における納入業者の初回納入金額に一定率を乗じて算出した額、納入業者の納入金額の1％に相当する額等の金銭を提供するよう要請した。要請を受けた納入業者の多くは、Yとの納入取引を継続して行う立場上、その要請に応じることを余儀なくされ、平成16年7月頃までに、少なくとも総額約2億9200万円を提供していた。

　公取委は、上記行為が優越的地位の濫用に該当するとして排除勧告を行ったが、Yが排除勧告を応諾しなかったため、審判開始決定がなされた。審判は計13回行われたが、Yからの申し出により、同意審決で終了した。

(2) 同意審決における「法令の適用」の概要

　公取委は、上記①について、Yは「大規模小売業者」に該当するところ、納入業者に対し、自己の販売業務のためにその従業員等を派遣させて使用しているものであり、「大規模小売業告示（「大規模小売業者による納入業者との取引における特定の不公正な取引方法」）7項」（旧「百貨店特殊指定」の6項）に該当するとし、②・③について、Yは自己の取引上の地位が納入業者に対して優越していることを利用して、納入業者に対し、自社の棚卸・棚替え等のためにそ

の従業員等を派遣させて役務を提供させており、また、自己のために金銭を提供させていたものであり、これらは旧一般指定14項2号（現独禁法2条9項5号ロ）に該当するとした。

2 事案を読み解くポイント
(1) 大規模小売業者による優越的地位の濫用について：概説

　大規模小売業者の納入業者に対する優越的地位の濫用行為は、古くから存在する問題である。戦前、唯一の大型店であった百貨店は、戦後も、納入業者に対して圧倒的な力を有していた。昭和26 (1951) 年、朝鮮戦争の休戦による景気後退を契機に百貨店間の廉売合戦が激化したことに伴って、百貨店が納入業者に対し、不当返品・不当値引・手伝い店員派遣を強要するという事例が頻発した。そこで、昭和29 (1954) 年、公取委は「百貨店業における特定の不公正な取引方法」（百貨店特殊指定。以下、「旧指定」という）を告示した。これは、百貨店、スーパー等が仕入業者に対して行う危険性が高い優越的地位の濫用行為を具体的に示して規制することを意図したものである。

　ところが、その後、大規模小売業者の業態が多様化し、旧指定の規制対象とならない大規模小売業者が増えてきた。また、旧指定に規定されていなかった「不当な協賛金の負担要請」という行為も発生していた。そこで、公取委は平成17 (2005) 年に「大規模小売業告示」（後述）を公表した。

(2) 大規模小売業者による納入業者に対する濫用行為の頻発

　流通取引において、メーカーから大規模小売業者へとパワーシフトが生じるに伴い（第11章参照）、大規模小売業者による優越的地位の濫用事件が増加している。その傾向は、平成16年以降、きわめて顕著になっており、係争中のものを含めれば平成16年から平成27 (2015) 年までで20件を数える。

　さらに、大規模小売業者から優越的地位の濫用に該当し得る要請を受けた納入業者が卸売業者である場合に、その要請の一部等を自己の取引先であるメーカーに負担させるという行為も頻繁に行われている。平成23 (2011) 年に公取委が公表した「食料品製造業者と卸売業者との取引に関する実態調査報告書」によると、食品製造業者から、たとえば、以下のような声が上がっ

ている。

> 「卸売業者との商談時に、『ボージョレ・ヌーボー』、『クリスマスケーキ』、『おせち』の購入を要請されたことがある。卸売業者の担当者からは、『ボージョレ・ヌーボーを小売業者から200本割り当てられたんだけど、10本くらい協力してくれないかなあ』と言われた。」
>
> 「シーズン品として、『クリスマスケーキ』や『新茶』……『背広』を購入するよう卸売業者から要請されたことがあるが、スーパー等の小売業者が直接当社に要請することはない。スーパー自身が要請すると問題になるので、卸売業者を介在させて要請させているのが実態ではないかと思う。」

このように、大規模小売業者による優越的地位の濫用行為が、直接要請された卸売業者からメーカーへと転嫁されてゆくという問題も生じている。

3 問題の所在

(1) 優越的地位の濫用規制

①条文： 「優越的地位の濫用」（独禁法2条9項5号）とは自己の取引上の地位が相手方に優越していることを利用して、正常な商慣習に照らして不当に、次の（イ）～（ハ）に該当する行為をすることである。

（イ）継続して取引する相手方に対して、当該取引に係る商品または役務以外の商品または役務を購入させること。

（ロ）継続して取引する相手方に対して、自己のために金銭・役務等の経済上の利益を提供させること。

（ハ）①商品の受領拒否、②商品受領後の返品、③取引の対価の支払遅延・減額、④そのほか、取引の相手方に不利益となるように取引条件を設定・変更し、または取引を実施すること。

上記行為は平成21（2009）年改正により課徴金の対象となった（独禁法20条の6）。

②公正競争阻害性： 優越的地位の濫用は不公正な取引方法の一つである。したがって、ある行為が優越的地位の濫用に該当するには、公正競争阻害性（2条9項6号参照）を有していることが要件となる。2条9項5号の場合、「正

常な商慣習に照らして不当に」の実質的内容が公正競争阻害性だとされている。

優越的地位の濫用の公正競争阻害性は、公正競争阻害性の3類型（①自由な競争、②競争手段の公正さ、③自由競争基盤確保のいずれかが侵害されている状態）のうち、③自由競争基盤の侵害にあるというのが通説である。すなわち、優越的地位の濫用規制は、対等な取引関係ではあり得ないような取引条件や不利益が押し付けられることを問題視する。

③「優越的地位」と「濫用」の認定： 優越的地位の濫用の有無を論ずるには、まず、行為者（本件ではY）の優越的地位の認定が必要となる。優越的地位の濫用ガイドライン（「優越的地位の濫用に関する独占禁止法上の考え方」公取委平22・11・30）では、AがBに対して優越的地位にあるか否かの認定に際しては、①BのAに対する取引依存度、②Aの市場における地位、③Bの取引先の変更可能性、④その他Aと取引することの必要性を示す具体的諸事実（事業規模の相違も含む）を考慮するとしている。なお、優越的地位は取引相手との関係で相対的に優越した地位で足りることから、濫用行為者の市場支配的地位や独占的地位は必要とされない。

そして、優越的地位の「濫用行為」は、①事前には計算できない不利益を与える場合と、②著しく不利な取引条件を課する場合の2つに分けることができると考えられている。

(2) 大規模小売業者による優越的地位の濫用行為の例

①三越事件（同意審決昭57・6・17）： 納入業者に対して、宝飾品・美術品、映画チケット、花火大会の入場券等の購入を要請（以上、「押付販売」）、納入業者に対して、三越の店舗改装費用や大銀座まつり、さくらまつりの費用等の負担を要請（以上、「協賛金等の負担の要請」）。

②山陽マルナカ事件（勧告審決平16・4・15）： 納入業者に対して、納入後の納入価格の値引き、返品を要請（以上、「不当な値引き」・「返品」）、納入業者に対して紳士服等の購入を要請（以上、「押付販売」）、納入業者に対して、自社の棚卸のための従業員派遣を要請（以上、「従業員等の派遣要請」）。

③ユニー事件（勧告審決平17・1・7）： 青果物の仲卸業者に対して、「火曜

特売」等のセール用青果物について、仲卸業者の仕入価格を下回る価格で納入するよう一方的に指示し、納入を強制（以上、「買いたたき」）、納入業者に対して、自己の店舗の商品陳列・補充・袋詰め等のために従業員等の派遣を要請（以上、「従業員等の派遣要請」）。

(3) 大規模小売業告示によって禁止されている優越的地位の濫用行為

優越的地位の濫用行為を具体化した大規模小売業告示では、大規模小売業者が納入業者に対し、以下の行為などを行うことが禁じられている。

(ⅰ) 不当な返品
(ⅱ) 不当な値引き
(ⅲ) 特売商品等の買いたたき
(ⅳ) プライベート・ブランドなど特別注文品の受領拒否
(ⅴ) 押付販売
(ⅵ) 不当な従業員派遣
(ⅶ) 決算対策協賛金など不当な経済上の利益の収受
(ⅷ) 要求を拒否した場合や公取委に報告した場合の不利益な取扱い

なお、大規模小売業告示違反のみの場合（独占禁止法それ自体の違反がなかった場合）には、課徴金は課されない。

4　法的論点の解読

本件のように、大規模小売業者による納入業者等に対する優越的地位の濫用行為を規制する場合、現在は大規模小売業告示が適用されるが、本件は、前述の百貨店特殊指定（旧指定）時代の事件である。旧指定6項では、「百貨店業者が、自己の販売業務のために、納入業者にその従業員等を派遣させて使用し、または自己が直接雇用する従業員等の人件費を納入業者に負担させること」を禁止していた。本件の陳列作業がこれに該当することは明らかである。他方、自己の「販売業務のため」ではない納入業者の従業員等の使用（本件では棚卸・棚替え作業）、および、協賛金等の負担要請については、旧指定に規定がないことから旧一般指定14項2号（現独禁法2条9項5号ロ）が適用されている（現在は大規模小売業告示の7項、8項に規定がある）。

優越的地位の濫用規制が問題となる場合、まずは、Yの「優越的地位」の認定が必要である。この点に関して、本件では、事実の概要の下線部（ア）のように認定されている。本件行為時、Yは新規出店ラッシュのさなかにあり、納入業者は、将来のより大きな取引を期待していた。すなわち、納入業者にとってYは取引相手として大変に魅力的で名声もあったがゆえに、Yとの取引を停止することは事実上難しかっただろうと指摘されている。これらの点に鑑みれば、Yが優越的地位にあるとの認定に問題はないだろう。

次に、「濫用」にあたるか否かについては、Yは、棚卸・棚替え等の作業について、あらかじめ納入業者との間で条件等を具体的に合意しておらず、また派遣費用を納入業者に負担させている。同様に、協賛金についても、Yは負担額・その算出根拠・使用等について、あらかじめ納入業者との間で明確にしていなかったにもかかわらず、一方的に協賛金を提供させている。したがって、いずれも旧一般指定14項2号の要件を充たす。

5　発展的論点の提示

(1) 課徴金制度と優越的地位の濫用規制の事件処理のあり方

日本トイザらス事件審決（平27・6・4）は、優越的地位の濫用行為に関する初の課徴金審決である。主として玩具を扱う大規模小売業者であるトイザらスによる、玩具・ゲーム機器等の納入業者117社に対する返品と減額が問題となった。当初は3億6000万円の課徴金納付命令が出されていたが、審決は、トイザらスの主張を一部容認し、課徴金を2億2218万円に減額した。

本審決には、従来には見られない特徴がある。それは、①濫用行為から優越的地位を推認した点（非合理的行為を受け入れていることから、この取引が納入業者にとって必要かつ重要であると推認できること等が理由）、②納入業者自身からの返品・減額の申し出および納入業者の直接の利益（具体的な売上増加等）を、濫用行為の認定を取り消す理由とした点、③公正競争阻害性として、通説の「自由意思の侵害」とともに「間接的競争阻害」（濫用行為をされた者はその競争者との関係において競争上不利となるおそれがあり、違法行為者はその競争者との関係において競争上有利になるおそれがある）を挙げた点である。③の点は、課徴金の

算定において、違反行為期間中の全納入業者との全取引額をもとに課徴金を一括算定する方法が採用されたことと関連していると思われる。なぜなら、「違反行為期間中、間接的競争阻害が一貫して継続している」と認定されれば、納入業者ごとに別個の違反行為期間を認定しないで課徴金を算定できるからである。

なお、公取委は、課徴金導入前と異なり、課徴金算定のために、濫用行為の全相手方（納入業者）を特定するなど、膨大な労力を事件処理に費やすことになった。このような状況を受けて、平成27（2015）年10月末に、優越的地位の濫用および私的独占の事件処理に関して、公取委が新制度を導入予定との報道がされた（「平成27年11月4日付　事務総長定例会見記録」参照）。これは、EUのコミットメント（確約）制度をモデルとしており、悪質性が低い事例の場合に、独占禁止法に違反した疑いがある企業が自主的な改善を約束すれば、違法行為の認定もされず課徴金も課されない制度である。

(2) コスト転嫁に関する問題

国税庁の指導により、ビール類製造業者からの酒類小売業者向けリベートが削減されたことから、酒類卸売業者が大手スーパーのA（全国展開している大規模小売業者）にビール類の納入価格の値上げを要請したが、Aが応じなかったことに関して、公取委は、Aによる優越的地位の濫用の疑いがあるとして、平成23年11月頃調査を開始した。しかし、公取委は、Aについては違反の事実は認められないとの判断をしたうえで、平成25（2013）年8月1日に、次のような①警告と②要請を出した。なお、ビール類製造業者は、リベートを酒類卸売業者に一旦支払い、酒類卸売業者が当該酒類小売業者への納入価格を値引くことにより当該リベートを当該小売業者に供与している。

①酒類卸売業者3社に対して、ビール類をその供給に要する費用（通常の納入価格）を著しく下回る対価でAに納入することにより、A各店舗の周辺に所在する他の酒類小売業者の事業活動を困難にさせるおそれ（独禁法2条9項3号の不当廉売）を生じさせている疑いがあることから、公取委は、酒類卸売業者3社に対し、今後、このような行為を行わないよう警告した。

②次に、上記①の原因の一つとして、前記リベートの削減分を納入価格に

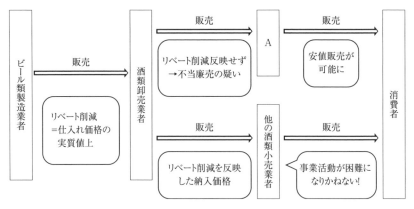

図 12-1 酒類卸売業者に対する警告等事件

反映（転嫁）できなかったことが挙げられるとして、ビール類製造業者およびAに対して、酒類卸売業者から取引条件の変更について申入れがあった場合には、十分な協議を行うことを要請した。

本件は上記のような形で決着をみたが、仮に、原材料の値上がりなどにより納入業者のコストが大幅に増加したにもかかわらず、十分な協議をすることなく、小売業者側が納入価格を一方的に決定し据え置くということが行われた場合には、優越的地位の濫用となり得る。Aに関しては、そのような事情はなかったとされたわけである。なお、このような納入価格の決定にまつわる優越的地位の濫用行為は、消費税率が引き上げられた際などにも、納入価格に増税分を転嫁することを小売業者側が一方的に拒否するといった形で発生しやすい。そこで、平成 26、27（その後、29 年に延期）年の消費税率引上げに備えて、そのような事例に対応すべく、消費税転嫁対策特別措置法が制定された。

(3) 大規模小売業による「不当廉売」

牛乳専売店が多数存在した昭和 50 年代、マルエツとハローマートという 2 つの大型小売店が、目玉商品たる牛乳の値引きを繰り返し、仕入れ価格を著しく下回る価格で販売した。このように、顧客を引き付けるための低価格販売を「おとり廉売」と呼ぶ。公取委は、本件行為は周囲の牛乳専売店の事

業活動を困難にするおそれがあるとして独占禁止法違反とした（勧告審決昭57・5・28）。原価割れ販売によって他の事業者の事業活動を困難にさせるおそれがある行為は、独占禁止法2条9項3号（昭和28年一般指定5項・旧一般指定6項前段）に該当する（原価割れではない「その他の不当廉売」は現一般指定6項に該当し得る）。今日、目玉商品による客寄せは常態化しているが、資金力や事業規模の面で優位に立つ大規模小売業者ならではの行為ともいえる。

第2節　大規模小売業者による納入業者に対する優越的地位の濫用②

1　具体例②リベートと1円納入（ローソン事件・勧告審決平10・7・16）

(1) 事実の概要

　Y（ローソン）は、フランチャイズ（以下、「FC」という）・システムの本部であって、コンビニエンス・ストア（以下、「コンビニ」という）の店舗の一部を自ら営むほか、FCシステムに基づく店舗の経営について、統一的な方法で統制、指導、援助等を行う事業を営む者である。

　Yは、平成10（1998）年2月末日現在、6649店舗（日本のコンビニ業界で第2位）、平成9（1997）年度売上高は約1兆1000億円（日本のコンビニ業界で第2位）であり、店舗数および売上高は毎年増加している。また、各店舗は、消費者から需要の多い商品を揃えているものとして高い信用を得ている。

　Yは、各店舗が取り扱う日用品を選定するとともに、日用品の製造販売業者または卸売業者（以下、「納入業者」という）との間で、店舗における仕入価格等を決定する等、すべての店舗の仕入業務を一括して行っている。

　Yは、納入業者の店舗に対する納入高等を基準とする仕入割戻し（いわゆるリベート）に関する制度を設け、主要な納入業者との間で、年間の仕入割戻しに関して「A契約」を、また、3ヵ月以内の仕入割戻しに関して「B契約」を締結し、これらの契約に基づいて仕入割戻金を収受してきた。

　Yは、全国的に店舗を展開し、売上高が多く、納入業者にとってきわめて有力な取引先であるとともに、納入業者は、自己の商品が店舗で取り扱われることにより当該商品に対する消費者の信用度が高まること等から、Yとの

納入取引の継続を強く望んでいる。このため、納入業者の大部分は、Ｙとの取引を継続するうえで、Ｙからの種々の要請に従わざるを得ない立場にある。

　①Ｙは、かねてから、Ａ契約およびＢ契約に基づく仕入割戻金について、その収受すべき額の年間予算（以下、「割戻予算」という）を作成し、達成するよう努めてきたところ、❶平成９年度の割戻予算を達成するため、主要納入業者ごとに、Ｂ契約の制度本来の基準から離れて特段の算出根拠を設けることなく設定した金銭の収受計画を策定し、❷さらに、Ａ契約に基づく仕入割戻金が不足する見込みとなったため、❶の収受計画を、特段の算出根拠を設けることなく増額修正して約10億円とする計画を策定した。Ｙは、主要納入業者約60名に対し、上記契約に基づき、金銭を提供するよう要請した。

　②Ｙは、日用品について、店舗の売上げ増大を図るため、取扱い優先度が高い商品の統一的な陳列を行うこととし、主要納入業者約70名に対し、すべての上記商品の一定個数を店舗に無償で納入するよう要請した。Ｙは、その後、会計処理の便宜上、上記要請を１円での納入（以下、「１円納入」という）の要請に変更するとともに、店舗が在庫商品を処分するための費用として、約13億円を納入業者に負担させることとし、前回要請に応じなかった納入業者等に対しても再三にわたり１円納入の要請を行った。

　上記①、②の要請を受けた納入業者は、要請に応じるべき合理的理由がないにもかかわらず、要請の時期が次期取扱い商品の選定時であり、また、Ｙとの納入取引を継続して行う立場上、同要請に従うことを余儀なくされ、おおむね、これら要請に従っていた。

　本件について、平成10年４月16日、公取委が独占禁止法の規定に基づき審査を開始したところ、Ｙは、これら要請および約定を取りやめている。

(2) 法令の適用

　公取委は、Ｙは、自己の取引上の地位が日用品納入業者に対して優越していることを利用して、正常な商慣習に照らして不当に、納入業者に対し、金銭を提供させ、また、１円納入をさせることにより、経済上の利益を提供させていたものであり、これらは、いずれも旧一般指定14項第２号（現独禁法２条９項５号ロ）に該当し、独占禁止法19条の規定に違反するとした。

2 事案を読み解くポイント

なぜコンビニ本部が大規模小売業者に分類されるようなバイイング・パワーを有するのかを理解するには、FCシステムについて理解する必要がある。

(1) FCシステムとは何か

コンビニは、日本のFCシステムの代表格といえる。公取委の「FCガイドライン」(「フランチャイズシステムに関する独占禁止法の考え方について」平14・4・24) によると、FCシステムとは、「本部が加盟者に対して、特定の商標、商号等を使用する権利を与えるとともに、加盟者の物品販売、サービス提供その他の事業・経営について、統一的な方法で統制、指導、援助を行い、これらの対価として加盟者が本部に金銭を支払う事業形態である」。FCシステムでは、本部と各加盟者があたかも本店と支店であるかのような外観を呈しているものが多いが、加盟者は法律的には本部から独立した事業者としてFC契約 (FCシステムの基本的な取引関係を定める契約) を本部と締結しているから、本部と加盟者間の取引関係には独占禁止法が適用されることになる。

FCガイドラインによれば、FC契約は、①加盟者が本部の商標、商号等を使用し営業することの許諾に関する事項、②営業に対する統一的イメージを確保し、加盟者の営業を維持するための、加盟者に対する統制・指導等に関する事項、③上記に関連した対価の支払に関する事項、④FC契約の終了に関する事項を含む、統一的契約である。

(2) コンビニのシステムについて

コンビニ加盟者は、コンビニFC契約の締結に伴って、加盟金や店舗改装費など、初期費用として3000万円以上を用意する必要があることも珍しくない。その後、研修を受け、自店舗の経営を開始する。

図12-2を見てほしい。ローソン以外のコンビニでも、通常、同様のシステムが採用されている。まず、金銭の流れを見てみよう。加盟者は、毎日の売上金全額を本部に送金する義務を課されている。これに違反すると違約金を本部に支払わなければならない。このようにして本部にストックされた加盟店の売上金から、本部が、商品の仕入代金等の支払を代行するという形で、ベンダー (配送業者) に支払いをしている。本部へ送金済みの加盟店の売上

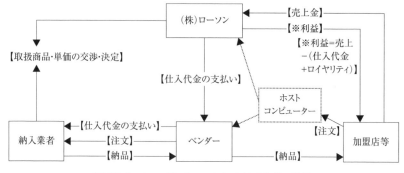

図12-2　ローソンチェーンにおける商流・物流

出典）渡辺靜二・岩渕權「株式会社ローソンによる独占禁止法違反事件について」公正取引、No. 756（1998年）、88頁より。

金からは、他にも月々のロイヤリティ（ロイヤルティともいう）等が差し引かれて、残りの利益があれば、加盟者の手元に戻ってくる。加盟者は、そこから店舗のアルバイト代等の人件費、光熱費等の必要経費を支払うことになる。もし赤字になった場合には、本部が金銭を貸してくれるが、利子が付く。

　次に、仕入商品の流れを追ってみよう。コンビニで売られている商品のほとんどは、本部推奨商品である。各加盟店が独自に選定した商品が販売されている割合はきわめて限られている。この点に関して、FCガイドラインは、本部が加盟者に対して、商品・原材料等の注文先等について、正当な理由がないのに、本部または本部の指定する事業者とのみ取引させることにより、良質廉価で商品または役務を提供する他の事業者と取引させないようにして、加盟者に不当に不利益を与える場合には、独占禁止法2条9項5号（優越的地位の濫用）に該当するとしている。

　コンビニでは通常、実際に仕入業者から商品を仕入れているのは各加盟店であって、仕入契約は加盟者と仕入業者間で成立している（各加盟店は本部から商品を仕入れているのではない）。しかしながら、ローソン事件の説明にもあるように、コンビニでは、本部推奨商品について、本部が仕入価格等の条件を一括して決定している。そのため、コンビニ本部は、全店舗の仕入を糾合することによって得られる購買力を背景に、納入業者との交渉の際に強い交

渉力を発揮することになる。ちなみに、コンビニでは、1年で約7割の商品が入れ替わるといわれている。

　加盟店は、本部が構築したコンピューターシステムを利用して推奨商品の仕入注文をし、その注文情報は、瞬時に本部とベンダーの双方に送られる。ベンダーは、各店舗からの注文を取りまとめて、納入業者に注文をする。その注文を受けた納入業者は、ベンダーに商品を納入し、ベンダーは、商品を各店舗向けに小分けをして、様々な納入業者からの商品をまとめて各店舗に配送する。各納入業者自身が店舗に商品を配送していた時代には、1日に70台ものトラックが店舗に横付けされたという。そこで、現在のような配送方式となった（現在は1日あたり10台前後のようである）。

3　問題の所在

　優越的地位の濫用規制の概要については第1節を参照のこと。

4　法的論点の解読

　優越的地位の濫用に該当するか否かを判断するには、まず、Yの「優越的地位」の有無について判断する必要がある。この点に関して、審決は、納入業者のYに対する依存度から、Yの優越的地位を肯定していると考えられる。実際のところ、Yとの取引が打ち切られた場合、他の大手小売業者にはすでに継続的納入業者が存在することからYに代わる新たな取引先を見出すのは困難であると指摘されている。また、Yが消費者から高い信用を得ているという点も、依存関係を強める要素として挙げられている。

　次に、「濫用行為」として問題となったローソンの行為は、①不当な仕入れ割戻金の要請と、②1円納入の要請である。①に関して、審決では、算出根拠が明確にされていないことが指摘されているが、それに続いて、たとえ算出根拠が明確になっていたとしても、納入業者には当該金銭を提供すべき合理的理由がないとも認定されており、そもそも当該要請それ自体が不当な不利益を納入業者に課す行為として捉えられている。②に関しても同様に、当該要請を行うこと自体が不当な不利益を課すものであると捉えられている。

納入業者にとってはいずれも「あり得ない」要請であるという意味では、前述の「予期し得ない不利益」を課された事例といえる。このように、あらかじめ計算できない不利益を与えることとなる場合には、他に何らの考慮事項も挙げることなく、直ちに違法とする処理がされている。

5 発展的論点の提示：PB商品の製造委託と下請法

昨今、コンビニ、スーパー、100円ショップ等では、多くのPB（プライベート・ブランド）商品が販売されている。それに伴い、これら小売業者が「下請代金支払遅延等防止法（以下、「下請法」という）」違反で勧告を受ける事例が急増している。下請法は、独占禁止法の補完法として昭和31（1956）年に制定された。親事業者による下請事業者に対する優越的地位の濫用に該当し得る行為を、迅速かつ簡易に規制することを狙いとしており、親事業者が、製造委託等をした場合に、下請事業者に対して、受領拒否、支払遅延、代金減額、買いたたき等の行為をしてはならないと規定している。たとえば、日本生活協同組合連合会が、PB商品の製造を委託していた業者に対して支払うべき下請代金の額を減じたり、販促費用を負担させたりしていたとして、総額38億円強の金額を下請事業者らに返還するよう公取委が勧告を出している（平24・9・25）。

第3節　コンビニエンス・ストア本部と加盟者間の問題

コンビニはFCシステムを代表する業種であるが、このFCシステムでは、本部と加盟者間でも優越的地位の濫用が生じる可能性がある。この節では、FC本部と加盟店間で生じる優越的地位の濫用に焦点をあててみたい。

1　具体例③本部による見切り販売の制限（セブン-イレブン事件・排除措置命令平21・6・22）

(1) 事実の概要

Y（セブン-イレブン）は、日本でコンビニに係るFC事業を営む者である。

平成20（2008）年2月29日現在、Yが自ら経営する直営店が約800店、YのFCチェーンに加盟する事業者（以下、「加盟者」という）が経営する加盟店が約1万1200店あり、平成19（2007）年3月1日から1年間の売上額は、直営店で約1500億円、加盟店で約2兆4200億円である。Yは店舗数・売上額のいずれも、日本で最大手のコンビニFC事業者である。これに対し、加盟者はほとんどが中小の小売業者である。

　Yは加盟者との間で、商標や加盟店の経営指導等について規定する加盟店基本契約（以下、「契約」という）を締結している。契約には、加盟者自身が店舗を用意するAタイプと、Yが店舗を用意するCタイプとがある。契約期間は15年間とされ、契約が更新されなければ契約は終了する。契約では、Aタイプの加盟者には、契約終了後の競業避止義務が課されており、契約終了後、最低1年間は同業他社のコンビニFCチェーンに加盟できない。Cタイプの加盟者は契約終了後直ちに店舗をYに返還することとされている。

　Yは、契約に基づき、加盟店での販売を推奨する推奨商品とその仕入先を提示している。推奨商品を仕入れる場合はYのシステムを用いて簡便に行える等の理由から、加盟店で販売される商品のほとんどは推奨商品となっている。また、Yは、各地区に配置したオペレーション・フィールド・カウンセラー（OFC）と称する経営相談員を通じて加盟店の経営指導等を行っている。

　前記の事情等により、加盟者は、Yとの取引を継続できなくなれば経営上大きな支障を来すこととなるため、Yからの要請に従わざるを得ない立場にある。したがって、Yの取引上の地位は加盟者に対し優越している。

　契約では、加盟者は商品の販売価格を自ら決定し、Yに通知することとされている。Yは、契約に基づき、推奨商品について標準的な販売価格である推奨価格を定めており、ほとんどの加盟者は推奨価格で販売している。

　Yは、推奨商品のうちデイリー商品（品質が劣化しやすい食品・飲料で、毎日店舗に納品されるもの）について、消費期限または賞味期限より前に、独自の販売期限を定めているところ、契約等により、加盟者は、当該販売期限を経過したデイリー商品はすべて廃棄することとされている。

　また、契約上、廃棄商品の原価相当額の全額を加盟者が負担するとされて

いるところ、Yは、加盟者から収受しているチャージ（ロイヤルティ）の額について、加盟店の売上額から当該商品（売れた商品）の原価相当額を差し引いた額である売上総利益に一定の率を乗じて算定するとし、ロイヤルティの額が廃棄商品の原価相当額の多寡に左右されない方式を採用している。加盟者の実質的な利益は、売上総利益からロイヤルティ額および廃棄商品の原価相当額等を差し引いたものとなる。平成19年3月1日からの1年間に、加盟店約1100店で廃棄された商品の原価相当額は、1店舗あたりの平均で約530万円である。

　Yは、かねてから、デイリー商品は推奨価格で販売されるべきとの考え方を従業員に周知徹底しているところ、廃棄商品の原価相当額の全額が加盟者の負担となる仕組みの下で、①OFCは、加盟者がデイリー商品の「見切り販売」（販売期限が迫っている商品を値引きして販売する行為）を行おうとしているときは行わないようにさせ、加盟者が見切り販売を行ったことを知ったときは、同行為を再び行わないようにさせる。②加盟者が①にもかかわらず見切り販売を取りやめないときは、OFCの上司らが、当該加盟者に対し、契約の解除等の不利益な取扱いをする旨を示唆するなどして、加盟者に対し見切り販売の取りやめを余儀なくさせている。

(2) 法令の適用

　公取委は、Yが前記行為により、加盟者が自らの合理的な経営判断に基づいて廃棄商品の原価相当額の負担を軽減する機会を失わせているとして、Yの行為は、旧一般指定14項4号（取引の相手方に不利益となるような取引条件の設定・変更・取引の実施。現独禁法2条9項5号ハ）に該当するとした。

2　事案を読み解くポイント

　この問題を理解するために、FC問題・コンビニ問題の全体像と、それらの問題に対する独占禁止法による規制の概要を押さえておきたい。

(1) FC問題とは

　FCシステムにおける独占禁止法の適用場面は、①加盟者募集の段階で生じる問題と、②契約締結後に生じる問題とに分けて考えることができる。

(2) 加盟者募集の段階（契約締結過程）において生じる問題と独占禁止法

①問題状況： 従来、コンビニを含む FC に関する訴訟の多くは、勧誘段階で示される売上・利益予測の虚偽性や、契約内容の説明が不十分であることについて争うものであった。中でもコンビニ関連の訴訟が目立つ。

コンビニ本部と加盟希望者の間には、経験・情報・交渉力等において大きな格差が存在する場合が多い。そこで、コンビニ経営に関しては素人同然の加盟希望者に対して、本部が、合理的根拠のない売上予測や経費の見積りを提示して勧誘するという問題が頻発した。たとえば、ローソン千葉事件（千葉地判平 13・7・5）の原告の一人は、勧誘段階でひと月の手取り額が 50 万円程度になると説明されたが、実際には経費が見積りを大幅に超えたため採算が取れず、経営破たんしている。判決では、本部が示した売上げや人件費等の予測は「実績に基づいて算出された予測というよりもむしろ目標値」であり、収入減少のおそれを容易に予測できたにもかかわらず原告に説明していないとして、本部の情報提供義務違反が認定されている。

また、コンビニ契約は、その付属契約を含め、独特な用語・システムを用いており、長大で非常に難解である。コンビニ契約には、商標等の使用許諾、加盟者のチェーン・イメージ遵守義務、売上金の毎日全額送金義務、ロイヤリティ計算式および支払い義務、本部による新規出店の自由（これにより、近隣への同系列店の出店によって既存店の売上げが減少するという問題が生じ得る）、解約事由、中途解約時の解約金（これにより、加盟者の経営難による中途解約であったとしても、数百万から数千万円の解約金を、本部から請求される可能性がある）、加盟者の義務違反に対する違約金、契約終了後の競業避止義務等が定められている。これら契約内容の説明が不十分で難解であるために、内容を十分に理解しないままに契約をしてしまう加盟者が少なくない。加盟者は問題が発生して初めて契約書を熟読するという傾向が強いという事情もあって、契約後に契約内容の問題に気付く場合が多い。

②ぎまん的顧客誘引（一般指定 8 項）による規制の可能性： ①のような状況を受けて、公取委は FC ガイドライン（前述）を策定・公表している。FC ガイドラインでは、本部が、加盟者の募集にあたって、的確に開示すべき事

項(仕入れ先の推奨制度、経営指導に関する事項、加盟に際して徴収する金銭、ロイヤリティ、解約条件など)と、売上・収益予測を提示する際には、根拠となる事実・算定方法等を示すことを求めている。そして、これらの事項について十分な開示を行わず、または虚偽もしくは過大な開示を行った場合には、ぎまん的顧客誘引に該当する可能性があるとしている。ただし、これまで、公取委による規制事例はない。

(3) FC契約締結後に本部・加盟者間で生じる問題と優越的地位の濫用

前述のように、コンビニ契約には加盟者の義務すなわち拘束項目が多い上に、その拘束が厳しい。さらに、本事件で認定されているように、コンビニ契約においては、加盟者の本部依存度がきわめて高く、本部による優越的地位の濫用が生み出されやすい土壌がある。

そこで、FCガイドラインでは、FCシステムによる営業を的確に実施する限度を超えて加盟者に不利益となるように取引条件を設定し、もしくは取引を実施する場合には、本部による加盟者に対する優越的地位の濫用に該当するとして、以下の行為を例示している。

それは、①正当な理由がない取引先の制限、②実際の販売に必要な範囲を超える仕入数量の強制、③見切り販売の制限(本件で問題となった行為)、④FC契約締結後の契約内容の変更(加盟者が、新規事業によって得られる利益を超える費用を負担することになるにもかかわらず、新規事業の導入を余儀なくさせる場合)、⑤本部の商権維持・ノウハウ保護等に必要な範囲を超える契約終了後の競業避止義務、⑥契約全体としてみて本部の取引方法が優越的地位の濫用に該当する場合(ブランド・イメージを維持するのに必要な範囲を超える統制をしていないか、加盟者に高額の解約違約金を課していないかなどの点から判断する)の6類型である。

3 問題の所在

優越的地位の濫用に関する説明については第1節を参照されたい。

本件の焦点は、加盟店にいかなる不利益が生じているのかである。この点を理解するには、Yのロイヤリティ(Yは「チャージ」と称している)計算式を理解する必要がある。他のコンビニでも、類似のロイヤリティ計算式を用い

ている場合が多い。当該計算式は、契約書から容易に読み取れる内容ではなく、その内容の確定および計算式の合法性と併せて、計算式に関する契約前の説明が十分であったかをめぐって裁判になった（最判平19・6・11）。この計算式は、最高裁にて契約書の改善が望まれるとの補足意見がつくほどに複雑である。その最高裁判決によれば、「チャージ金額＝売上総利益×チャージ率＝【売上高－（総売上原価－廃棄ロス原価－棚卸ロス原価－仕入値引高）】×チャージ率」となる。

　総売上原価とは、いわゆる仕入原価（売れたか否かにかかわらず全ての仕入商品の原価）を意味する。「廃棄ロス原価」とは、販売期限を経過したなどの理由により廃棄された商品の原価合計額である。「棚卸ロス原価」とは、帳簿上の在庫商品の原価合計額と実地棚卸を行って得られた実在庫商品との原価合計額の差額であって、万引きや各店舗の従業員による商品の入力ミスなどを原因として発生した金額である。「仕入値引高」とは、本部から各加盟店に配分される一種のリベートなどの合計額のことを指す。すなわち、この計算式は、売上高から「実際に売れた商品の原価のみ」を差し引いたものにチャージ率をかけるという式である。

　この計算式ゆえに、廃棄商品が増えると、加盟者は「廃棄商品の原価負担」と「廃棄商品の原価×ロイヤリティ（チャージ）率」分という二重の負担が増加し、容易に赤字に転落する。しかも、チャージ率は高い。Ａタイプのチャージ率は45％である。Ｃタイプは累進チャージ制となっており、売上総利益250万円以下の部分が56％、250万円超400万円以下の部分が66％、400万円超550万円以下の部分が71％、550万円超の部分が76％となっている。なお、24時間営業の場合は各チャージ率の－2％となる。以上のような事情がゆえに、加盟者は値下げをしてでもデイリー商品を売り切りたいのである。

4　法的論点の解読

　本命令は、まず、Ｙの優越的地位に関して、Ｙは日本最大手のコンビニであるのに対して加盟者は中小事業者であること、契約期間は長期で、なおか

つ契約終了後の競業避止義務があること、加盟者はＹへの取引依存性が非常に高いこと等から、加盟者はＹからの要請に従わざるを得ない立場にあるとして、Ｙの優越的地位を認めている。

次に、本命令は、Ｙの行為が価格拘束に該当するという構成を採らなかった。また、単に見切り販売の制限それ自体が優越的地位の濫用に該当するとしたわけでもなかった。コンビニ会計といわれる特殊なロイヤリティ計算式により、廃棄ロス全額を加盟者に一方的に負担させておきながら、見切り販売という廃棄ロスの負担を軽減させる手段を加盟者から奪っていることを問題にしたのである。ただし、公取委はＦＣガイドラインにおいて、当該ロイヤリティ計算式は加盟者の不利益が大きくなりやすい計算式であると捉えているにもかかわらず、本命令ではロイヤリティ計算式それ自体の問題には一切触れていない。

なお、本命令を受けて、Ｙは見切り販売を行う際の手順を定めたガイドラインを策定している。それによれば、①「値下げは消費期限の２時間前に設定している『販売期限』の１時間前をメドに始める」、②「値下げ販売する際に、仕入価格を下回る販売価格を設定した場合には、発生した損失分は加盟店が負担すること」となっている。また、併せて、見切り販売を行わなければ本部が廃棄額の15％を負担するという条件も発表された。

5　発展的論点：24時間営業および代行収納等の強制の差止め

平成21年、セブン-イレブンの加盟者らが、24時間営業は深夜労働等の負担が大きく、また、公共料金の代行収納等は煩頻で薄利であり、それらの強制は優越的地位の濫用（独禁法２条９項５号ハ〔取引の相手方に不利益となるような取引条件の設定・変更または取引の実施〕）に該当するとして、独占禁止法24条に基づく差止訴訟を本部に対して提起した。

加盟者敗訴の結論を下した東京地裁判決（平23・12・22）を不服として、加盟者らは控訴したが、東京高裁判決（平24・6・20）も、24時間営業と代行収納は、ともにチェーン・イメージの構成要素であり、さらに、契約上の義務であると認定したうえで、24時間営業を行えばチャージ率が２％軽減される

うえに、納品時間の関係等で深夜営業を行う必要があること、代行収納手数料も不当に低廉とはいえないこと、本部も様々な労力の軽減策等を講じたり、リスクに備えて保険を掛けるなどしているとして、優越的地位の濫用にはあたらないとした。上告棄却で加盟者らの敗訴が確定している。

コラム：金融機関による優越的地位の濫用

　優越的地位の濫用は、当然ながら、大規模小売業以外の業種においても見受けられる。その一例が金融機関による優越的地位の濫用である。

　三井住友銀行事件（勧告審決平17・12・26）では、M（三井住友銀行）が、取引上の地位が自己に対して劣っている事業者（主に中小事業者）から新規融資や融資の更新の申し込みを受けた際に、金利スワップ（異なる種類の金利を契約期間において交換することを内容とする金融派生商品）を購入することが融資の条件であること、または、金利スワップを購入しなければ融資に関して不利な取扱いをする旨を明示もしくは示唆していた行為が、優越的地位の濫用に該当するとされた。本件の金利スワップは、金利上昇のリスクを軽減することが目的の金融商品であったが、当時、金利は上昇局面になく、融資先事業者にとっては不要な商品であった。金融庁も本件事件を受けて、平成18年4月27日、Mに対し、金融商品の販売方法に関する法令遵守（コンプライアンス）態勢の整備等を内容とする一部業務停止命令を出した。

　取引先金融機関以外の金融機関から融資を受けることが困難な事業者は、当該金融機関からの種々の要請に従わざるを得ない立場に置かれることがある。たとえば、「金融機関と企業との取引慣行に関する調査報告書」（公取委・平23・6・15）によると、12.5％の借り手企業が取引先金融機関から預金以外の金融商品・サービスを購入することを要請され、そのうちの21.6％が自らの意思に反して要請に応じている。

　金融機関による優越的地位の濫用という問題の存在は古くから指摘されてきた。そこで、公取委は「金融機関の業態区分の緩和及び業務範囲の拡大に伴う不公正な取引方法について」というガイドラインを公表している。この中では、たとえば、金融機関が融資先企業に対し、自己と取引しない場合には融資を取りやめる旨または融資に関し不利な取扱いをする旨を示唆し、自己を通じて有価証券（株券など）・保険・投資信託等の購入等を行うことを事実上余儀なくさせることは、優越的地位の濫用などに該当するとされている。

第13章
取引拒絶

　本章で取り上げる取引拒絶は、共同の取引拒絶と単独の取引拒絶とに分類される。いずれも、それが用いられる場面は様々であり、独占禁止法上は、それが、どんな背景の下で、何を目的として行われ、どんな効果をもたらしたのかの見極めが重要となる。この点、共同の取引拒絶の場合には、本書第3章で取り上げた価格カルテルと関連付けながら考えるとわかりやすい。他方、単独の取引拒絶の場合には、本書第11章で取り上げた再販売価格の拘束と関連付けながら考えるとわかりやすい。

第1節　共同の取引拒絶

1　具体例①（新潟タクシー共通乗車券事件・排除措置命令平19・6・25）

　$Y_1 \sim Y_{21}$ の21社（以下、「21社」という）は、新潟市を中心とする交通圏（以下、「新潟交通圏」という）でタクシー事業を営んでいた。同じく $X_1 \sim X_3$ も、新潟交通圏でタクシー事業を営んでいた。21社と $X_1 \sim X_2$ は、新潟交通圏でタクシーの共通乗車券事業を営む A_1 の株主でもあった。

　共通乗車券事業とは、特定のタクシー事業者のタクシーに乗車できるタクシー共通乗車券（料金欄に乗客が料金を記入し、これを運転手に手渡すことによって料金の支払いに代えることができるもの）を発行するとともに、あらかじめ共通乗車券を使用することにつき契約を締結した官公庁や企業から、タクシー事業者に代わって料金を回収する事業を指す。A_1 は、その株主であるタクシー事業者だけでなく、X_3 を含む、新潟交通圏に所在する他のタクシー事業者とも契約を締結し、自らが発行する共通乗車券の対象事業者として金銭回収サービスを提供していた。

21社のタクシー料金は、おおむね初乗り（1.5キロメートル）610円であったが、X_1～X_3は、初乗り（1.5キロメートル）540円とし、あるいは初乗り750メートルで310円かつ1.5キロメートルで550円としており、21社よりも低額であった。21社は、かねてから、共通乗車券を使用する客を低額料金のX_1～X_3に奪われていることに不満をもっていた。

そこで、21社は、平成18（2006）年2月のA_1の臨時株主総会でA_1の解散を決議し、同年5月に、新たに、新潟交通圏で共通乗車券事業を営む3つの会社、A_2～A_4を設立した。21社は、3つのグループに分かれて、A_2～A_4のいずれかの株主となり、その共通乗車券の対象事業者となった。

他方、X_1～X_3は、A_1の解散によって共通乗車券に係る契約を解除された。A_2～A_4は、X_1およびX_2から共通乗車券事業に係る契約の申込みを受けてもこれを受け入れない方針であったが、X_1およびX_2は、A_1の解散とA_2～A_4の設立の事情により、当該契約の申込みを拒否されることが明白であるため、そもそも当該契約の申込みをしなかった。A_2～A_4は、X_3からは、平成18年10月に共通乗車券事業に係る契約の申込みを受けたが、回答を留保し、当該契約を締結しなかった。

公取委は、21社は、正当な理由がないのに、共同して、A_1およびA_2～A_3に対して、X_1～X_3との間で新潟交通圏における共通乗車券事業に係る契約を締結することを拒絶させており、これは、旧一般指定1項2号（現行法では、独占禁止法2条9項1号）に該当するとして、排除措置命令を発した。

2　事案を読み解くポイント

本件の意義を理解するために2つのことを指摘しておきたい。

まず、タクシー事業の特徴についてである。タクシーの運賃は、道路運送法という法律に基づき認可を受けなければならない。「認可」というのは、難しくいえば、私人間の行為を補充してその法律上の効力を完成させる補充行為ということになるが、要するに、監督官庁のお墨付きを得られなければ有効な運賃とは認められないということである。

このように説明すると、そもそもタクシー業界では自由に運賃を設定でき

ないから、料金競争もあり得ないのではないかと思う人もいるかもしれない。確かに、以前は、「同一地域同一運賃の原則」という、法律に明文の規定がない原則に従って、同一地域に所在するすべてのタクシー事業者に対して同一の運賃を認可申請するよう行政指導がなされていたこともある。しかし、現在では、このような運用は否定され、個々のタクシー事業者が個別に料金認可を申請し、個別に審査がなされたうえ認可が下りることになっている。

　もともとタクシー料金が認可の対象となっているのは、行き過ぎた低料金競争による労働条件の悪化とそれに伴う安全性の問題に対処しようという趣旨だといわれている。しかし、そうだとしても、すべての事業者が同じコストとは限らないから、料金の水準について事業者にまったく工夫の余地を与えないというわけにはいかないだろう。いずれにせよ、タクシー事業でも料金競争の余地があるということを確認しておきたい。

　もうひとつは、タクシー事業者にとっての共通乗車券の重要性である。タクシー事業者は、「流し」で客が呼びとめるのを待つか、鉄道のターミナル駅、病院、役所等、人が多く集まる場所で待機して客を待つほか、電話等で予約を受けて客の居場所に出向くこと（「ハイヤー」）もある。法人、官公庁等の大口の客が利用するのがハイヤーで、これが最も確実な収入源といえよう。この大口の客が利用するサービスこそ、共通乗車券である。

　X_1〜X_3は、新潟交通圏において共通乗車券の使用対象から外されたわけである。そのことが、X_1〜X_3の事業活動に及ぼす影響を想像してもらいたい。確かに、X_1〜X_3は、新潟交通圏でまったく営業できなくなるわけではない。しかし、タクシー事業者にとって最も確実な収入源が得られなくなる。そのことが21社との競争において著しく不利に働くことは明らかである。

　X_1〜X_3は、21社とは独自に共通乗車券事業を始めればよいのではないかとも思われる。しかし、そうする余地が現実にあっただろうか。顧客にとっての共通乗車券の価値は、より多くのタクシー事業者で利用できるほど高まると考えられる。逆にいえば3社のタクシーを利用するときしか使えないような共通乗車券には魅力はないのである。21社が本件行為を行う限り、X_1〜X_3が独自に共通乗車券事業を行うことは事実上不可能だったと思われる。

3 問題の所在

本件では、新潟交通圏で顧客にとって唯一価値のある共通乗車券を提供できたのは、解散前の A_1 か、A_1 解散後の $A_2 \sim A_4$ に限定されていたが、21社は、A_1 を解散させ、$A_2 \sim A_4$ に対して $X_1 \sim X_3$ との契約締結を拒絶させたとされている。そうすることによって、$X_1 \sim X_3$ は新潟交通圏内でのタクシー事業を困難にさせられたと考えられる。

ここで重要なのは、この行為が、どんな背景の下で、何を目的として行われ、どんな効果をもたらしたのかである。この点、本件行為は、明らかに、低額料金を設定するタクシー事業者に対する制裁ないしは牽制の意味をもっていた。21社がタクシー料金について合意に達していたとすれば価格カルテルということになる。本件では、そこまでは認定されていない。しかし、もともと料金競争が活発でない状態の下で、新たに料金競争をしかける競争者を潰すために共通乗車券サービスの提供を拒絶させたわけだから、本件行為は価格カルテルと同様に、業界全体での料金を高止まりさせる目的と効果をもっていたといえる。

本件のように、他にもっともらしい理由がないのに、競争関係にある事業者が共同して特定の事業者との取引を拒絶する（させる）行為は、大抵の場合、価格競争が活発化するのを防ぐ目的ないし効果が伴うことを知っておいてもらいたい。

4 法的論点の解読

本件は、現行法でいえば、独占禁止法2条9項1号のロに該当する。この条文の要件が本件で充足されることを、以下で確認しよう。

まず、21社は、新潟交通圏でタクシー事業を営んでいるという意味で互いに競争関係にあるといえるから、本件行為は「競争者と共同して」行われたといえる。

次に、A_1 を解散させたことは、$X_1 \sim X_3$ との既存の契約を解除することにつながった。また、X_3 は、$A_2 \sim A_4$ に契約締結を申し込んだにもかかわらず回答を得られなかったので、明らかに「拒絶」されたと見ることができ

る。X_1 と X_2 は、契約の申込みさえしなかったが、これは、拒絶されることが明白だったからとされている。このように、実際に取引の拒絶がなくても、周囲の状況から拒絶されることが明らかな場合も、条文にいう「拒絶」にあたるとされる。

また、21社は、A_1〜A_4 に対して X_1〜X_3 との共通乗車券に係る契約の締結を拒絶「させた」といえる。この点は少しわかりにくいかもしれない。21社と A_1〜A_4 は、実質的には一心同体だが、条文適用との関係では一応別の主体と見て、21社が A_1〜A_4 に対して拒絶「させた」と見たわけである。本件のように、他の誰かに取引を拒絶させることを、「間接の」取引拒絶とも呼ぶ。これに対して、自らの取引相手との取引を拒絶することは、「直接の」取引拒絶と呼ぶ。

最後に、「正当な理由がないのに」といえるかどうかだが、一般に、共同の取引拒絶（共同で供給を受けることの拒絶を対象とする一般指定1項も含む）の場合、先に見た行為要件が充たされれば、被拒絶者が他に代わり得る取引先を見出すことができなくなり、事業活動を困難にさせられる可能性が高まるので、原則として公正競争阻害性が認められると解されている。それが、「不当に」ではなくて、「正当な理由がないのに」という文言が使われている理由だとされる。競争関係にある複数の事業者が特定の者との取引を拒絶する場合には、被拒絶者が市場から締め出される可能性が強まり、しかも、被拒絶者を締め出すことのみが目的であるとの推測が成り立ちやすくなるからである。本件における公正競争阻害性の具体的内容は3で述べた通りである。

ここで、被拒絶者になるのは、本件がまさにそうだったように、価格競争を活発に仕掛ける事業者であることが多い。したがって、共同の取引拒絶は、行為のタイプとしては価格カルテルとは異なるが、価格カルテルの効果を強めたり、その代わりとして用いられたりする。両者の違いとともに関連性にも注目してもらいたいのである。

5　発展的論点

共同の取引拒絶は、「共同行為」の一種だから不当な取引制限ともなり得

る。その際には「一定の取引分野における競争を実質的に制限する」という要件が充たされるかどうかが問題となる。本件に則していうと、「一定の取引分野」が「新潟交通圏におけるタクシー事業」の範囲に収まるのかどうかが、まず問われるだろう。さらに、共同の取引拒絶の場合には、競争の実質的制限の中味が価格カルテルの場合と異なり、市場の開放性が妨げられること（特定の市場に参入し、あるいは、そこから退出する自由がないこと）をもって競争の実質的制限を認めてよいという議論もある。しかし、過去のほとんどの違反事例は、行為者の価格支配力を維持・強化する効果を伴っていた。本件でも、市場の開放性が妨げられることが競争の実質的制限にあたるという議論をもち出すまでもなく、価格カルテルにおけるのと同様の意味で競争の実質的制限が認められたのではないかと思われる。そのほか、共同の取引拒絶にもっともな理由が主張される場合に固有の論点については、第5章を参照されたい。

第2節　単独の取引拒絶

1　具体例②（松下電器産業事件・勧告審決平13・7・27）

　Yは、家電製品の製造販売に従事し、「National」または「Panasonic」の商標を付した家電製品を、同社が出資する販売会社（以下「販社」という）ならびにYまたは販社と代理店契約を締結している卸売業者（以下「代理店」という）を通じて小売業者に供給し、これらの小売業者を通じて一般消費者に販売している。販社は、もっぱらY製品をYの営業方針に基づいて販売するなど、Yの実質的な販売部門として営業活動を行っている。Yは、多くの家庭用電気製品において販売額第1位の地位を占めるなど、わが国の家電製品の販売分野における有力な事業者であり、また、Y製品は一般消費者の間で高い人気を有していることから、家電製品の小売業者にとってはY製品を取り扱うことが営業上有利であるとされている。

　Yは、自己の経営理念および販売方針を受け入れる家電製品の小売業者に対してY製品を供給することとしており、販社は、これらの小売業者と継

続的な取引契約を締結している（以下、このような契約を締結している小売業者を「取引先小売店」という）。

　Ｙは、平成5（1993）年ころ、販社と継続的な取引契約を締結していない小売業者（以下「未取引先小売店」という）がＹ製品の廉売を行う事例が多く見られ、取引先小売店から苦情を受けるようになった。そこで、自社および販社の販売担当者が売上げの拡大を求める結果として未取引先小売店に対してＹ製品が供給されることのないよう、まず、このような販売姿勢を改めることとし、自社があらかじめ定めた主要なＹ製品を未取引先小売店が廉売しているとの情報に接した場合には、販社と一体となって、当該製品の流通経路を調査した。

　しかし、上記取組みによっても未取引先小売店へのＹ製品の供給を止めるうえで十分な効果が挙がらなかったので、Ｙは、平成10（1998）年1月ころ、全国の10地区の地区ごとに、同社家電・情報営業本部の担当部長、当該地区に所在する各販社の販売責任者等で構成する「市場情報交換会」と称する会議を設けるとともに、過去に未取引先小売店に直接または間接にＹ製品を販売したことのある代理店および取引先小売店（以下「代理店等」という）に対する販売管理の強化を図った。

　Ｙは、上記の取組みを推進する中で、平成10年1月ころ以降、全国各地において、取引先小売店から未取引先小売店によるＹ製品の廉売に関して苦情があった際には、販社と一体となって、前記の調査を行い、その結果、当該未取引先小売店に直接または間接に当該製品を販売していた代理店等が判明した場合には

　（ア）当該代理店等に対し、当該未取引先小売店にＹ製品を直接または間接に販売しないよう要請する

　（イ）前記（ア）の要請に従わない代理店等に対しては、Ｙ製品の販売数量を制限する、リベートを減額する、もしくはＹ製品の販売価格を引き上げる、またはこれらの行為を行う旨を示唆する

等により、代理店等に対し、Ｙ製品の廉売を行っている未取引先小売店に直接または間接にＹ製品を販売しないようにさせていた。

公取委は、Yは、不当に、代理店等にY製品の廉売を行う未取引先小売店に対するY製品の販売を拒絶させており、これは一般指定2項（現行法も同じ）に該当するとした。

2 事案を読み解くポイント

　本件を理解するためには、まず、その時代背景を知る必要があろう。本件は、家電製品の流通において、いまだメーカーが比較的優位性を保っていた時代を背景としている。この時代には、全国的に確立された有名ブランドをもつメーカーが、卸売業者や小売業者に対して自己の販売政策をある程度押し付けることができた。しかし、同時に、量販店等の台頭により、代理店や取引先小売店からの製品流出が目立つようになり、それをいかにコントロールするかがメーカーの課題となっていた。そんな時代背景を念頭に置くとわかりやすい。

　本件で、代理店等は、大量にY製品を引き取ってくれる未取引先小売店（その中には量販店も含まれていたと思われる）との取引にそれなりに魅力を感じていたと推測される。その代理店等の行動をコントロールし、未取引先小売店との取引をやめさせるために、効果のある脅しをかける必要があったのだろう。Yの要請に従わない代理店等に対しては、Y製品の販売数量の制限、リベートの減額、Y製品の販売価格引上げを示唆したとされている。

　メーカーが卸売業者や小売業者を自己の販売政策に従わせるための典型的な手段が、ここでも用いられている。もちろん、これらの手段が脅しとして効き目をもったのは、Yの市場における地位が高く、ブランド力も強かったからである。

3 問題の所在

　本件行為も、誰かに取引を拒絶させる行為にあたるので、「間接の」取引拒絶である。**4**で後述するように、単独の直接の取引拒絶の場合には、行為者の取引先選択の自由が尊重されなければならないが、間接の取引拒絶の場合は、むしろ、行為者（本件ではY）が、その直接の取引相手（本件では代理店等）

の取引先選択の自由を抑圧する形になる。だから、行為者の取引先選択の自由は考慮する必要がない。ここでも重要なのは、本件行為が、どんな背景の下で、何を目的として行われ、どんな効果をもたらしたのかである。

本件では、Yが取引を拒絶させるに至る経緯から明らかなように、未取引先小売店によるY製品の廉売をやめさせることが狙いだった。本件行為によってY製品の価格が高止まりするだろうことは明らかだった。

本件では、Yが代理店や取引先小売店に対して再販売価格を拘束していたとは認定されていない。しかし、取引先小売店の間で価格競争が活発だったとは考えにくい。もし価格競争が活発だったとしたら、未取引先小売店の廉売に対する苦情が頻繁に寄せられることはないだろう。Y製品について価格競争を活発にしかけていたのは未取引先小売店のみだったと思われる。その未取引先小売店にY製品が流出するのを防ごうとしたわけだから、本件行為によって、Y製品の再販売価格が拘束された場合と同様の効果が達成されたと見ることができる。この点にこそ、本件行為を独占禁止法違反で取り締まる実質的根拠を見出すことができる。

4　法的論点の解読

本件では一般指定2項が適用されている。これは、条文上は明記されていないが、独占禁止法2条9項1号や一般指定1項とは別に取引拒絶を不公正な取引方法として定めていることから、一般指定2項の方は、「単独の」取引拒絶を指すものと理解されている。ただ、「競争者と共同して」という要件以外の行為要件の意味は、単独と共同とで異なるところはない。本件でもYが代理店等に対して取引を「拒絶」させたことは明らかだった。

単独の取引拒絶は、共同の取引拒絶と異なり、行為要件を充足するだけで直ちに公正競争阻害性が推測されるわけではないとされる。それが、「正当な理由がないのに」ではなくて、「不当に」という文言が使われている理由だとされる。

前述のように、単独の直接の取引拒絶の場合は、行為者の取引先選択の自由の行使の結果として特定の事業者との取引が拒絶されることになるが、取

引先選択の自由は競争が行われるための前提条件であるから、独占禁止法違反行為の実効性を確保するための手段として使われる等の事情がない限りは違反とされることはまずない。

他方で、単独の間接の取引拒絶の場合は、むしろ他の事業者の取引先選択の自由を抑圧する行為である。他の不公正な取引方法と同様に、それが競争に及ぼす影響によって公正競争阻害性の有無を判断する。一般には、被拒絶者がほかに代わり得る取引先を見出せないかどうかが問題とされ、行為者の市場における地位や、取引拒絶を要請された事業者の数や市場における地位等を総合的に判断することになるとされる。

本件における公正競争阻害性の具体的内容は 3 で述べた通りである。そこでも述べた通り、独占禁止法違反となる単独の取引拒絶は、自社製品が流通の末端で価格競争にさらされるのを防ぐ目的で使われる場合が多い。その意味で、再販売価格の拘束の効果を強めたり、その代わりとして用いられたりする。ここでも、両者の行為のタイプは異なるが、両者の違いとともに関連性にも注目してもらいたい。

5　発展的論点

共同の取引拒絶の場合と同様、もっともな理由が主張された場合にどのように判断するかという問題がある。また、市場支配力を有する事業者が行う単独の取引拒絶は、私的独占の「排除」行為該当性が問われる場合があることにも留意してもらいたい。私的独占における「排除」行為の限界は、日本のみならず、欧米でも盛んに議論されている難問である。単独の取引拒絶が「排除」に該当するかどうかという問題も、その流れで議論されてきた。

また、やや瑣末な論点かもしれないが、単独の間接の取引拒絶は、一般指定 11 項の排他条件付取引や一般指定 12 項の拘束条件付取引に該当すると見られる場合もある。取引関係に入る前提として特定の事業者との取引を拒絶させているとか、被拒絶者が具体的に特定されていない場合には、一般指定 11 項や 12 項が適用されているようである。

第14章

抱 合 せ

第1節　具体例（日本マイクロソフト事件・勧告審決平10・12・14）

　Yは、パソコン用ソフトウェアの開発およびライセンスの供与に従事する事業者である。Yの親会社は、米国に本拠を置き、パソコン用基本ソフト（OS）である「ウィンドウズ」の製造販売に従事している。Yは、わが国に所在するパソコン製造販売業者との間で、その親会社が製造する基本ソフトウェア等に係るライセンス契約の締結交渉を行うほか、表計算用ソフトウェアである「エクセル」、ワードプロセッサ用ソフトウェアである「ワード」、スケジュール管理用ソフトウェアである「アウトルック」等の応用ソフトウェアを開発し、ライセンス供与している。

　事件当時、パソコンで使用する応用ソフトウェアのうち一般消費者の需要が最も大きかったは、表計算ソフトおよびワープロソフトであり、スケジュール管理ソフトも需要が増大していた。Yは、「エクセル」、「ワード」または「アウトルック」を、パッケージ製品（ソフトウェアと取扱説明書を一体とした製品のこと）としては、それぞれ単体でも供給していた。

　表計算ソフトについては、Yが基本ソフトウェアである「ウィンドウズ3.1」の供給を開始した平成5（1993）年ころから、同社の「エクセル」が、一般消費者の人気を得て、表計算ソフトの市場において市場占拠率は第1位だった。

　他方、ワープロソフトについては、Yは、平成3（1991）年12月、日本語ワープロソフトである「ワード」の供給を開始したが、「ワード」は、もともと英文用ワープロソフトを基に開発されたため、日本語特有の、かな漢字変換機能が十分ではなかった。そのため、「ワード」の供給開始後も、ソフトウェ

アの製造販売業者であるAが日本語ワープロソフトとして「ワード」に先行して供給していた「一太郎」の人気が高く、平成6 (1994) 年当時は、「一太郎」が、ワープロソフトの市場において市場占拠率第1位だった。

スケジュール管理ソフトについては、平成8 (1996) 年までは、ソフトウェアの製造販売業者であるBが供給していた「オーガナイザー」が、スケジュール管理ソフトの市場において市場占拠率第1位だった。

パソコン製造販売業者は、表計算ソフト、ワープロソフト等の中心的な応用ソフトウェアをパソコン本体に搭載または同梱（ひとつの荷物の中に一緒に入れること）して販売する場合があり、平成9 (1997) 年に出荷されたパソコンのうち、表計算ソフトおよびワープロソフトが搭載または同梱されて出荷されたものの割合は約4割であった。この際、パソコン製造販売業者は、パソコン製造に係るコストが増加すること等の理由から、通常、同種のソフトウェアを重複してパソコン本体に搭載または同梱して出荷することは行っていなかった。

一般消費者がパソコンを購入する場合、搭載または同梱されている表計算ソフトまたはワープロソフトが選択の基準の一つとなっていた。パソコン本体に搭載または同梱されたソフトウェアについてバージョンアップが行われた場合、一般消費者は、当該ソフトウェアのパッケージ製品を購入することが多かった。

Yは、遅くとも平成4 (1992) 年ころ以降、わが国のワープロソフトの市場において、「ワード」の市場占拠率を高めることに力を注いだ。

主要なパソコン製造販売業者の1つであるCは、平成6 (1994) 年11月、ワープロソフトとして「一太郎」を搭載したパソコンを発売したところ、同機は一般消費者の人気を博し、さらに、平成7 (1995) 年2月には、ワープロソフトとして「一太郎」、表計算ソフトとして「ロータス1-2-3」を搭載したパソコンを発売した。

Yは、当初、パソコン製造販売業者が自社の応用ソフトウェアをパソコン本体に搭載して出荷することに否定的だったが、「ワード」に競合する「一太郎」のみがパソコン本体に搭載されて販売されることが、「ワード」の市

場占拠率を高めるうえで重大な障害となることを危惧し、パソコン製造販売業者の出荷するパソコンについて、表計算ソフトの市場において有力な「エクセル」とともに「ワード」を搭載させることとし、「ワード」のパソコン製造販売業者向けの供給を拡大することとした。

　Yは、平成7年1月ころ、Cに対し、「エクセル」と「ワード」を併せてパソコン本体に搭載して出荷する権利を許諾する契約の締結を申し入れた。この申入れに対し、Cは、当時表計算ソフトとして最も人気があった「エクセル」と当時ワープロソフトとして最も人気があった「一太郎」とを併せて搭載したパソコンを発売することを希望し、「エクセル」のみをパソコン本体に搭載して出荷する権利を許諾する契約の締結を要請した。Yは、この要請を拒絶し、Cに対し、「ワード」を併せてパソコン本体に搭載して出荷する権利を許諾する契約を締結することを受け入れさせ、平成7年3月1日付けで、Cとの間で、「エクセル」と「ワード」を併せてパソコン本体に搭載して出荷する権利を許諾する契約（以下単に「プレインストール契約」という）を締結した。この契約の締結により、Cは、平成7年3月、「エクセル」と「ワード」を併せて搭載したパソコンを発売した。

　Yは、平成7年8月ころ、主要なパソコン製造販売業者の一つであるDに対し、プレインストール契約を締結することを提案した。Dは、当時、自社が製造販売するパソコンに搭載する表計算ソフトとワープロソフトの種類を検討していたが、Yが「エクセル」と「ワード」とを分離してパソコン本体に搭載して出荷する権利を許諾しないであろうと考えたこと等から、この提案を受け入れ、Yとの間で、プレインストール契約を締結した。この契約の締結により、Dは、平成7年11月、「エクセル」と「ワード」を併せて搭載したパソコンを発売した。

　Yは、平成8 (1996) 年1月以降、「エクセル」および「ワード」のバージョンアップに伴い、CおよびDとの間で、プレインストール契約を更新するとともに、その他のパソコン製造販売業者との間で、順次、プレインストール契約を締結した。Yは、この契約の締結交渉の際に、一部のパソコン製造販売業者から「エクセル」のみを対象とした契約を締結することを要請され

たが、これを拒絶し、プレインストール契約を受け入れさせた。Yとプレインストール契約を締結したこれらパソコン製造販売業者は、平成8年2月以降、「エクセル」と「ワード」を併せて搭載したパソコンを販売した。Yは、平成8年7月にも、一部のパソコン販売業者から「エクセル」のみを対象とした契約を締結することを要請されたが、これを拒絶した。

　Yは、平成8年8月、パソコン製造販売業者であるEから契約締結業務について委託を受けている同社の子会社との間で、また、平成8年10月には、パソコン製造販売業者であるFとの間で、それぞれ、「エクセル」と「ワード」を併せてパソコン本体に同梱して出荷する権利を許諾する契約を締結した。この契約の締結により、Eは平成8年9月、Fは平成8年10月、それぞれ、「エクセル」と「ワード」を併せて同梱したパソコンを発売した。

　Yは、平成9年3月、スケジュール管理ソフトである「アウトルック」の供給を開始したが、これに先立ち、「アウトルック」の供給を拡大するために、パソコン製造販売業者に対し、「エクセル」および「ワード」に加えて「アウトルック」を併せてパソコン本体に搭載または同梱させることを企図した。Yは、平成8年12月以降、「エクセル」および「ワード」のいわゆるバージョンアップに伴う契約更新の際に、パソコン製造販売業者に対し、「エクセル」、「ワード」および「アウトルック」を併せてパソコン本体に搭載または同梱して出荷する権利を許諾する契約を締結することを提案し、平成9年3月以降、パソコン製造販売業者との間で、プレインストール契約等を更改し、あるいは、新たに締結した。

　Yは、この契約交渉の際に、一部のパソコン製造販売業者から、従来通り「エクセル」および「ワード」のみを対象とした契約を締結することを要請されたが、これを拒絶し、契約交渉を行ったパソコン製造販売業者すべてに、「エクセル」、「ワード」および「アウトルック」を併せてパソコン本体に搭載または同梱して出荷する権利を許諾する契約の締結を受け入れさせた。この契約の更改または締結により、パソコン製造販売業者は、平成9年3月以降、「エクセル」、「ワード」および「アウトルック」を併せて搭載または同梱したパソコンを発売した。

Yの前記行為に伴い、平成7年以降、ワープロソフトの市場における「ワード」の市場占拠率が拡大し、平成9年度には第1位を占めるに至っている。また、平成9年度には、スケジュール管理ソフトの市場において、「アウトルック」が第1位を占めるに至っている。

　公取委は、Yは、取引先パソコン製造販売業者等に対し、不当に、表計算ソフトの供給に併せてワープロソフトを自己から購入させ、さらに、取引先パソコン製造販売業者に対し、不当に、表計算ソフトおよびワープロソフトの供給に併せてスケジュール管理ソフトを自己から購入させているものであり、これは、一般指定10項（現行法も同じ）に該当するとした。

第2節　事案を読み解くポイント

　本件のYの行為は、独占禁止法の世界では、「エクセル」に「ワード」や「アウトルック」を「抱き合わせる」行為と呼ばれる。本来別々に取引されてもおかしくない商品役務を、あえてセットで販売し、それぞれ単体での取引には応じないというのが、「抱合せ」である。本件のように、客がこれを受け入れざるを得ないような場合に独占禁止法が適用され得る。本章で取り上げる問題は、このような行為を客に押し付けることができるのはなぜか、また、このような行為を放置することは、どのような意味で独占禁止法上問題なのか、である。本論に入る前に、まずは本件の事実を正解に理解することから始めよう。

　本件で抱合せが行われたのは、応用ソフトウェアの製造販売業者であるYとパソコン製造販売業者との間の取引においてであった。Yは、「エクセル」「ワード」「アウトルック」といった応用ソフトウェアを、それぞれ単体で「パッケージ製品」としても供給していたとされているが、これは、直接、一般消費者に対して販売する場合を指している。Yは、この販売ルートとは別に、パソコン製造販売業者とも取引していたわけである。それは、パソコン製造販売業者が、表計算ソフト、ワープロソフト等の中心的な応用ソフトウェアをパソコン本体に搭載または同梱して販売していることと関係してい

る。

　利用頻度の高い応用ソフトウェアがパソコン本体にあらかじめ搭載または同梱されている場合には、そうでない場合よりも、パソコンの購入者（特に初心者）にとっては便利である。その方がパソコンは売れるだろうから、利用頻度の高い応用ソフトウェアが搭載または同梱されるパソコンの比率は高かったのだ。

　しかし、当然のことながら、ソフトウェアの搭載や同梱は、ただではできない。ソフトウェアは、パソコンという機械に対する指令の手順を定めたもので、それ自体には形がない。しかし、著作権という権利で保護されていて、権利者に無断でコピーしてはならないことになっている。「エクセル」「ワード」「アウトルック」といった応用ソフトウェアの著作権はYがもっているので、これらのソフトを無断でCDに焼き付けてパソコンに同梱したり、搭載したりすることは著作権侵害となる。Yとしては、これらのソフトの開発に投資している以上は、著作権を根拠として、パソコン本体への搭載や同梱について対価を要求するのは当然ということになる。本件で「プレインストール契約」が締結されたのには、このような背景があった。

　次に考えてもらいたいのは、「プレインストール契約」に至る両当事者の交渉においてどちらが優位に立っていたか、である。当時、Yは、パソコンのOSにおいて独占に近い状態にあった。当時、マッキントッシュを除くと、ほとんどのパソコンは「ウィンドウズ」を搭載しており、これが事実上の業界標準だった。このことだけでも、Yがパソコン製造販売業者に対して優位に立てたであろうことが推測される。

　さらに、当時表計算ソフトとして最も人気があった「エクセル」を供給していたのはYのみだから、およそ「エクセル」を搭載ないし同梱したいパソコン製造販売業者は、Yの要求を呑まざるを得なかったと考えられる。この表計算ソフトにおける圧倒的な地位を利用して、ワープロソフトとしては「ワード」のみを、スケジュール管理ソフトとしては「アウトルック」のみを搭載または同梱することをパソコン製造販売業者に押し付けたことが、本件の問題だった。

第3節　問題の所在

　抱合せでは、「〜に…を抱き合わせる」と表現するが、このうち「〜に」にあたる部分を「主たる」商品役務、「…を」にあたる部分を「従たる」商品役務とも表現する。本件では、「エクセル」が主たる商品ということになる。この「エクセル」が、表計算ソフトの中で一般消費者にとって最も人気が高く、市場占拠率が第1位だったということが、本件の抱合せに強制力をもたせる鍵となっていたことがわかる。それでは、本件抱合せは、独占禁止法上何が問題なのだろうか。

　まず、抱合せの条件を押し付けられるということは、客としては、他の選択肢を選択する余地がないことを意味する。本件に即していえば、パソコン製造販売業者は、「エクセル」と「ワード」と「アウトルック」の組み合わせしか選択できなかった。それが、パソコン製造販売業者自身の主体的な選択の結果であれば何も問題はないが、他の選択肢を検討していた（あるいは、検討する余地があった）にもかかわらず、特定の組み合わせを押し付けられたことが問題なのである。そのことは、結局、パソコン製造販売業者からパソコンを購入する一般消費者にとっても、選択肢が狭められることを意味する。

　もっとも、本件でAやBは、直接、一般消費者に自社製品を販売するルートまで閉ざされたわけではないから、一般消費者が「一太郎」や「オーガナイザー」の真価を評価して、それを購入する機会が完全に閉ざされたわけではない。本件抱合せは、「エクセル」と「ワード」と「アウトルック」の組み合わせ以外の選択肢を完全に排除するというよりも、「一太郎」や「オーガナイザー」の一般消費者への普及を阻むことに狙いがあった。「一太郎」や「オーガナイザー」に少数の熱烈なファンがいても、Yは困らない。Yにとって問題だったのは、それらが、一般消費者にとっての標準（スタンダード）になる可能性だった。

　ソフトウェアの世界では、ユーザーが増えれば増えるほど、そのことだけで商品の効用が高まるという性質がある。そのことは、知人どうしでファイ

ルを交換するときの利便性が高まることからもわかる。Yは、ワープロソフトにおけるライバルとスケジュール管理ソフトにおけるライバルを市場から駆逐し、それぞれの分野で自社製品を標準にしたかったのだと考えられる。

　本件抱合せが放置されたとすれば、Yのライバルは、どんなに品質が高く（あるいは使い勝手がよく）、低額の商品を投入したとしても、抱合せの効果により一般消費者への普及が妨げられ、生産を続けられるとしても、一部のファンだけを念頭に置いた少量生産にならざるを得なかっただろう。そうして、一般消費者の選択肢から外れ、消え去ることになっただろう。このようにして、一般消費者は、自らにとって有望な選択肢を、自らの意思とは無関係に、失うことになっただろう。

第4節　法的論点の解読

　一般指定10項の行為要件としては、2つの別個の商品役務（条文上は、「商品又は役務」と「他の商品又は役務」）が存在すること、抱合せに強制が働いていること（条文上は、「購入させ」）が重要である。

　このうち、強制が働いていることを証明するに際しては、2つの別個の商品役務をそれぞれ単体で取引することを求めたのに拒否されたという事実が、必ず必要というわけではない。本件のDのように、単体での取引はどうせ拒絶されるとわかっていたので、最初から抱合せの条件を呑んだという場合でも、強制は認められる。要は、Yが表計算ソフトの市場で高い地位にあること、それを背景に抱合せの方針を取っていたことが周囲の状況から明らかであれば、それで強制は認められるのである。

　2つの別個の商品役務の存在については、それぞれが独自に取引の対象とされ得ることが示される必要がある。複数の商品役務が必ずセットで販売され、どの事業者も、複数の商品役務が併せて用いられることによって得られる効用と価格をめぐって競争している実態がある場合には、この要件は充たされないことになる。実は、この要件が充たされない場合というのは、「主たる商品役務」と「従たる商品役務」とを別個に取引の対象とすることが、

ユーザーの視点からみても非効率で不便な場合であることが多い。この要件は、抱合せがユーザーの視点から見ても必然性を持つ場合を禁止対象から除外する機能を果たすのである。いずれにせよ、本件では、この要件が充たされることは明らかだった。

最後に、「不当に」という要件は公正競争阻害性のことを指し、その具体的内容については、3で述べた通りである。より一般化していえば、抱合せの公正競争阻害性は、行為そのものがもつ競争手段としての不公正さと従たる商品役務の市場における自由競争減殺効果に求められる。競争手段としての不公正さというのは、行為者が、品質・価格とは別の要因によって「従たる商品役務」の取引が強制されること、とりわけ、一般消費者が顧客の場合には、その主体的な判断が歪められる可能性があることを指している。本件でもその要素は認められるが、それよりも、「従たる商品役務」におけるライバルが駆逐される効果の方が重視されているように思われる。

なお、本件では論点とならなかったが、同じ「不当に」の要件と関わらせて、抱合せに正当化事由が主張される余地があることにも注意してほしい。行為要件を充たし、競争手段としての不公正さおよび（または）自由競争減殺効果が認められる場合でも、たとえば、安全性の確保のために抱合せが正当化される余地がまったくないというわけではない。ただ、その際には、抱合せ以外に目的達成のための手段が取り得なかったのかが問われるだろう。

第5節　発展的論点

本件の抱合せは、契約による義務付けの形態を取った。しかし、次のような場合はどうだろう。

インクジェットプリンターのメーカーは、インクカートリッジを交換する際には「純正品」を使うことを薦めている。「純正品」とは、プリンターのメーカー自身が製造販売するインクカートリッジを指す。しかし、世の中には、使用済みのインクカートリッジにインクを充てんして再生品として販売したり、そのほか、特定メーカーのプリンターに適合した代替品を製造販売

したりする事業者が存在する。これら、「純正品」以外のインクカートリッジは、例外なく「純正品」よりはるかに安い。

ここで、プリンターのメーカーが、「純正品」以外のインクカートリッジを締め出すために、プリンターの中のインクカートリッジとの接触部分を改変し、「純正品」以外には反応しないようにしたとする。この場合には、一般指定10項の適用はあるだろうか。あるいは、一般指定10項以外の条文が適用される余地はあるだろうか。

仮に、上述のようなプリンター本体の改変が、プリンターの性能を改善するためだと主張されたら、そのような主張をどのように評価したらよいだろうか。

第6部

独禁法の執行

第 15 章

行政上の措置

第 1 節　公正取引委員会の役割

　本書のこれまでの記述からもわかるように、独占禁止法の運用については、公正取引委員会（公取委）が中心的な役割を担っている。公取委は、日本国憲法が定める司法・行政・立法の三権のうち、行政に属する行政機関である。行政機関として内閣総理大臣の所轄に属し、内閣府の外局と位置付けられている。しかし、内閣総理大臣がその長を任命する他の行政機関と公取委とではいくつか違いがある。

　第一に、公取委は、5 人の委員から構成され、その合議によって意思決定を行う。5 人の委員のうち 1 人が委員長である。

　第二に、公取委の委員および委員長は、内閣総理大臣が任命するが、一度任命されたら、定年（70 歳）に達するまで、独占禁止法 31 条 1 号から 6 号に該当する場合以外は、内閣総理大臣といえども、勝手に罷免することができない。日本国憲法 68 条で内閣総理大臣は国務大臣を任意に罷免できると定められていることとは対照的である。

　第三に、公取委の委員長および委員は、独立してその職務を行うものとされている（独禁法 28 条）。要するに、委員および委員長の任命権者である内閣総理大臣を含めて、誰の指揮も受けないということである。なお、公取委の事務処理のために事務総局が置かれ、その長として事務総長が置かれている。公取委全体の組織は、図 15-1 の通りである。

　公取委は、本書でこれまで説明してきた独占禁止法の実体規定の違反がないかどうか調査し、違反が認められる場合にそれを取り締まる役割を担っている。取締りの手段には大別して 2 つあり、ひとつは「排除措置命令」、も

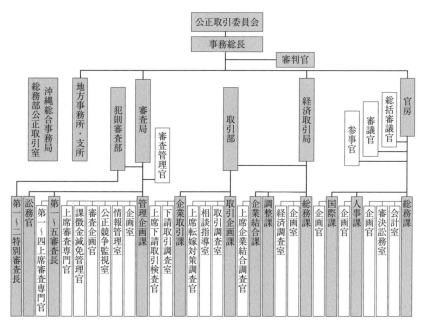

図 15-1　公正取引委員会の組織図（公正取引委員会の HP）

うひとつは「課徴金納付命令」である。前者は、違反事業者に対して違反行為の取り止めや再発防止を命じるものであり、後者は、違反事業者に対して違反行為に関わる商品役務の売上額に一定比率を乗じた金額を納付させるものである。

　なお、独占禁止法違反行為は、公取委による取締りの対象となるほか、刑事罰や損害賠償請求の原因ともなるが、公取委は、独占禁止法違反に係る犯罪事件の調査に基づく検事総長への刑事告発（同74条。本書第17章を参照）、独占禁止法違反行為に係る損害賠償請求事件における損害額に関する意見の提出（同84条。本書第16章参照）を行うこともできる。このうち、検事総長への告発は、公取委だけができることになっている（同96条。「専属告発」と呼ばれる）。つまり、公取委は、独占禁止法違反行為に係る刑事手続と民事手続にも関与できるわけである。

　このように、独占禁止法の運用の中心に公取委が据えられているのは、そ

第 15 章　行政上の措置　　227

の専門性と中立性に期待するところが大きいからである。公取委は、単に違反行為の調査と取締りに従事するだけでなく、独占禁止法の運用に関わる実態調査も行っている。また、公取委は、前述のように、職権行使の独立性を保障されている。これは、より具体的には、特定の産業と利害を共有しがちな他の行政機関から独立して独占禁止法を運用できるということを意味する。

しかし、独占禁止法違反の運用の中心に公取委が据えられているということは、その反面として、公取委が積極的に活動しなければ独占禁止法の運用も停滞することを意味する。実際、1950年代から70年代にかけての産業政策隆盛の時代には、公取委は十分な活動ができなかった。そこで、近年では、民事訴訟を通じて事業者または一般消費者が独占禁止法違反の責任を追及できるようにすることの重要性も認識されてきている。その結果、平成12（2000）年には独占禁止法に24条が追加され、不公正な取引方法に限定してではあるが、差止請求の途が開かれた。しかし、もとから存在する損害賠償請求制度と同様、その活性化のためには多くの課題が残されている。

第2節　独占禁止法違反に係る行政調査手続の概要

本章では、排除措置命令と課徴金納付命令について詳しく説明するが、その前に、これらの命令を発する前提として行われる、公取委による調査手続（第17章で説明する「犯則事件の調査」と区別するため、「行政調査」と呼ぶ）の概要を説明しておこう。

なお、行政調査の手続は、独占禁止法平成25年改正（以下、単に「平成25年改正」と呼ぶ）によって大きく変更された。平成25年改正は平成27（2015）年4月1日から施行されており、当面は、旧法の手続が適用される事件と新法の手続が適用される事件とが混在する状況が続くであろう。そこで、以下では、平成25年改正前の手続を概観した後、それと対比する形で平成25年改正後の手続の特徴を説明することにしたい。

1　平成25年独占禁止法改正前の手続

　公取委による違反事件の調査は、「審査官」が担っている。調査に際しては、独占禁止法47条1項1号から4号に規定される処分を行うことができる。ときたまテレビで、独占禁止法違反の疑いで審査官が段ボール箱をもって企業の社屋に入ってゆく映像が映し出されることがあるが、これは、独占禁止法47条1項4号に基づく「立入検査」をやっているところである。独占禁止法47条1項1号から4号のそれぞれに基づく処分は強制的性格をもっていて、これに従わない場合には刑罰の対象となる（独禁法94条）。もちろん、任意に関係人から事情聴取して調査する場合もある。

　調査の結果、独占禁止法違反が存在し、違反事業者に対して排除措置命令ないし（および）課徴金納付命令を発する必要があると判断したときは、認定された事実とそれに対する法令の適用を示したうえで命令書の謄本を名宛人である事業者に送達することになる。その前に、公取委は、名宛人である事業者に対して、認定事実、法令の適用、命令の内容を通知したうえで、あらかじめ意見を述べ、証拠を提出する機会を事業者に与えなければならない。

　命令に不服がある事業者は、命令書の謄本の送達があった日から60日以内に、公取委に対して「審判」を請求することができる。公取委は、この審判請求を「審決」により却下ないし棄却しない限り、審判開始通知書の送付等によって審判手続を開始しなければならない。

　およそ行政機関の処分等に不服がある者は、当該処分等を行った行政機関に対して不服申立てを行うことができ、その手続は行政不服審査法という法律で定められている。前述の「審判」は、不服審査のために行われる手続の一種であるが、独占禁止法に詳細な定めがあるので、その限りにおいて行政不服審査法の適用は除外される。審判とは、一言でいえば、裁判に類似した手続である。

　近代の裁判では、裁判官、原告、被告の三者構造が取られ、原告と被告とのどちらの利害からも超越した中立的な裁判官の前で、原告と被告の双方が自らの主張の説得力を競う。審判手続では、裁判における裁判官の役割を担うのは「審判官」で、これは、通常、事件ごとに公取委が事務総局の職員の

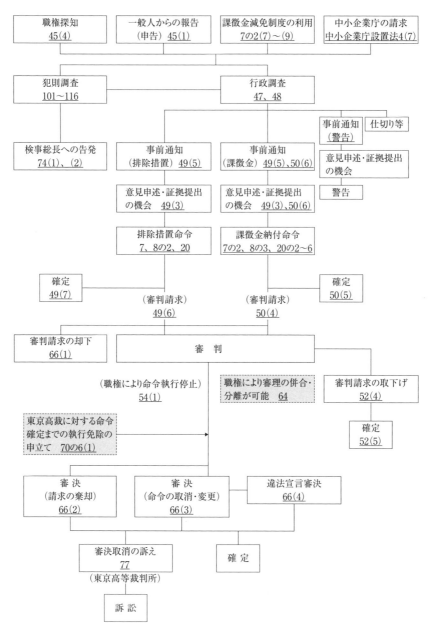

図 15-2　平成 25 年改正前の公正取引委員会による調査手続の流れ
　　　　（公正取引委員会ＨＰより）

中から指定することになっている。裁判でいう原告にあたるのは、違反の存在と排除措置命令の必要性を主張する審査官である。裁判でいう被告にあたるのは、違反を問われている事業者（「被審人」と呼ぶ）である。審判官が審判手続を尽くして出した結論は「審決案」にまとめ上げられ、それを公取委の委員および委員長が合議によって議決すれば、正式の公取委の決定である「審決」となる。

　この審決に対してなお不服がある者は、「審決取消請求訴訟」を提起することができるが、それを審理する裁判所は、必ず東京高等裁判所と決められている（東京高等裁判所の「専属管轄」と呼ばれる）。審決は、裁判に類似した手続によって下されるので第一審裁判所の判決と実質的に同視できるところから、その取消請求はいきなり高等裁判所で審理されるわけである。他方、全国にいくつかある高等裁判所の中で東京高等裁判所に限定されるのは、そこに独占禁止法専門の判事が集められているからだとされる。なお、東京高等裁判所の判決に対しては最高裁判所に上告できる。

　審決取消請求訴訟では、他の訴訟には見られない「実質的証拠法則」が適用される（平成25年改正前の独禁法80条）。これは、公取委の審決の中味のうち事実認定の部分については、東京高裁は自ら証拠調べをして自らの事実認定を公取委のそれと置き換えることはできず、公取委の事実認定が実質的証拠によって支持されるかどうかだけを審理できるというものである。仮に公取委の事実認定が実質的証拠によって支持されないと判断される場合は、もう一度事実認定を行うために公取委に事件が差し戻される。公取委の専門性を尊重する趣旨だといわれる。

2　平成25年独占禁止法改正施行後の手続

　平成25年改正の内容は以下の3点に大別される。
　①審判手続の廃止
　②排除措置命令等の公取委による行政処分についての訴訟手続の整備
　③排除措置命令等に係る意見聴取手続の新設
　①については、従来から経済界を中心に、審判手続の存在意義を疑問視す

る意見があり、平成25年改正はそれに応えるものであった。これまでは、排除措置命令等に不服がある者は、裁判所に訴える前に必ず審判を請求しなければならなかったが、平成25年改正施行後は、後述のように、直接東京地裁に訴えることができる。審判手続が廃止されるのに伴い、前述の実質的証拠法則に関する規定や審決取消訴訟における新証拠提出の制限に関する規定（平成25年改正前の独占禁止法81条）も廃止された。

②については、審判手続の廃止に伴い、排除措置命令等に対する「抗告訴訟」（行政事件訴訟法3条1項で「行政庁の公権力の行使に関する不服の訴訟」と定義されている）の事件は東京地方裁判所の専属管轄となる（85条）。このようにして判断の統一性と独占禁止法に関する専門性の蓄積を図ることが意図されている。東京地裁は3人ないし5人の合議体による審査を行うものとされ、慎重な審理が行われるよう配慮がなされている（86条）。東京地裁の判決に対しては東京高等裁判所への控訴が、東京高裁の判決に対しては最高裁判所への上告が可能である。

③については、公取委は、処分前に命令の名宛人となるべき者について意見聴取を行わなければならない（49条）。意見聴取手続は、公取委が事件ご

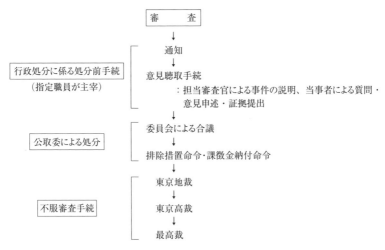

図15-3 平成25年改正後の行政調査手続の流れ

とに指定する職員が主催する（53条）。意見聴取の通知を受けた者は、意見聴取が終結するまでの間に当該事件について公取委が認定した事実を立証する証拠を閲覧ないし謄写することを求めることができる（52条）。なお、意見聴取手続について定める独占禁止法の49条から60条にかけての諸規定は、課徴金納付命令や独占的状態についての競争回復措置命令に準用されている（62条4項、64条4項）。

以上のように、独占禁止法違反に関する行政調査手続には、他の手続にはない、特殊な約束事が多い。一般的に手続の流れをたどるだけでは、なかなかポイントがつかめないというのが実情だろう。そこで、次節以下では、具体例を挙げて排除措置命令および課徴金納付命令の実態をみることにしよう。

第3節　排除措置命令

1　具体例①（ソニー・コンピュータエンタテインメント事件・審判審決平13・8・1）

Yは、「プレイステーション」（以下、「PS」という）と呼ばれる家庭用テレビゲーム機、PS用ソフトウェア（以下、「PSソフト」という）の製造販売、PSソフトの仕入れ販売に従事する事業者である。Yは、遅くとも平成6（1994）年6月ころまでに、これらPS製品の販売先である卸売店ならびに小売店と特約店契約を結ぶ際、次の3つの義務を課した。①PSソフトについて希望小売価格より低い価格をつけないこと（値引き販売禁止）、②中古のPSソフトの取扱い禁止、③小売業者はPS製品を一般消費者に対してのみ販売し、卸売業者は取引先の小売業者にのみ販売するとともに、取引先小売店に対して一般消費者にのみ販売するよう指導すること（横流し禁止）、である。

公取委は、平成8（1996）年5月9日に、独占禁止法違反の疑いでYを立入検査した。これを受けて、Yの経営幹部は、営業部幹部に対して販売価格を拘束する行為を行わないよう部内に徹底することを指示した。営業部の幹部は、営業担当者に対して、値引き販売をしている小売業者に対して是正指導を行わないように、また、値引き販売に関する情報が寄せられた場合にも

対応できないと断るように指示した。また、Yの社長および営業部長は、平成8年6月に特約店の代表者を集めて開催したディーラーミーティングにおいて、「小売価格は小売店の皆様が自らの経営判断の中で決められるもの」などと述べて、販売価格は販売業者自らが決めるべきものである旨、口頭で説明した。

　しかし、Yの営業担当者に対する指示の内容は、小売業者に対して値引き販売の是正指導を行わないという消極的なものであり、前記のディーラーミーティングでの社長らの説明も、当然のことを抽象的に述べたにとどまったこともあって、同ディーラーミーティングに出席した特約店の中には、公取委の立入検査を受けたYが表立って値引き販売禁止を特約店に求めることができなくなっただけで、PSソフトの値引き販売を禁止するというYの販売方針に変わりはないものとして、PSソフトについて従来通りの価格設定で販売する者もあった。

　Yの営業担当者は、小売業者の値引き販売に介入しないようにとの前記指示を受けて、その後は、次第に、値引き販売を行っている小売業者への説得・是正指導、競合店から寄せられた値引き販売に関する情報に基づく値引き店への対応を行わないようになっていった。もっとも、営業担当者の中には、担当する小売業者から値引き販売をしている競合店への対応を求められるなどして、値引き店への説得・是正指導を行った者もいた。ただし、公取委の立入検査後、Yの営業担当者が、販売業者に対し、値引き販売を行ったことを理由として出荷制限等の制裁措置をとったとか、是正指導に際して制裁措置をとることを示唆するなどした事例はなかった。

　販売業者からYの営業担当者に対して寄せられる値引き販売に関する情報も次第に減少していき、平成9 (1997) 年に入ると、値引き販売を行う小売業者も次第に増えていった。PSソフトの価格動向を見ると、発売後2ヵ月以内の新作ソフトにつき、平成9年1月下旬ころからは、10％程度の値引き販売が行われるようになってきており、平成9年11月下旬ころには、希望小売価格の90％ないし94％程度の価格による値引き販売が一般的となった。

以上から、Yが立入検査後に講じた一連の措置は、Yの販売業者に対する、これまでの価格拘束を解消するには不十分で、これによって、販売業者に対する値引き販売禁止の拘束が直ちに消滅したとは認められないが、Yの営業担当者が値引き店への是正指導等を行わないようになったこと、それを販売業者側が認識して値引き販売を行う者が次第に出てきたことが認められ、価格動向を見ても、平成9年1月下旬ころから徐々に値引きが広がり、同年11月ころにはすでに一定の値引き販売が一般的になっていたと認められることから、Yによる値引き販売禁止の拘束は、平成9年11月ころにはなくなったと認定された。
　値引き販売禁止の拘束が消滅したとされる平成9年11月ころ以降も、中古のPSソフトの取扱い禁止と横流し禁止は残った。公取委は、このうち、中古のPSソフトの取扱い禁止は、それが値引き販売禁止とともに義務付けられていたときには、それと一体のものとして一般指定12項（現行法では独禁法2条9項4号）に該当するが、値引き販売禁止の消滅とともにその公正競争阻害性も消滅したとされた。他方で、横流し禁止は、値引き販売禁止の消滅後も一般指定13項（現行法では一般指定12項）に該当するとされた。
　以上のような法令の適用をうけて、本件での排除措置（現行法では排除措置命令）の主要部分は、次のような内容となった。
「1　被審人は、自己の販売するプレイステーションと称する家庭用テレビゲーム機用のソフトウェアの販売に関し、自ら又は取引先卸売業者を通じて、新たに発売された同ソフトウェアについて、小売業者に対し、原則として希望小売価格で販売するようにさせ、卸売業者に対し、取引先小売業者に原則として希望小売価格で販売させるようにしていた行為を取りやめていることを確認しなければならない。
2　被審人は、自己の販売するプレイステーションと称する家庭用テレビゲーム機用のソフトウェアの販売に関し、自ら又は取引先卸売業者を通じて、小売業者に対し、同ソフトウェアを一般消費者のみに販売するようにさせ、卸売業者に対し、同ソフトウェアを小売業者のみに販売するとともに取引先小売業者に一般消費者のみに販売させるようにしてい

る行為を取りやめるとともに、取引先小売業者及び卸売業者との間で締結している特約店契約中の関係条項を削除しなければならない。」

2 事案を読み解くポイント

本件は、値引き販売禁止の拘束が消滅したとされる、平成9年11月ころより以前とそれ以降とに分解すると理解しやすい。平成9年11月ころより以前は、中古製品の取扱い禁止と横流し禁止は、いずれも値引き販売禁止の効果を強める役割をもっていたとされ、3つの義務を包括して旧一般指定12項に該当するとされた。この結論に対応するのが、排除措置の1である。

それに対して、平成9年11月ころ以降では、残っていた義務付けのうち、横流し禁止のみが旧一般指定13項に該当するとされた。この結論に対応するのが、排除措置の2である。排除措置の1は、すでに消滅した行為に対する措置であることが、その表現からわかる。それに対して、排除措置の2は、審判当時まだ残っていた義務付けに対する措置である。

以上のように、排除措置命令の具体的内容は、公取委による事実認定とそれに対する法令の適用に即応したものとなっている。

3 問題の所在と法的論点の解読

排除措置命令は、独占禁止法が禁止するすべての行為に対して発することができる。その根拠条文は、禁止行為ごとに7条、8条の2、17条の2、20条に分散して置かれているが、その書きぶりは、企業結合規制に係る17条の2を除いて、ほぼ同じである。本件は不公正な取引方法に係る事件なので、20条が排除措置命令の根拠となる。

20条は、その1項で、「事業者に対し、当該行為〔不公正な取引方法を禁止する19条に違反する行為ことを指す。―筆者〕の差止め、契約条項の削除その他当該行為を排除するために必要な措置」を命じ得ることを定めている。本件でいえば、2の命令がそれにあたる。

これに対して、20条2項は、3条違反行為に係る7条2項を準用し、7条2項によれば、違反行為がすでになくなっている場合でも、「特に必要があ

ると認めるときは……当該行為を排除するために必要な措置を命ずることができる」と定めている。2項に基づく排除措置命令は、「既往の違反行為に対する排除措置命令」と呼ばれ、本件でいえば、1の命令がそれにあたる。本件では、Yが公取委の立入検査後に講じた措置は、小売価格の拘束の効果を積極的に取り除くものではなく、単に値引き販売を放置したにすぎないので、命令をかけなければ価格拘束は再発するおそれがあった。そのことから「特に必要がある」と判断されたのだろう。

なお、本件とは事実関係が異なるが、カルテル事件では公取委の立入検査後にはほとんど違反行為は取り止められているが、立入検査をきっかけとした取り止めにすぎない場合が多いので、既往の違反行為に対する排除措置命令が発せられるのが通例である。

いずれにせよ、排除措置命令は、違反行為を「排除するために必要な措置」あるいは、それが「排除されたことを確保するために必要な措置」であれば、何でも命じられそうな書きぶりになっている。これでは、公取委に裁量権を認めすぎであり、裁量権が濫用されるおそれがないか懸念する人もいるかもしれない。

しかし、前述のように、排除措置命令の内容は、公取委による事実認定と法令の適用によって具体的に限界付けられており、しかも、その内容は審判手続（平成25年改正後は裁判）で争える仕組みとなっている。これによって排除措置命令の内容の適切さが担保されているのである。

なお、排除措置命令の違反に対しては、50万円以下の過料または刑罰（自然人に対しては2年以下の懲役または300万円以下の罰金、その雇い主に対して3億円以下の罰金をそれぞれ上限とする）が科される。

4 発展的問題

公取委の事実認定と法令の適用のあり方いかんにかかわらず、排除措置命令として絶対に命じることができない事柄があるといわれている。それは、価格の原状回復等、事業者による価格ないし料金設定そのものに対する介入である。なぜ、そのように考えられてきたのか、また、そのような考え方は

本当に妥当なのか、という論点がある。とても難しい問題だが、自分なりに考えてみてほしい。

第4節　課徴金納付命令

1　具体例②（土屋企業事件・東京高判平 16・2・20）

　平成13（2001）年2月9日、本件原告のXを含む、町田市において建設業を営む69名は、町田市発注の土木工事の取引分野における競争を実質的に制限し、不当な取引制限行為を行っていたとする公取委の勧告を受諾して、公取委は同趣旨の審決を行った。その後、平成13年8月1日に、公取委は、Xに対して、Xが落札、契約した4件の道路工事を対象役務として課徴金586万円の納付をXに命ずる旨の審決を行った。これに対し、Xが、課徴金の対象となった道路工事のうちの2件については受注調整を行ったことはないとして、これを課徴金の対象とした本件審決の取消しを求めて提訴した。

　本件で独占禁止法違反に問われた事実は以下の通りであった。すなわち、町田市内に本店または主たる事務所を置き同市において建設業を営むXら69名は、遅くとも平成8年11月15日以降、町田市が指名競争入札等の方法により発注する土木一式工事のうちの町田市内に本店または主たる事務所を有する者のみが指名業者として選定される工事について、受注価格の低落防止を図るため、次の合意の下に、話合いにより受注予定者を決定し、受注予定者が受注できるようにしていた。

　「ア　町田市から指名競争入札等の参加の指名を受けた場合には、次の方法により、受注予定者を決定する。
　　1）受注希望者が1名のときは、その者を受注予定者とする。
　　2）受注希望者が複数のときは、工事場所、過去の受注工事との関連性又は継続性等の事情を勘案して、受注希望者間の話合いにより、受注予定者を決定する。
　イ　受注すべき価格は、受注予定者が定め、受注予定者以外の者は、受注予定者がその定めた価格で受注できるように協力する。」

東京高裁は、受注調整がないと主張された2件のうち、1件については独占禁止法7条の2第1項にいう「当該商品又は役務」にあたらないとして、課徴金の計算の基礎とすることはできないと判示した。その際、独占禁止法7条の2について次のように判示した。
　「独占禁止法第7条の2第1項は、事業者が商品又は役務の対価に係る不当な取引制限等をしたときは、公正取引委員会は、当該事業者に対し、実行期間における『当該商品又は役務』の売上額を基礎として算定した額の課徴金の納付を命ずる旨を規定している。そして、『当該商品又は役務』とは、当該違反行為の対象とされた商品又は役務を指し、本件のような受注調整にあっては、当該事業者が、基本合意に基づいて受注予定者として決定され、受注するなど、受注調整手続に上程されることによって具体的に競争制限効果が発生するに至ったものを指すと解すべきである。そして、課徴金には当該事業者の不当な取引制限を防止するための制裁的要素があることを考慮すると、当該事業者が直接又は間接に関与した受注調整手続の結果競争制限効果が発生したことを要するというべきである。」
　そして、問題の物件については、次のような事実が認定された。すなわち、前記69名に含まれるTは、本件基本合意によれば本件工事は自社が受注予定者となるべき物件であると考え、X以外の他の指名業者から受注希望の連絡がないので了解が得られたものと考えたが、念のためXにその旨を確認したところ、Xが受注したいと述べた。Tの要請で、両者間で、2、3回話合いがもたれたが、Xは「仕事がないので受注したい」との一点張りで対応し、T側の説得には応じず、話合いは決裂した。Tは、X以外の指名業者に自己の入札価格を連絡したうえで入札に臨んだが、Xは、前記話合いの前に他の指名業者と連絡をとったことはまったくなく、話合いの後も他の指名業者に入札価格の連絡をするなど入札への協力を依頼しなかった。
　東京高裁は、以上の事実関係から、Xが「直接又は間接に関与した受注調整手続によって具体的な競争制限効果が発生するに至ったものとはいえない」として、当該工事は課徴金の対象となるとはいえないとした。

2　事案を読み解くポイント

　本件は平成17年独占禁止法改正以前の事件で、当時は、小売業および卸売業を除く事業で課徴金の算定率は6％とされており、課徴金の対象となる違反行為の範囲は現行法より限定されていた。しかし、これらの点を除く7条の2第1項の条文の基本構造は、当時も今も変わりはない。

　Xを含む69名が独占禁止法3条後段に違反したことは確かである。3条後段違反があれば、7条の2に基づいて、違反行為の対象となった商品役務の売上額に所定の比率を乗じて課徴金の金額を計算し、その納付を命じなければならないはずである。本件のような入札談合事件では、事業者が入札談合をやっている間に落札した工事の契約金額が売上額にあたる。

　ところが、東京高裁は、違反行為を行った期間における売上げであるにもかかわらず、課徴金算定の基礎から外れるものがあるというのである。このような場合があるということは、違反者にとっては、違反自体が認定されても課徴金が減らされるか、場合によっては0になることがあり得るということを意味する。その手掛かりとされた文言が、7条の2第1項の「当該商品又は役務」であった。

　しかし、違反行為自体は認定されているのにもかかわらず、課徴金の対象から外れる売上げの余地を認めるというのは、少し妙な感じもする。このような考え方の妥当性について考えるためにも、あらためて課徴金制度の趣旨を調べてみる必要がありそうである。

3　問題の所在―課徴金制度の変遷とその趣旨

　課徴金制度が独占禁止法に導入されたのは、その昭和52年改正のときである。当時、カルテルに対してとられる措置としては、事実上、排除措置しかなかった。損害賠償も刑事罰も、それぞれに固有の問題があり、機能していなかった。しかし、排除措置は、将来に向かってカルテルを止めろとしかいえず、カルテルの実行によって得られた利益は事業者の手元に残った。つまり、カルテルの「やり得」は残ったので、同一産業におけるカルテルの再発を防げなかった。利益が出るとわかっている以上、カルテルをやめる動機

が生まれないからである。そこで、このカルテルの「やり得」を吐き出させるために課徴金制度が構想された。

当初の課徴金制度は、カルテルによる不当な利益を国が徴収し、その限りにおいてカルテルの抑止を図る制度と性格付けられた。それは、上記のような背景の下で構想されたという事情に加えて、カルテルは刑事罰の対象ともなり得るため、同じカルテルが刑事罰と課徴金との両方の対象となることが想定され、その場合には二重処罰を禁止する日本国憲法39条に違反するのではないかという懸念があったからだといわれる。

いずれにせよ、このような制度趣旨を前提としつつ、課徴金を課すか課さないか、課徴金の金額をいくらにするかについて公取委に裁量の余地を認めない制度とされた。課徴金の対象とされる違反行為（3条後段ないし旧8条1項1号違反で、対価に係るもの、あるいは対価に影響するもの）が認定されれば、必ず課徴金の納付を命じなければならず、課徴金の金額は当該違反行為の実行期間中の対象商品役務の売上額に法定の比率を乗じて計算されなければならなかった。法定比率は、制度導入当初は4つの分類（「製造業」、「製造業・卸売業・小売業以外の業種」、「卸売業」、「小売業」）ごとに、平成3年改正以降は3つの分類（「卸売業・小売業以外の業種」、「卸売業」、「小売業」）ごとに一律に定められてきた。

本来カルテルによる利益の大きさは、ケースによってまちまちであり、また、同じカルテルの当事者の間でも異なるであろう。それにもかかわらず、大まかな産業分類ごとに一律の算定率が適用されることになったのである。前述の制度趣旨に照らすと、課徴金額は実際にカルテルによって得られる利益の額を超えてはならないことになるので、法定の算定率は、いわば最大公約数的な数値であることになる。このように公取委に裁量の余地を認めない制度設計としたのは、その方が、簡易迅速な事案の処理を可能にし、総体としてのカルテルの抑止につながると考えられたからだといわれる。

その後、平成3（1991）年に主として算定率を引き上げるための改正が行われたが、課徴金制度が抜本的に変更されたのは、独占禁止法平成17年改正と21年改正によってであった。

まず、平成17年改正によって、課徴金の対象となるカルテルの種類が増え、さらに支配型私的独占も対象に加えられた。そして、算定率が大幅に引き上げられ、基本の算定率を軽減ないし加重すべき場合が新たに設けられた。そのうえで、課徴金減免制度が導入された。これは、カルテルから離脱し、カルテルに関する情報を公取委に申告した事業者は、申告の順番に応じて、本来納めるべき課徴金を減免されるというものである。これは、諸外国の独占禁止法ですでに導入されていた「リニエンシー制度」の日本版ともいうべきもので、違反行為の立証を容易にするとともにカルテルの自壊を期待した制度である。

平成21年改正では、課徴金の対象行為が排除型私的独占や不公正な取引方法の一部にまで拡大されるとともに、課徴金減免制度における減免対象企業数の増加（従来の先着3社から5社へ）、企業グループ単位での申告等の変更が行われた。

これら一連の改正によって、課徴金制度の趣旨も変更されたと考えられる。課徴金を課すか課さないか、課徴金の金額をいくらにするかについて公取委に裁量の余地を認めない点は変わりがない。もっとも、基本の算定率から軽減される場合と加重される場合とが規定されたことから、当初に比べると事

○課徴金制度の見直し
・課徴金算定率の引上げ
　①製造業等＝大企業6％、中小企業3％　　　①製造業等＝大企業10％、中小企業4％
　②小売業　＝大企業2％、中小企業1％　→　②小売業　＝大企業3％、　中小企業1.2％
　③卸売業　＝大企業1％、中小企業1％　　　③卸売業　＝大企業2％、　中小企業1％
・違反行為を早期にやめた場合、上記の算定率を2割軽減した率
・繰返し違反行為を行った場合、上記の算定率を5割加算した事
・適用対象範囲の見直し（価格カルテル等→価格・数量・シェア・取引先を制限するカルテル・私的独占・購入カルテル）
・罰金相当額の半分を、課徴金額から控除する調整措置を規定

○課徴金減免制度の導入
・法定要件（違反事業者が自ら違反事実を申告等）に該当すれば、課徴金を減免
　立入検査前の1番目の申請者＝課徴金を免除
　立入検査前の2番目の申請者＝課徴金を50％減額
　立入検査前の3番目の申請者＝課徴金を30％減額　対象事業者数　合計3社
　立入検査後の申請者　　　　＝課徴金を30％減額

図15-4　平成17年改正における課徴金制度の変更（公正取引員会作成の資料より）

■課徴金制度等の見直し
(1) 課徴金の適用範囲の拡大
　(ア) 排除型私的独占
　(イ) 不当廉売、差別対価、共同の取引拒絶、再販売価格の拘束
　　　（それぞれ同一の違反行為を繰り返した場合）
　(ウ) 優越的地位の濫用
(2) 主導的事業者に対する課徴金を割増し（5割増し）
(3) 課徴金減免制度の拡充（最大5社、グループ申請可）
(4) 事業を承継した一定の企業に対しても命令を可能に
(5) 命令に係る除斥期間の延長（3年⇒5年）

課徴金算定率　　　　（　）内は中小企業の場合

		製造業等	小売業	卸売業
（現行法）	不当な取引制限	10%（4%）	3%（1.2%）	2%（1%）
	支配型私的独占	10%	3%	2%

 ＋ 改正法で追加

		製造業等	小売業	卸売業
（改正法）	排除型私的独占	6%	2%	1%
	不当廉売、差別対価等	3%	2%	1%
	優越的地位の濫用		1%	

図15-5　平成21年改正における課徴金制度の変更（公正取引委員会作成の資料より）

案の性質に応じた金額算定の余地は広がった。大きく変わったといわれているのは、カルテルの不当な利益を徴収するという制度趣旨に関する説明である。

　この説明は、実際の利益以上に徴収できないという意味で、立法論（新しい法律を作ったり、既存の法律を改正したりするときに、その内容をどのようなものにすべきかについての議論）において課徴金額を抑制する要因として機能してきた。しかし、今や、課徴金は、違反行為の抑止を図るために課される金銭的不利益であり、違反行為の抑止のためであれば、事業者が違反行為によって実際に得た利益を超える金額を徴収することも可能とされたのである。

4　法的論点の解読

　さて、そうすると、少なくとも平成17年改正後においては、個々の入札取引においてどれだけ受注調整が機能したかによって「当該商品又は役務」に該当するかしないかを区別するなどという運用に必然性があるのか、疑問が生じてくる。具体的には次のようなことである。

個々の入札取引において基本合意が守られない事例がみられたとしても、基本合意の影響の下に事業者が行動した限りにおいては、受注調整が失敗した入札取引も含めて課徴金を算定してもかまわないのではないか。また、課徴金制度は、当初から簡易迅速を旨として制度設計されているのに、個々の入札取引における受注調整の成否を判断しなければならないというのは矛盾ではないのか。およそ不当な利益の徴収という足かせが外れた以上は、課徴金額算定の基礎となる売上額についても、利益の不当性を問うことなく機械的に判断してよいのではないだろうか。

　なお、第4章第2節で取り上げた多摩談合事件（新井組）最高裁判決は、本節で取り上げた東京高裁判決と同様に、具体的な競争制限効果が生じた入札物件の売り上げのみが7条の2第1項にいう「当該商品又は役務」にあたるとしている。具体的な競争制限効果の認定のあり方については、第4章第2節を参照してもらいたい。

5　発展的論点

　ここでは2点だけ指摘しておく。

　ひとつには、平成17年改正後の課徴金制度は違反行為によって事業者が実際に得た利益以上の課徴金が徴収されてもかまわないという割り切りに基づいているとされるが、そうだとすれば、日本国憲法39条に違反するおそれはないだろうか。第17章でみるように、1990年代以降、刑事罰は実際に発動されてきている。刑罰と課徴金との併科は現実の問題となっている。この点、日本国憲法39条の趣旨を再検討するとともに、刑事罰と課徴金とで、趣旨の共通する点と異なる点とをあらためて整理する必要がありそうである。

　もうひとつは、憲法問題とも関連するが、今後の課徴金制度の改革の展望をどう描くかという問題である。現行の課徴金制度は、公取委の裁量をなくした分、事案の性格に応じた柔軟な運用を妨げているのではないかという指摘がある。そこで、今後の立法論の焦点は、公取委に裁量の余地を認めるかどうかになりそうである。しかし、ここでも、前述の二重処罰禁止の要請との抵触の問題が再浮上する可能性がある。

第 16 章
民 事 救 済

第 1 節　民事救済の概要

　本章では、私人が独禁法違反行為によって損害を被った場合、あるいは、そのおそれがある場合に、損害の回復や予防のために何ができるかという問題を取り上げる。このような場合、被害を被った側（「被害者」）が、被害をもたらした側（「加害者」）を被告として民事裁判を提起して、加害者に損害賠償や差止を裁判所に請求する。

1　損害賠償

　まず、民事裁判を通じて損害賠償を請求する場合が考えられる。
　違法行為によって被った損害の回復を求める根拠規定としては、不法行為に関する民法709条が存在する。独占禁止法違反行為に関しても民法709条を根拠として損害賠償を請求できることについては、今日では疑いがない。
　これとは別に、独占禁止法の中に25条という規定が存在する。これは、民法709条に基づく責任が故意ないし過失を要件とするのに対して、独占禁止法違反行為（より正確には、3条、6条、8条、19条の違反）について無過失責任を定めるものである。ただし、独占禁止法25条を根拠とする場合には、すでに問題の独占禁止法違反行為について公取委による排除措置命令ないし課徴金納付命令が確定していることが必要とされる（独禁法26条）。また、独占禁止法85条の2により、独占禁止法25条による損害賠償に係る訴訟の第一審の裁判権は東京地方裁判所のみが有するものとされている。
　したがって、訴訟の原告が請求を認容してもらうために立証しなければならない要件は、民法709条が根拠となる場合は、①加害行為の違法性（独禁

法違反行為の存在)、②損害の発生、③加害行為と損害との因果関係、④加害者の故意・過失となり、独占禁止法25条が根拠となる場合は、このうちの①から③までとなる。「立証しなければならない」ということの意味は、各要件が充たされていることについて裁判官を説得しない限り、原告の請求は認められないということである。しかし、各要件が充たされているといえるために、何をどこまで証明すべきなのかは、必ずしも明確とはいえなかった。とりわけ、②と③の要件が議論の焦点となってきた。

　なお、④の要件については、加害行為が独占禁止法に違反することを加害者が認識していたか、少なくとも認識することが可能であったことの証明が求められるとされるが、加害者が加害行為の反競争効果を認識していたことをもって要件の充足を認めた判決例が存在する。そうすると、通常は、①の証明ができさえすれば、④の証明はさほど難しくない。独占禁止法25条は、④の証明を不要とすることによって原告の負担を軽減するための規定だと説明されてきたが、実際には、原告の負担軽減に劇的に効果があるとはいえない。それどころか、公取委の命令が確定しなければ援用できないとか、審理する裁判所が限定されるといった制約がつきまとう。25条を根拠とする訴訟の他のメリットとしては、独占禁止法84条に基づいて裁判所が公取委に損害額についての意見を求めることができること(「求意見制度」と呼ばれる)が挙げられる程度である。かつては、独占禁止法25条を根拠とする訴訟では、裁判所は違反行為に関する公取委の事実認定に法的に拘束されるとする学説も存在したが、後述のように、裁判所はこのような見解を採用していない。独占禁止法25条の存在意義が疑われる状況だといえよう。

　さて、実際の訴訟は、カルテルによる価格上昇によって損害を被ったとして違反行為者の顧客が訴える場合と、排他的効果をもつ独占禁止法違反行為によって加害者の競争者ないし取引相手が本来得られたはずの利益(「逸失利益」と呼ばれる)が失われたとして訴える場合とに大別できる。本章では前者に絞って、第2節で解説する。

2 差　　止

　次に、民事裁判を通じて違反行為の差止を請求する場合が考えられる。独占禁止法24条は、不公正な取引方法に限って、このような請求を認めている。これは、私人による独占禁止法違反行為の監視を強めようとする趣旨で平成12年独占禁止法改正によって新設された規定である。もともと、日本の民事法の世界では、差止は、損害賠償では紛争の解決が難しい、例外的な場合にしか認められない救済手段として位置付けられてきた。だからこそ、独占禁止法違反行為について差止を認めるに際しても法改正が必要だったのである。

　しかし、このようにしてできた独占禁止法24条の条文には、知的財産法における類似の規定にはない、「著しい損害」という独自の要件が定められた。これは、知的財産権侵害の場合とは異なり、独占禁止法違反行為については、損害賠償では回復し得ないような権利ないし利益の侵害が直ちに発生するとは限らないという判断によるのかもしれない。この要件の意味については学説上争いがあるが、判決例では、侵害行為と非侵害利益の態様に照らして、違反行為による原告の利益侵害に高度の違法性がある場合を指すと解されている。このような解釈が原告にとって高いハードルとなったことも一因となって、長らく独占禁止法24条に基づく請求は認められてこなかったが、最近になって請求が認められる例も出てきた。

第2節　損害賠償の論点

1　具体例①（鶴岡灯油損害賠償請求事件・最判平元・12・8）

　第4次中東戦争の勃発に伴う原油価格の急騰に伴い、石油製品の製造販売業者（以下「石油元売業者」という）は、昭和47（1972）年11月から翌年11月まで5回にわたって、灯油を含む石油製品について値上げ協定（以下「価格協定」という）を行った。昭和49（1974）年2月5日に公取委は、独占禁止法3条後段違反を理由に価格協定の破棄を求める勧告を行い、石油元売業者がこれを応諾したので、同年2月22日に同内容の勧告審決を行った。その後、

価格協定による灯油等の価格引上げによる損害の回復を求めて、山形県鶴岡市の消費者は、石油元売業者に対して民法709条を根拠とする訴訟を提起した。第一審は請求を棄却したが、控訴審は請求を一部認容したので、石油元売業者が上告。

最高裁は、控訴審判決を破棄したうえで請求を棄却する判決を下した。最高裁は、勧告審決の存在だけで事実上の推定を働かせて違反行為の存在を推認した原審判決は妥当でないと判示した後、損害の存在、加害行為と損害との因果関係に関する論点について次のように判示した。

「本件のような石油製品の最終消費者が、石油元売業者の違法な価格協定の実施により損害を被ったことを理由に石油元売業者に対してその賠償を求めるためには、次の事実を主張・立証しなければならないものと解される。

まず、(一) 価格協定に基づく石油製品の元売仕切価格の引上げが、その卸売価格への転嫁を経て、最終の消費段階における現実の小売価格の上昇をもたらしたという因果関係が存在していることが必要であり、このことは、被害者である最終消費者において主張・立証すべき責任があるものと解するのが相当である。

次に、(二) 元売業者の違法な価格協定の実施により商品の購入者が被る損害は、当該価格協定のため余儀なくされた支出分として把握されるから、本件のように、石油製品の最終消費者が石油元売業者に対し損害賠償を求めるには、当該価格協定が実施されなかったとすれば、現実の小売価格(以下「現実購入価格」という。)よりも安い小売価格が形成されていたといえることが必要であり、このこともまた、被害者である最終消費者において主張・立証すべきものと解される。もっとも、この価格協定が実施されなかったとすれば形成されていたであろう小売価格(以下「想定購入価格」という。)は、現実には存在しなかった価格であり、これを直接に推計することに困難が伴うことは否定できないから、現実に存在した市場価格を手掛かりとしてこれを推計する方法が許されてよい。そして、一般的には、価格協定の実施当時から消費者が商品を購入

する時点までの間に当該商品の小売価格形成の前提となる経済条件、市場構造その他の経済的要因等に変動がない限り、当該価格協定の実施直前の小売価格（以下「直前価格」という。）をもって想定購入価格と推認するのが相当であるということができるが、協定の実施当時から消費者が商品を購入する時点までの間に小売価格の形成に影響を及ぼす顕著な経済的要因等の変動があるときは、もはや、右のような事実上の推定を働かせる前提を欠くことになるから、直前価格のみから想定購入価格を推認することは許されず、右直前価格のほか、当該商品の価格形成上の特性及び経済的変動の内容、程度その他の価格形成要因を総合検討してこれを推計しなければならないものというべきである。」

この点、原審は、石油業界では販売競争が激しく、仮に原価上昇等の値上がり要因があったとしても石油元売会社の個別的な判断と努力によっては容易に値上げできない実状があったことから、価格協定の締結がない場合には通常、価格協定直前の価格がそのまま継続すると考えた。そして、元売ないし流通段階に顕著な値上がり要因があり、価格協定の締結がない場合でも具体的な値上げ時期および値上げ幅の割合をもって価格の上昇が確実に予測されるような特段の事情のない限り、価格協定直前の小売価格をもって想定購入価格と解するのが相当としていた。

これに対して、最高裁は、原油価格の顕著な上昇の継続、白灯油の需要の飛躍的な増加、いわゆる狂乱物価の時期における一般消費生活物資の顕著な値上がり、旧通産省により元売仕切価格についてされた指導上限価格の設定（上限価格を設定し、その範囲内での価格の変動を認めるという内容だったとされている）、流通段階における仕入価格の上昇、流通段階における人件費の上昇といった各事実を合わせ考慮すれば、本件各協定の実施当時から被上告人（原告）らが白灯油を購入したと主張している時点までの間に、民生用灯油の元売ないし流通段階における経済条件、市場構造等にかなりの変動があり、直前価格をもって想定購入価格と推認するに足る前提要件を欠くとした。そして、本件では、民生用灯油の価格形成上の特性及び経済的変動の内容、程度等の価格形成要因（とりわけ想定元売価格の形成要因）について何ら立証がないことか

ら、本件各協定が実施されなかったならば現実の小売価格よりも安い小売価格が形成されていたとは認められないとした。

2 事案を読み解くポイント

1973年の第4次中東戦争の勃発に伴い石油輸出国機構（OPEC）加盟産油諸国は原油価格を大幅に引き上げ、これを契機として、日本において「狂乱物価」と呼ばれる諸物価の異常な高騰が起こった。いわゆる「第1次石油ショック」である。もっとも、昭和48（1973）年10月下旬から昭和49年3月にかけ卸売物価が22％上昇した一方で、産油国の原油価格引上げなど石油ショックそのものを原因とする卸売物価の押し上げ分は11％にすぎなかったといわれる。消費者の買い急ぎ行動の影響もあったが、企業による買い占め・売り惜しみ・便乗値上げが物価高騰に大きな影響を及ぼしたといわれる。

このような時代背景の下、公取委は石油元売業者によるカルテルを摘発し、上記の勧告審決を行ったほか、刑事告発も行い、石油価格協定事件では元売業者とその担当者に有罪判決が下された（最判昭59・2・24）。この同じ石油カルテルについて提起された損害賠償請求事件が本件である。ちなみに、東京および神奈川の消費者は、本件とは別に、独占禁止法25条に基づく損害賠償請求訴訟（東京灯油訴訟）を提起したが、当時25条訴訟での専属管轄権を有していた東京高裁は請求を退け、最高裁も控訴審の判断を維持した（最判昭62・7・2）。本件の原審（控訴審）判決（仙台高秋田支部判昭60・3・26）は、唯一、原告の請求を認容するものだったが、その後に東京灯油訴訟の最高裁判決が下されたため、本件原審判決もまた破棄を免れないのではないかといわれていたが、結果的にその通りとなった。

3 問題の所在

本件判決は、独占禁止法違反行為について損害賠償請求が認められるためのハードルの高さを印象付けるものであった。具体的な論点としては、①違反行為の立証とその中での勧告審決の位置づけ、②損害の発生、③価格協定

に基づく石油製品の元売仕切価格の引上げと最終の消費段階における現実の小売価格の上昇との因果関係、が取り上げられている。先に紹介した判旨は主として②の論点に関わっている。最高裁判決は、原審判決と比べて原告に重い立証負担を課しているように見える。最高裁の理論はどのような根拠に基づいているのであろうか。そして、それは妥当なのだろうか。以下では、②を中心としながら、①と③の論点についても解説する。

4　法的論点の解読
(1) 違反行為の存在と公正取引委員会の確定審決の存在

　まず、①の論点とは、本件のようにすでに専門機関である公取委が違反を認定する審決を行っている事件において、当該審決の内容が違反行為の立証においてどのように考慮されるのかである。仮に公取委の事実認定に裁判所が拘束される（つまり、裁判所としては、独自に証拠調べをするまでもなく違反行為の存在についての公取委の事実認定をそのまま受け入れる）とすれば、原告の負担はかなり減じられるだろう。しかし、最高裁も学説の多数も、公取委の事実認定にこのような意味での拘束力を認めていない。行政機関の判断に裁判所が拘束されるとすれば、三権分立の理念に反するおそれがあるからである。

　もっとも、最高裁は、独占禁止法違反を認定する公取委の確定審決が、後に提起された訴訟において有力な証拠になり得ることまで否定したわけではない。公取委の確定審決は、その内容を覆すような別の有力な証拠が被告から提出されない限り、一応正しいものと扱う（つまり、それをもって違反行為の存在を「事実上推定する」）ことは許されるとしている。ただし、確定審決がどのような経緯・手続で行われたかによって、事実上の推定が働く程度は変わるとされた。

　本件で問題となった勧告審決は、平成17年独禁法改正前の、排除措置が確定する前の事前手続として審判手続が位置付けられていた頃の制度である。当時の手続では、公正取引委員会が違反行為の排除を求める勧告をした後、その内容に不服がある者の請求によって審判手続に移行するとされていたが、勧告の内容を企業が争わない場合にはそれをもって審決を下すことができ、

これを「勧告審決」と呼んでいた。企業は、独占禁止法違反の存在について異論をもっていたとしても、時間や費用等を考慮してあえて争わないと判断する場合がある。だから、勧告審決の存在だけで違反行為の存在を認めることはできないと最高裁はいうのである。その後、排除措置命令等を行うための独禁法の手続は変更されたが、この論点に関する最高裁の考え方は今日でも生きていると思われる。

(2) 損害の発生

②の論点は、本件価格協定によって損害が発生したといえるかどうか、である。価格カルテルによって購入者はより高い価格で商品を買わされるのが通常だから、購入者の実感としては、損害が発生していることは当然のように思える。しかし、損害に関する不法行為法の一般論をあてはめると、損害の発生は必ずしも当然とはいえなくなる。不法行為法の一般論として、損害とは、加害行為がない場合に存在した状態と、当該行為の結果として現に存在する状態との比較（差額）によって存否が決せられる（差額説と呼ばれる）。これを価格カルテルにあてはめると、どうなるか。本件判決が述べているように、カルテル実行期間中の当該商品の購入価格から、カルテルが存在しなければ存在したであろう購入価格（「想定購入価格」）を差し引いた額に、カルテル実行期間中の購入数量を乗じて得た額が損害だということになる。式で表すと以下のようになる。

<u>（現実の購入価格 − 想定購入価格）×購入数量</u>

ここで注意を要するのは「想定購入価格」という概念である。これは、実際にカルテルが行われた期間において、もしカルテルが行われなかったらどのような価格になっていたかを問うのである。いわば仮想の世界における価格なのである。しかし、仮想の世界において何が起きるかは、誰も知ることができない。これを証明しなければ原告は負けるとすれば、この種の訴訟は最初から勝負が決まっているようなものである。

さすがに最高裁もそこまで原告に求めるのは酷だと考え、その代わりに、「当該価格協定の実施直前の小売価格（以下「直前価格」という。）をもって想定

購入価格と推認するのが相当」とした。これも、先に見た「事実上の推定」の一例であり、裁判所は、被告側からそれを覆す有力な証拠が提出されない限り、直前価格を想定購入価格と考えて損害額を算定するというのである。このような考え方は「前後理論」と呼ばれている。ただし、重要な前提条件が付されていることに注意しなければならない。「協定の実施当時から消費者が商品を購入する時点までの間に小売価格の形成に影響を及ぼす顕著な経済的要因等の変動」がある場合には前後理論の適用はない。そして、その場合には、想定購入価格は、「右直前価格のほか、当該商品の価格形成上の特性及び経済的変動の内容、程度その他の価格形成要因を総合検討して」推計しなければならず、その立証責任は原告にあるというのである。

　本件では、「協定の実施当時から消費者が商品を購入する時点までの間に小売価格の形成に影響を及ぼす顕著な経済的要因等の変動」があったと判断された。いろいろな要因が挙げられているが、何といっても「原油価格の顕著な上昇の継続」がこの判断に大きく影響したと思われる。つまり、原油の価格はカルテル実施期間中に高騰し続けたのだから、仮にカルテルが存在しなかったとしても、いくらかは石油製品の価格は高騰したかもしれない。そのような推論が成り立つ以上、直前価格と現実の価格との差額をもって損害と推論することはできなくなるというのが最高裁のいいたいことであろう。

　この点、原審は、価格協定の締結がない場合でも具体的な値上げ時期および値上げ幅の割合をもって価格の上昇が確実に予測されるような特段の事情のない限り、直前価格をもって想定購入価格と事実上推定できるとしていた。原審は、明らかに、直前価格をもって想定購入価格と推論してよい場合を最高裁よりも幅広く認めていた。

　最高裁が前後理論の適用範囲を狭めたことに対しては、そもそも、本件価格協定の動機を理解しないものであるという批判があった。本件価格協定は、原油価格の高騰分を石油製品の価格に可能な限り転嫁するために行われた。ということは、逆にいえば、本件価格協定は、それがなければ転嫁が難しいと考えられたからこそ、行われたともいえる。そうすると、価格協定が行われなかった仮想の世界と価格協定が行われた現実とを比較すると、前者にお

ける方が、石油製品の価格は安かったということはほぼ確実にいえそうである。ただ、原審判決がいうように、価格協定が行われなかった仮想の世界において直前価格がそのまま維持されたとまでいえるかどうかについては、確かに意見が分かれるかもしれない。

　最高裁は、価格協定が行われなかった仮想の世界と価格協定が行われた現実とで石油製品の価格に差があることそれ自体ではなく、差額の確からしさを重視しているように見える。本件のように「原油価格の顕著な上昇の継続」という要因がある事案においては、確かに、直前価格がそのまま維持されるとまでいえるか疑問が残り、したがって、直前価格を基準とした差額の計算にも疑問が残る。だから、前後理論は適用できないというのであろう。最高裁は、損害の存否の問題と損害額の算定の問題とを不可分の関係として捉えていることがわかる。

　これに対しては、損害の存否の問題と被害者に認められるべき損害額の算定の問題とは切り離すべきであり、本件の場合には、損害が発生したこと自体は明白なので、原告が損害額の算定ができなかったことをもって請求を棄却するのは妥当でないという批判があった。この見解によれば、回復されるべき損害額について原告が主張する算定方法が合理的でないとすれば、裁判所の責任において合理的な算定を行うべきことになる。確かに、損害が発生したことがほぼ確実なのに、被害者に何も補償がないのは不合理である。

　なお、本件判決後10年近くたってから民事訴訟法が改正され、新たに248条の規定（以下「民訴法248条」という）が新設された。そこでは、次のように述べられている。

　「損害が生じたことが認められる場合において、損害の性質上その額を立証することが極めて困難であるときは、裁判所は、口頭弁論の全趣旨及び証拠調べの結果に基づき、相当な損害額を認定することができる。」

　この規定は、まさに本件のような状況を念頭に置いて、損害の存否の問題と損害額算定の問題との切り離しを図っている。この規定を使えば、本件でも請求は認容されたかもしれない。その実際の使われ方は次節で見る。

(3) カルテルによる上流の取引段階における価格引上げと下流の取引段階における価格上昇との間の因果関係

　石油製品は、第一次卸売業者から第二次卸売業者、小売業者へと転売され、最後に小売業者から消費者に販売されていた。本件の原告は消費者であり、直接的には、小売業者から購入した石油製品の価格上昇によって被害を被った。しかし、本件価格協定は、元売仕切価格、つまり、元売業者が第一次卸売業者に販売する際の価格の引上げを図るものであった。そこで、本件価格協定と損害との間に、因果関係、つまり、「本件価格協定がなければ損害は発生しなかった」という関係を認めることができるかが問題となった。

　第一次販売業者と第二次販売業者との間の取引、第二次販売業者と小売業者との間の取引、小売業者と消費者との間の取引のそれぞれにおいて競争があり、またそれぞれに固有の経費がかかるとすれば、価格協定による値上がり分がそのまま石油製品の価格に転嫁されるとは限らない。そうだとすると、原告が因果関係を証明するためには、自分が小売業者から購入した石油製品が、いつ、どの第二次卸売業者から、いくらで仕入れられたのか、次に、どの第一次卸売業者から、いつ、いくらで仕入れられたのか、といった具合に、流通過程を、いわば下流から上流へと遡って、転嫁の有無と程度を証明しなければならないことになる。これは、かなり難しい作業だと想像される。

　この点について最高裁は判断をしていない。他方、原審判決は、価格協定が通常はその末端価格への波及を狙っていることや、石油業界では流通系列化が進んでいることに照らして、ⅰ）元売業者による石油製品の元売仕切価格の引上げ、ⅱ）その後、協定の影響下にあると認められる時間的、場所的範囲内において小売価格が上昇していること、の２つを証明すれば、因果関係は事実上推定されるとした。これは、石油業界の特殊性に照らして原告の立証負担を軽減する考え方として注目に値する。ただ、流通系列化が顕著でない業界について同じ議論が適用できるとは限らない。違反行為者からの間接の購入者による損害賠償請求については、直接の購入者による請求に比べて、認容のためのハードルが一層高いのは確かである。

第3節　入札談合事件における新たな展開

1　具体例②（神戸市ストーカ炉談合住民訴訟事件・大阪高判平19・10・30）

　平成14年改正前の地方自治法242条の2第1項4号は、普通地方公共団体の職員について「違法若しくは不当に公金の賦課若しくは徴収若しくは財産の管理を怠る事実」がある場合に、「当該行為若しくは怠る事実に係る相手方」に対して、当該地方公共団体に代わって、そこに住む住民が損害賠償請求を行うことを認めていた。神戸市の住民である原告（被控訴人）らは、この規定に基づいて、神戸市に代わって、プラントメーカーである被告に対して損害賠償請求を行った。

　請求の根拠は、次のようなものであった。すなわち、神戸市が被告との間で締結したごみ焼却施設の建設工事の請負契約は、当該工事の指名競争入札において、その参加者である被告（控訴人）を含む5社のプラントメーカーが談合をして被告を受注予定者とする受注調整を行った結果、被告が落札して締結されたものであり、これによって、神戸市は、入札参加者間で公正な競争が確保された場合に形成されたであろう正常な想定落札価格と契約代金との差額相当額の損害を受けたから、被告に対し不法行為に基づく損害賠償請求権を有している（にもかかわらず、その行使を違法に怠っている）、と。原審は、被告を含む5社が上記工事に関して談合を行い、その結果、神戸市が少なくとも契約金額の5％に相当する損害を受けたと認定した。

　控訴審において大阪高裁は、本件の訴えが地方自治法242条の2第1項4号の諸要件を充たすことを認めた後、関係者の供述、その内容を裏付けるメモ、さらに、違反行為期間中に地方公共団体が指名競争入札等で発注したストーカ炉について被告ら5社の落札率の平均値とそれら以外の者の落札率の平均値との間に有意な差が見られることなどを総合して、「遅くとも平成6年4月以降、地方公共団体発注のストーカ炉建設工事について、受注機会の均等化を図るため、控訴人ら5社の会合において、物件をストーカ炉の規模により3分類に分けて受注を希望する社が受注希望を表明し、それが1社で

あれば、その社が受注予定者となり、2社以上の場合は話合い等で受注予定者を決定し、受注予定者が積算した価格を他の4社に連絡をすることにより、控訴人ら5社の間で受注予定者が受注できるように協力を行い、控訴人ら5社以外のプラントメーカーも指名業者に入った場合は、受注予定者が当該プラントメーカーと話し合う等の調整を行うという基本合意」の成立を認めた。

そのうえで、大阪高裁は、本件で損害賠償の対象となった工事（以下、「本件工事」という）について個別談合の存在を直接的に裏付ける証拠がなかったにもかかわらず、本件工事について、被告を受注予定者とする個別談合が行われ、これに基づいて被告が本件工事を受注したと推認できるとした。

次に、損害の発生について、大阪高裁は、神戸市は、被告ら5社による本件工事における談合によって、入札参加者の自由競争によって形成されたであろう想定落札価格に基づく契約金額と実際の契約金額との差額分の損害を受けたと認められるとした。そのうえで、損害額については、次のように判示した。

「本件工事における想定落札価格は、現実には存在しなかった価格であり、しかも、想定落札価格は、入札当時の経済情勢、入札参加者の数・事業規模・価格競争力・受注意欲等、当該工事の規模・種類・特殊性、地域の特性等の種々の価格形成要因が複雑に絡み合って決定されるため、証拠に基づいて具体的に想定落札価格を認定することは極めて困難である。

そうすると、本件では、控訴人の談合行為によって神戸市に損害が生じている点は認められるものの、損害の性質上その額を立証することが極めて困難であるときに該当するといえるから、民訴法248条を適用して相当な損害額を認定すべきである。」

大阪高裁は、損害額の算定にあたり、平成6 (1994) 年4月1日から平成10 (1998) 年9月17日までの間に地方公共団体が指名競争入札等の方法により発注したストーカ炉の建設工事について、控訴人ら5社のうちいずれかが受注した工事の落札率（落札率については、45-46頁を参照されたい）の平均値は約96.6%であるのに対し、被告ら5社以外の者が受注した工事の落札率の平

均値は約 89.8％であり、その差が 6.8％であること、平成 10 年 9 月 17 日から平成 16（2004）年 7 月 31 日までの間の地方公共団体が指名競争入札等の方法により発注したストーカ炉の建設工事の落札率の平均値が 91.9％、そのうちの被告ら 5 社が受注した工事の落札率の平均値が 90.1％であり、平成 6 年 4 月 1 日から平成 10 年 9 月 17 日までの間の被告ら 5 社が受注した工事の落札率の平均値から 6.5％低下したにとどまることを指摘したうえで、「上記の諸事情を総合考慮すると、本件における損害額は、本件落札価格に基づく契約金額の 6％に相当する額と認めるのが相当である」とした。

2 事案を読み解くポイント

本件判決は、入札談合の事実とそれに伴う事業者（さらには発注者である地方公共団体）の責任を明らかにしようとする住民運動の成果の一つであった。そのような住民運動にとって強力な武器となったのが、平成 14 年改正前の地方自治法 242 条の 2 第 1 項 4 号が定める住民代位訴訟の制度であった。本件に即してその考え方を要約すると、次のようになる。つまり、本件の入札談合によって、発注者としての神戸市は損害を被っており、その回復を求める権利をもっているはずなのに、その権利を行使しようとしないのは、「違法若しくは不当に……財産の管理を怠る事実」にあたる可能性がある。その場合、神戸市の住民である原告が神戸市に代わって損害賠償請求訴訟を起こすことが認められるというのである。これは、地方公共団体における財務会計とそれに関連する行政活動を、住民が裁判を通じてコントロールすることを認めるもので、住民の参政権の一種として保障されていた。

入札談合との関わりでいえば、発注者の立場にある地方公共団体の職員が談合をそそのかしたり、談合のために事業者に便宜を図ったりすることが少なくないわが国では、損害賠償請求訴訟を起こすことを地方公共団体に期待することが難しいという事情がある。そんな中で、地方自治法 242 条の 2 第 1 項 4 号は、威力を発揮してきたわけである。

平成 14 年改正によってこの規定は改正され、現在では、住民は、地方公共団体の執行機関等を被告として損害賠償請求等をすべきことを求める訴訟

を起こすことができるにとどまり、「当該行為若しくは怠る事実に係る相手方」（本件に即していえば、談合をした事業者）への損害賠償請求は当該地方公共団体自身が行うものとされている。地方公共団体自身に説明責任をよりよく果たさせるための改正だといわれているが、住民運動の立場からすれば、従来よりも迂遠な手続を強いられることになり、その力を削ぎかねない改正であったといえる。

しかし、近年では、発注者自らが原告となって損害賠償請求訴訟を提起する例も見られるようになっている。こうして、前節で見た損害賠償請求をめぐる議論は、入札談合事件において新たな展開を見せた。

3　問題の所在と法的論点の解説

前節で取り上げた価格カルテル事件においても、本節で取り上げた入札談合事件においても、損害賠償請求が認められるために原告が直面する課題は、基本的には同じである。どちらにおいても、損害の発生に関しては、違反行為の期間中に、違反行為の対象となった取引において、仮に違反行為がなかったらどのような価格になっていたかが問われ、それを基準として損害の存否と額が判断される。

しかし、前節で取り上げた事件の当時は、現在の民訴法248条に相当する条文は存在していなかった。本件では、この条文が、請求が認められるのに貢献したと思われる。前節で述べた、損害の存否と損害額の算定との切り離しが可能となったのである。この点は、原告にとって大きな前進であった。

ただ、民訴法248条の下で、実際にどのようにして損害額が算定されるのかについてはあいまいさが残った。本件では、原告側から、損害額の算定に関する証拠として、入札談合があった場合とそうでない場合との落札率の差（およそ15〜20％）や、談合が終了した後の落札価格の下落率（およそ16〜19％）に関するデータが示された。しかし、大阪高裁は、これらのデータの基礎になった入札取引と本件工事とでは、「工事の規模・種類・内容、入札参加者の数・事業規模・価格競争力・受注意欲等、社会経済情勢、地域の特性等の価格形成要因の類似性」が見られないとして、これらのデータに基づ

いて損害額を算定することを拒否したのである。大阪高裁が実際に損害額算定の基礎としたデータについてはすでに見た。結果として、原告の主張よりも損害額がかなり小さく見積もられたことがわかるであろう。うがった見方をすれば、本件で民訴法248条は、請求認容額を縮減する根拠として機能したといえないこともない。

4　発展的論点

入札談合事件における損害額の算定に関しては、他にもいろいろな方法が試みられている。たとえば、平成17（2005）年10月1日解散前の日本道路公団（旧公団）が実施した高速道路情報表示設備工事の競争入札に際して行われた入札談合に係る損害賠償請求事件（東京高判平22・10・1―独禁法25条に基づく訴訟）を取り上げてみよう。本件で、東京高裁は請求を一部認容したが、裁判では損害額の認定のあり方がひとつの争点となった。この点について東京高裁は次のように判示した。

　　「談合行為によって発注者が被った損害は、談合行為がなければ存在したであろう落札価格（想定落札価格）と現実の落札価格との差額であり、想定落札価格は、違反行為がされる直前の落札価格をもって想定落札価格と推認するのが相当であるが、違反行為が、認定された違反行為以前にも存在していた疑いがあり、それが相当長期にわたる場合には、違反行為の終了後の公正かつ自由な競争によって行われた入札における現実の落札価格を基礎として、想定落札価格を推計することが相当である。そして、入札の対象となる物件の規模、仕様等が異なるために比較できる同一の物件がなく、現実の落札価格を用いた推計が適さない場合には、違反行為の対象となっていない物件の現実の落札価格と予定価格との比率（落札率）を用いることが相当といえる。この場合、違反行為が行われていた期間と、価格形成の前提となる経済条件、市場構造その他の経済的要因の著しい変動がない期間における相当数の同種事例を抽出する必要があるというべきである。本件入札談合では、本件審決に照らせば、本件入札談合が認定された平成13年4月1日以前にも、被告らが同様

の違反行為を行っていた疑いがあることから、違反行為が終了した後の相当期間内における複数の同種入札事例を基礎とするのが相当であるところ、旧公団が発注する工事は、物件ごとに規模や仕様等を異にするので、その平均的な落札率を用いて想定落札率を算定した上、これを用いて損害額を推計する手法によることに一応の合理性を認めることができる。」

本件では、違反行為が終了した後である平成16年9月1日から平成19 (2007) 年12月31日までの期間のうち、被告らが旧公団から指名停止を受けていた平成17年4月1日から同年12月21日までの期間を除外した期間における本件各工事と同種の入札事例が69あり、その現実の落札率を平均すると86.49％となるとされた。これが本件での想定落札率とされ、本件各工事につき、この想定落札率を用いて想定最終契約金額を算定したうえで、これと現実の最終契約金額との差額に基づいて損害額が認定された。

この判決では、民訴法248条の適用によって合理的な金額を算定すべきとした被告の主張が退けられている。原告が主張した損害額の算定方法が「合理的」と評価されたため、民訴法248条の助けを借りずに請求が認容されたわけである。この判決は、損害額の算定が「合理的」と評価されるために原告はどんな情報を揃える必要があるかを考える際に参考となりそうである。民訴法248条の助けを借りて請求が認容された、神戸市ストーカ炉談合住民訴訟とどこが違うか、各自で考えてもらいたい。

第17章

刑　事　罰

第1節　制度の概要

1　刑罰規定の概要と両罰規定の意味

　独占禁止法における刑事罰の制度には、いくつか特徴がある。

　まず、独占禁止法の刑罰規定のうち、排除措置命令の違反やその他の手続規定の違反を除く、禁止規定の違反に対する罪を定めたものとしては、89条と91条とがある。このうち実際に重要なのは89条である。これは、3条（私的独占、不当な取引制限）違反および8条1号違反の罪を定めるものである。

　注目してもらいたいのは、この規定とは別に、95条が存在することである。これは、89条に定める違反行為をした者（自然人）のほかに、当該違反行為者が代表者、管理人、代理人、使用人、従業者である者（法人、法人でない団体、自然人が含まれる）もまた処罰の対象となることを定めている。そして、89条違反の刑罰が5年以下の懲役または500万円以下の罰金であるのに対して、95条における刑罰の上限は5億円以下の罰金と定められていて、差がつけられていることも注目される。同じ犯罪行為について、行為者のほかに、その雇い主も罰することから、「両罰規定」と呼ばれている。

　そのほか、法人の代表者に対する罰則（95条の2）や事業者団体の代表者に対する罰則もある。これは、同じ犯罪行為について、行為者およびその雇い主以外の者をも罰するものなので、「三罰規定」とも呼ばれている。

　刑法の世界では、共犯が成立する場合を除いて、ひとつの犯罪行為について刑事責任を負うのは一人だけのはずなのに、独占禁止法では同じ犯罪行為について二者ないし三者が責任を問われる場合があるというのである。なぜ、こうなっているのか。

少し難しい話だが、こうなっている背景事情を説明しておきたい。まず、近代の刑法において刑事責任の主体となり得るのは自然人だけであり、法人その他の団体は、刑事責任の主体とは成り得ないと考えられてきたことが関わっている。刑事責任を問えるためには、刑法上の評価の対象となる何らかの行為（不作為を含む）を行えることと自らの行為の善悪を識別できる反省能力とが必要だと考えられているが、法人その他の団体は、いずれの要件も充たさないからである。
　しかし、独占禁止法もそうだが、経済政策を実現するために制定された法律では、実際に事業活動を行っている企業の活動に影響を及ぼせなければ意味がない。つまり、ある企業の一役員あるいは一従業員の責任を問うだけでは、法律の目的を達成できないことが多い。そこで、近代刑法の考え方との整合性を図りながら、犯罪行為を行った自然人のほか、その者を雇っている企業からも罰金をとれるような仕組みが求められた。その答えが、両罰規定だったのである。
　両罰規定における雇い主の責任の本質は、犯罪行為者である従業員等の選任ないし監督を怠ったことの過失責任だと解されている。雇い主が法人である場合には、いかなる名目にせよ、法人の刑事責任を認めたことになるようにも思われるが、この点については学説上争いがあるようである。いずれにせよ、ここでの雇い主の責任が、犯罪行為を行ったことに対する責任でないことは確かである。
　しかし、独占禁止法違反行為は、本書でこれまで見てきたように、法人またはその中の一事業部門が、組織ぐるみで行っているのが実態である。両罰規定の構造を前提にすると、法人組織の中の特定の誰かが犯罪行為を遂行し、その者の刑事責任に付随して法人の刑事責任が発生することになるが、その説明は、独占禁止法違反行為の実態から乖離している。具体的に見ると、両罰規定は、ある法人組織の中で違反行為者が誰であるかを特定できることが前提となっているが、独占禁止法違反行為の場合には、そもそも誰が違反行為者なのかを特定するのが困難なことが多い。そこで、最近では、法人その他の団体そのものを犯罪行為責任の主体と認めるべきではないかという見解

も見られるようになっている。

　ところで、独占禁止法89条が定める犯罪行為者に対する刑罰の大きさと95条が定める雇い主に対する刑罰の大きさとを比べて、罰金の金額では、後者の方が圧倒的に大きいのはなぜだろうか。一見すると、犯罪行為者の責任の方が雇い主の責任よりも軽いように見え、前述した両罰規定の解釈からすると奇異に感じるかもしれない。しかし、これは、責任の軽重を単純に罰金の絶対額で測るのでなく、罰金の支払いによる痛みの大きさ（「感銘力」とも呼ばれる）で測った結果だといわれる。つまり、個人にとっての500万円の罰金の痛みは、法人にとっての5億円の罰金の痛みとの間で、ようやく釣り合いが取れるというわけである。

2　手続の特殊性

　次に、刑罰を科す手続についてであるが、検察による起訴と刑事裁判を通じて刑事責任の所在と量刑が定まる点は、他の犯罪行為と同じである。

　他の犯罪行為と異なる点は、第一に、行政機関である公取委自身が犯罪事件（独禁法では「犯則事件」と呼ばれている）の調査を行うことができる点である。これは平成17年改正によって初めて認められた権限である。これに基づき、裁判官の許可状を得たうえで臨検、捜索、差押え等を行えるようになった。なお、第15章で述べた行政調査の成果は犯則事件の調査に流用してはならないとされているので、公取委の内部であらかじめ犯則事件調査に値する事件とそうでない事件とを選りわけ、前者については、公取委が犯則審査部の職員を指定して調査を行わせることになっている。

　第二に、独占禁止法違反行為について検事総長に告発できるのは公取委のみとなっている（独禁法96条）。

　第三に、公取委による告発にもかかわらず検事総長が不起訴とした場合に、検事総長は、その理由を文書で内閣総理大臣に報告しなければならない（独禁法74条3項）。他の犯罪行為の場合、一般の国民は不起訴処分について検察審査会の申立てという手段でその是非を問うことができるが、それと比べても、検察にとって重たい手続になっていることは否めない。

3　刑事罰の運用状況

　刑事罰が活用されるようになったのは、平成元 (1989) 年から平成 2 (1990) 年に行われた日米構造問題協議以降である。それまでの告発事件としては、事実上、昭和 49 (1974) 年の石油価格カルテル事件しかなかった。日米構造問題協議で米国から独占禁止法の運用の不十分さを指摘されたことを受けて、平成 2 年 6 月 20 日に「独占禁止法違反に対する刑事告発に関する公取委の方針」が出され、国民生活に重大な影響を及ぼすと考えられる悪質かつ重大な事案、違反が繰り返し行われ行政処分によっては独占禁止法の目的が達成できないと考えられる場合に告発を行うこととされた。さらに、平成 3 (1991) 年 1 月 10 日には公取委と検察庁との間で告発問題協議会が設けられ、両者間で日常的な情報交換が行われることになった。

　これを受けて、平成 3 年に業務用ストレッチフィルム価格カルテル事件で刑事告発がなされ、それ以降、平成 26 (2014) 年の北陸新幹線融雪設備工事入札談合事件に関する刑事告発に至るまで、おおよそ 2 年に 1 回程度の頻度で刑事告発がなされてきている。すべて、3 条後段違反のカルテルに係る事件である。

　また、この間、独占禁止法平成 5 年改正による両罰規定における雇い主に対する罰金の引上げ（なお、このとき初めて、犯罪行為者に対する刑罰と雇い主に対する刑罰との量刑の連動が切り離された）、平成 17 年改正による犯則調査権限の導入、平成 21 年改正による懲役刑の引上げ（3 年以下から 5 年以下に変更）が行われた。

　このように、全般的に刑事罰は強化されているが、独占禁止法違反行為について刑事責任を追及するに際して克服しなければならない課題はなお残っている。以下では、その一端を明らかにしたい。

第 2 節　不当な取引制限の罪の性格

1　具体例（第 1 次東京都水道メーター談合刑事事件・東京高判平 9・12・24）

　本件被告会社 25 社は、いずれも東京都が発注する水道メーターの販売等

の事業に従事していた事業者で、東京都が水道メーターの入札において選定した指名業者またはその代理人である。被告人34名は、いずれも、それぞれの被告会社における水道メーターの受注等に従事する営業実務責任者である。本件の罪となるべき事実は以下の通りであった。

(1) 平成 6 年度の談合

被告人は、平成 6 (1994) 年 4 月 15 日に開催された会合において、東京都が平成 6 年度から水道メーターの発注を全面的に指名競争入札および指名見積合わせ（以下、「指名競争入札等」という）の方法によることとしたことに対応して、これまでの各社の利益を維持するための受注調整を行うこととし、それぞれ自社の業務に関し、平成元年度から 4 (1992) 年度までの受注実績を基に算出した比率を基準として、平成 6 年度において各社が受注することを合意するとともに、これを実施するため、あらかじめ選出した幹事が入札の都度各社に受注予定社と入札予定価格を連絡してその通りに受注できるように各社が入札または見積りを行うことを合意し、もって、被告会社らが共同して、平成 6 年度に東京都が指名競争入札等の方法により発注する水道メーターの受注に関し、被告会社らの事業活動を相互に拘束することにより、公共の利益に反して、右水道メーターの受注に係る取引分野における競争を実質的に制限した。

(2) 平成 7 年度の談合

被告人は、平成 7 (1995) 年 4 月 12 日に開催された会合において、平成 7 年度に東京都が指名競争入札等の方法により発注する水道メーターについて、平成 6 年度に定めた各社が受注すべき比率を基本として受注することを合意するとともに、あらかじめ選出した幹事が入札の都度各社に受注予定社と入札予定価格を連絡してその通りに受注できるように各社が入札または見積りを行うことを合意し、もって、被告会社らが共同して、平成 7 年度に東京都が指名競争入札等の方法により発注する水道メーターの受注に関し、被告会社らの事業活動を相互に拘束することにより、公共の利益に反して、右水道メーターの受注に係る取引分野における競争を実質的に制限した。

(3) 平成 8 年度の談合

　被告人は、平成 8 (1996) 年 4 月 11 日に開催された会合において、平成 8 年度に東京都が指名競争入札等の方法により発注する水道メーターについて、平成 7 年度に定めた各社が受注すべき比率を基本として受注することを合意するとともに、指名業者の変更が予想されたことから、同比率をあらかじめ定めた算定方法およびあらかじめ選出した幹事の判断によって適宜変更することを合意し、さらに、これを実施するため、同幹事が入札の都度各社に受注予定社と入札予定価格を連絡してその通りに受注できるように各社が入札または見積りを行うことを合意し、もって、被告会社らが共同して、平成 8 年度に東京都が指名競争入札等の方法により発注する水道メーターの受注に関し、被告会社らの事業活動を相互に拘束することにより、公共の利益に反して、右水道メーターの受注に係る取引分野における競争を実質的に制限した。

　東京高裁は、独占禁止法 89 条 1 項 1 号の不当な取引制限の罪は、一定の取引分野における競争を実質的に制限することとなる事業活動の相互拘束行為とその遂行行為とを共に実行行為と定めており、その罪は、自由競争経済秩序を維持することを保護法益とするものと判示した。

　そのうえで、その罪は、「相互拘束行為等が行われて競争が実質的に制限されることにより既遂となるが、その時点では終了せず、競争が実質的に制限されているという行為の結果が消滅するまでは継続して成立し、その間にさらに当初の相互拘束行為等を遂行、維持又は強化するために相互拘束行為等が行われたときは、その罪の実行行為の一部となるものと解するのが相当である」とした。そして、「別の相互拘束行為等が行われた場合において、新たな罪が成立するか、なお従来の罪が継続しているかは、その行為によって競争を実質的に制限する新たな事態が生じたか、それとも、従前の行為によって生じている競争を実質的に制限する効果を維持するなどの効果を持つにとどまるかにより判断するのが相当である」とした。

　本件で、被告側は、平成 7 年度の談合と平成 8 年度の談合は、平成 6 年度の談合と一体のものとして、別個の罪を構成しない（言葉を換えると、「不可罰

的事後行為」である）とか、仮に平成6年度から8年度までの各年度ごとに罪が成立するとしても、それらは併合罪ではなく、「包括一罪」または「単純一罪」であると主張していた。これに対して東京高裁は、平成6年度の談合、平成7年度の談合、平成8年度の談合は、それぞれ別個の罪を構成して、併合罪となると判示した。その根拠は次のように述べられている。

「平成6年度においては、東京都が永年にわたる随意契約及び単価同調方式を改めて全面的に指名競争入札等の方法を採用したため、これに対応して従前の談合の内容を抜本的に改める必要があったばかりか、平成6年度の談合の際には、そこで合意した受注調整の方法が将来とも有効であるか否かについては明らかではなく、そのため、当面その年度の一年を通じて受注調整を試みることとして単年度を前提とする談合をしたものであって、その談合は、平成7年度以降も各被告会社を拘束することを予定していたものではなかったと認めるのが相当である。したがって、次の平成7年度の談合が行われたことによって別個の罪が成立するものというべきである。

もともと、平成3年に公正取引委員会に談合が発覚した以降、各被告会社は、それまでよりも一層極秘裡に協議をして当面の対策を立てることに追われていたばかりか、東京都の発注方法や指名業者等の新規参入等の見通しも定かではなかったのであるから、次年度以降についても各被告会社を拘束する談合を前年度の談合で成立させるのは困難であった。実際、平成6年度の談合はもとより、7年度の談合も、その年度を通じて受注調整をすることを内容とした当面の方策であって、8年度以降も見通して各被告会社を拘束することを予定した継続的な方策であったとは認められないのである。したがって、平成8年度の談合も、別個の罪を構成することになるというべきである。

このように、各年度の談合によりそれぞれ新たな不当な取引制限という法益侵害が生じているのであるから、各年度毎の罪は併合罪となると解するのが相当であり、全体を通じて包括一罪を構成するにとどまると解すべき特段の根拠はない。」

2 事案を読み解くポイント

　本件では不当な取引制限の罪が成立したこと自体は明白なのだが、それがいくつ成立したと見るべきなのか、複数の罪が成立したとすれば、その関係はどうなるのかが問題だった。これは、刑法でいう罪数論の問題である。

　刑事責任を問うときには、誰の、どんな行為が、どんな罪に該当するのかを詳細に分析しなければならない。その際、適用される罪が何を保護法益としているかが問われる。本件では、不当な取引制限の要件のうち、相互拘束にあたる行為が3回行われたことが認定されているので、そのそれぞれについて、他の構成要件が充たされているかどうか、保護法益の侵害があったかどうかが問題とされた。東京高裁の結論は、3回の相互拘束のそれぞれについて構成要件は充足され、保護法益の侵害が成立しているので、それぞれについて別個の罪が成立するというものだった。そして、3つの罪は併合罪となるとされているので、本件では、刑法46条2項に従って各行為に対する罰金が合計された。

　被告側の主張のうち、平成7年度の談合と平成8年度の談合は不可罰的事後行為にすぎないという主張は、本件の犯罪行為は平成6年の合意によって既遂に達しており、平成7年と平成8年の合意は単なる確認行為にすぎないという理解に基づいている。これは、不当な取引制限を「状態犯」とする見解に依拠している。状態犯とは、たとえば、他人の財物を窃取する行為では、窃取の時点で窃盗罪は終了し、その後も、法益侵害の状態自体は継続するが、当該状態自体は不可罰とされる場合を指す。その反対は、「継続犯」であり、法益侵害状態が継続している以上犯罪行為も継続していると見られる場合を指し、監禁罪が典型例とされる。

　東京高裁は、不当な取引制限は継続犯だと解しているので、仮に平成7年と平成8年に別個の不当な取引制限の罪が成立していなかったとしても、平成6年に始まった不当な取引制限が平成8年度いっぱいまで継続していたことになるので、被告の主張は受け入れられなかったであろう。ただ、東京高裁自身は、平成7年と平成8年に、それぞれ別個の罪が成立していたと見ていることに注意する必要がある。

被告側は、仮に複数の不当な取引制限の罪が成立しているように見えても、「単純一罪」ないし「包括一罪」となり、併合罪は成立しないとも述べている。単純一罪というのは、文字通り、構成要件に該当する行為が一つしか成立していないということである。本件に則していうと、平成7年の談合と平成8年の談合は別個の罪を構成しないということをいいたいわけである。これに対して、包括一罪というのは、構成要件を充たす行為が複数存在しているにも関わらず、ひとつの罪と評価されることを指す。これにはいろいろな場合が含まれるが、本件で被告側がいいたいのは、仮に複数の談合があったとしても、本件ではひとつの法益侵害しか生じていないから、全体として一罪と見るべきだということである。

これに対して東京高裁は、各年度において談合のルールを取り決めざるを得なかった事情が存在したことから、各年度において新たな法益侵害が発生したことを指摘して、被告側の主張を斥けたわけである。

3　問題の所在と法的論点の解読

本件で東京高裁は、不当な取引制限の罪は継続犯だとしている。すでに見たように、本件では、3つの別個の相互拘束によって3つの競争の実質的制限が生じたとされたわけだから、不当な取引制限が継続犯かどうかは直接結論を左右する論点とならなかった。しかし、不当な取引制限が継続犯だとした本判決は、大きな反響を呼んだ。

なお、ここで継続犯だとされたのは、相互拘束（入札談合に即していうと、基本合意）のことを念頭に置いていることに注意してもらいたい。入札談合の場合は、基本合意が成立した後、入札のたびに、基本合意に従った受注調整が何度か行われる。通常、「談合」という場合は、受注調整を指している。

ここで、仮に、一度談合の基本合意が成立した後、何年にもわたって、この基本合意に基づく受注調整が繰り返されたとする。この場合、不当な取引制限が継続犯か状態犯かという問題は、罪数だけでなく、公訴時効の問題とも関わってくる。刑事訴訟法250条2項により、不当な取引制限の公訴時効は5年経過したときに完成する。仮に、不当な取引制限が状態犯だとすると、

基本合意の成立によって犯罪行為は終了し、その後の受注調整は不可罰的事後行為ということになる。そうすると、基本合意の成立から5年経つと、受注調整自体は行われているのに、公訴時効が完成して誰も罰することができないということになりそうである。これでは、いかにも常識に反する結果を招くように思われる。

　しかし、他方で、犯罪行為について責任を問われるのは個々の会社の従業員であることを考えると、状態犯説にも一理あるように見える。たとえば、7年前に基本合意に関わった、ある会社の営業部長が、その後まもなく定年退職して、退職後は談合の世界に一切関わらない生活を送っていたとする。不当な取引制限が継続犯だとすると、この元営業部長は刑事責任を免れないことになる。他の犯罪行為であれば公訴時効が成立したであろう場合でも、不当な取引制限だけ特別扱いとなるのはなぜだろうかという疑問が生じる。

　そこで、不当な取引制限を状態犯と捉えながら、状態犯説に対する批判に応えようとして、個々の受注調整は、独占禁止法2条6項にいう、「遂行する」にあたり、独自の犯罪行為として評価されるとする説が唱えられた。もっとも、共同遂行だけでは不当な取引制限にあたらないとするのが従来の通説であり、この通説にはそれなりの根拠があった。そのこととの整合性が問われそうである。

4　発展的論点

　2や3で述べたことは、刑法を苦手とする人にとってはすでに「発展的論点」だったかもしれない。しかし、そこで扱われている諸問題は、いずれも、独占禁止法違反行為を犯罪行為として扱う場合に避けて通れない問題である。他にも、入札談合事件において発注者の刑事責任を問えるとすれば、どのような場合かといった論点がある。

　確かに、刑事罰を科すことは、とりわけカルテルの抑止には有効だとはいえるが、米国のように、それを執行手段の中心に据えられるかと問われれば、なお疑問を抱く人が多いだろう。独占禁止法違反行為を犯罪行為として扱う場合の諸問題について慎重な検討が求められる。

補　章
技術取引と法

　独占禁止法の主要な問題群の中に、企業間の技術取引に対する規制のあり方の問題がある。この問題は、複雑な背景をもつと同時に、技術の発展に伴ってたえず新しい論点が浮上してくるという性格をもつ。だから、ここですべての論点に触れる余裕はない。ここでは、そもそも、なぜ技術取引が行われるのかということから始めて、この問題を考えるに際して必要な前提知識と問題を考える基本的視点を示すにとどめたい。

第1節　企業活動における研究開発の意義と位置付け

　企業が研究開発に投資するのは、既存の商品役務の品質を高め、あるいは、従来になかった新しい商品役務を開発することを通じて、競争上優位に立ちたいからである。既存の商品役務の使い勝手をよくしたり、その生産にかかる費用を削減したりするだけだったら、生産現場での「ちょっとした工夫」を意識的に積み重ねることでも可能だろう。それも、広い意味では「研究開発」といえるかもしれない。しかし、ここで念頭に置いているのは、企業が業務の一環として、目標を定め、組織を挙げて取り組む活動としての研究開発である。

　製薬産業、情報通信産業、自動車産業等で、毎年巨額の研究開発投資が行われているのは周知の通りである。これらの産業では研究開発の成果が業績を左右するから、研究開発は、業界で生き残るのに必要なのである。

　研究開発は、商品役務が具体的な形で世に出る前の段階の活動で、その費用は、究極的には商品役務の価格に上乗せされる。その意味では、部品、原材料、労務等と同様に、顧客に商品役務が提供されるために必要なモノない

し活動(「投入要素」とも呼ぶ)のひとつである。

　たとえば、メーカーが何かある商品を生産するとき、それに必要な原材料や部品はよそから調達するのがふつうである。そうすると、その商品のメーカーと特定の原材料ないし部品の供給者との間に取引が行われ、この取引をめぐって企業間で競争が発生し得る。たとえば、自動車の組立メーカーと鉄鋼製品のメーカーとの間の取引のように。

　研究開発にも同じことがいえる。研究開発の担い手(たとえば、「～研究所」)と、その成果を利用して商品役務を提供したいと考える企業との間に、研究開発そのものを対象として取引が行われ、それをめぐって競争が発生し得る。もっとも、研究開発の場合、他の投入要素と異なり、商品役務の提供者自身がその担い手であることが多い。すべての研究開発が商品役務の提供者自身で行われる場合には、商品役務そのものをめぐる競争と研究開発をめぐる競争とを区別する意味はあまりない。

　他方で、何らかの理由で研究開発の成果が取引の対象とされる場合がある。これが、「技術取引」と呼ばれる。この場合には、研究開発の成果である技術そのものを、商品役務の投入要素とみなすことができる。金を出して技術を買う者は、通常、それを直ちに自分が提供する商品役務に応用するか、あるいは、それを基に、さらに独自の研究開発を行うからである。この技術取引についても、競争が発生し得る。

　独占禁止法は、研究開発の促進は独占禁止法の目的に照らして望ましいことであり、研究開発の促進のためには、研究開発そのものや技術取引について自由な競争が確保されていることが望ましいという立場に立っている。もっとも、研究開発の促進のために、常に競争が望ましいとまでいえるかについては議論がある。そのこととも関わるので、次に、知的財産保護制度の存在意義について説明しよう。

第2節　知的財産保護制度の存在意義

　研究開発の成果とは、たとえば、どのような成分の物質が、どのような意

味で、人間の生活に役立つ有益な性質をもつのかといった、それ自体としては形のない情報である。形がないだけに、意識的に外部に漏れないように秘匿しない限りは、独り占めすることができない。その情報がいったん社会に公表されてしまえば、誰でもそれを生産活動に利用でき、それをすべて止めさせることは不可能である。したがって、その情報から得られる利益も、独り占めすることができない。

　有益な情報をみんなが使えるというのは社会全体から見ると結構なことのようにも思えるが、必ずしも常にそうではない。研究開発には莫大な投資が行われており、それは、商品役務の売上げによって回収されなければならない。ところが、研究開発の成果を誰もが使えることになると、それによって期待していた競争上の優位が得られなくなる。逆に、研究開発に投資した分だけ費用面では競争上不利になってしまうかもしれない。これは、見方を変えていえば、誰かの研究開発投資に「ただ乗り」する者がいるということである。これが放置されると、研究開発への投資が回収されないで、ただ同業他社を利するだけということになりかねない。それがあらかじめわかってしまうと、誰も研究開発に投資しなくなってしまう。

　これに対する対抗策としては、研究開発の成果を隠し続けるというやり方がある。「秘伝の〜」をもつ企業が長く永続する例があるが、これは、研究開発の成果を隠し続けることによって競争上の優位性を保ち続けることができたということだろう。もっとも、有益な情報ほど、隠し続けるのは難しい。同業他社で研究開発に従事した研究者を引き抜くなど、情報を暴く手段はいくらでもある（なお、日本では不正競争防止法という法律で、一定の要件の下で「営業秘密」が保護されているが、この制度は必ずしも十分に機能していないといわれる）。

　それに、「有益な情報は社会のみんなが使えた方がよい」という考え方にも一理ある。これまでに人類が成し遂げた優れた発見は、ほとんどすべて、先人の研究成果を土台としていたのではないだろうか。有益な情報が隠されてしまえば、それを土台とした新たな研究開発の芽が摘まれるおそれがある。だから、「ただ乗り」が放置され、みんなが研究開発の成果を秘匿する社会は、研究開発を促進しない可能性が高いのだ。

そこで、研究開発の成果を独り占めすることを許容しつつ、その成果を基に新たな研究開発が行われる余地も残すような制度が考えられた。それが、知的財産保護制度、とりわけ、特許制度である。特許制度では、発明の実施（生産、使用、譲渡等）を専有する権利（特許権）を一定期間保障する代わりに、特許の対象とされた発明の内容を社会に公表させる。特許権を一定期間に限定することによって、すでに当たり前になった情報であっても誰も利用できないという不都合を防ごうとしている。また、特許の対象となる発明であるかどうかについては、出願に基づいて、専門の行政機関（日本では特許庁）が審査することになっている。このようにして、特許権がなくてもいずれ世に出たであろう、保護に値しない発明を特許の対象から除外しようとしている。

　特許制度をはじめとする知的財産保護制度のもうひとつの重要な機能は、技術取引を円滑にすることである。技術取引では、取引の対象である技術が特定されなければならない。内容が公にされた特許権であれば、これが行いやすい。さらに、日本の特許法では、特許権者が技術取引の相手方に与えることができる権利として、「通常実施権」と「専用実施権」とを定めている。いずれも、相手方に特許発明を実施する権利を（条件付きで）認めることをいうが、「専用実施権」の方は、それが設定された条件の範囲で特許権者自身も実施できなくなるという性質をもつ。これらの実施権の法的性質について定めがあることも、技術取引の円滑化に役立っている。

　なお、これらの実施権を相手方に認めることは、「実施許諾」あるいは「ライセンス」と呼ぶ。「ライセンス」という言葉から派生して、それを与える契約を「ライセンス契約」、ライセンスを与える方は「ライセンサー」、それを与えられる方は「ライセンシー」とも呼ぶ。「ライセンシー」は、日本では「実施権者」とも呼ぶ。ライセンスの付与には、通常、その見返りとして対価が求められるが、これは「実施料」とか「ロイヤリティー」と呼ぶ。また、取引の両当事者が互いにライセンスを付与し合うことを「クロス・ライセンス」と呼ぶ。

　ほかにも、創作的表現を保護の対象とする著作権法がある。著作権は、創作性のある表現について他者による複製を禁止できることを中核としており、

この点で、複製によるかよらないかに関わりなく、他者による発明の実施全般を禁止できる特許権とは異なる。企業の研究開発の成果のうち、ソフトウェアは、主として著作権で保護される。他にも、研究開発の成果を保護する制度は存在するが、ここでは省略する。

　これまでの説明でもわかるように、知的財産保護制度は、研究開発そのものや技術の取引をめぐる競争に制約を加えている。しかし、そうすることで研究開発への投資が促されるとすれば、独占禁止法の目的にも適っているといえる。独占禁止法は、知的財産保護制度の趣旨を尊重し、その限度において「公正かつ自由な競争」を追求しているのである。

第3節　技術取引の実態

　技術取引は、様々な視点から分類できるが、研究開発の促進という観点からすると、「前向きの」技術取引と「後ろ向きの」技術取引とに分けることができる。「前向きの」技術取引とは、将来の商品役務の提供に役立てるための技術取引である。これに対して、「後ろ向きの」技術取引とは、従来の商品役務の提供を維持するための技術取引である。

　前者は、ライセンシーにとっては、従来にない新たな技術を導入し、それと自前の技術とを組み合わせて、従来よりも低費用での商品役務の提供や、従来にない品質をもった商品役務の提供を可能にする。

　それに対して、後者は、企業間で特許に関する紛争が生じたときに、その和解としてライセンス契約が結ばれる場合、あるいは、他者が保有する特許発明の全部ないし一部を、それと知らずに実施して商品役務を提供していたときに、ある日突然、特許侵害の警告を受け、訴訟を避けるためにライセンス契約が結ばれる場合などを念頭に置いている。

　従来、ライセンス契約といえば、「前向きの」技術取引であることが多かった。日本の企業も、戦後復興期に盛んに外国から技術を導入して、それを土台にして経済発展を遂げた。しかし、最近は、「後ろ向きの」技術取引が目立つようになってきた。自国の産業の競争力強化を図ろうとして世界各国が

特許保護の範囲を拡大したため、たとえば、情報通信産業では、ひとつの企業が何百、何千もの特許を保有し、各企業がもつ特許の技術的範囲が互いに重なるようになった。また、このような状況を念頭に置いて、特許紛争を自己に有利に導く武器として特許を取得しようとする傾向に拍車がかかった。「後ろ向きの」技術取引は、このような状況で増えてきたのだ。

「後ろ向きの」技術取引では、他者に比べて弱い権利しかもっておらず、しかも、すでに特定の商品役務の提供に多額の投資を行っている企業が交渉上不利となる。そのような企業は、それまでの投資を無にしないために、ライセンス契約を結ばざるを得ない立場に追い込まれるからである。交渉上不利になるということは、具体的には、特許の経済的価値に比べて不当に高い実施料その他の条件を要求されても文句がいえないということである。自分の事業活動に関わりのある特許をもつ企業を、事業活動を立ち上げる前にあらかじめ特定できれば、ある程度対処は可能なはずだが、前述のような状況から、それも難しいといわれる。

「後ろ向きの」技術取引は、研究開発の促進にはそれほど役立たない。それどころか、新たな研究開発の芽を摘んでしまうおそれさえある。この問題に対して、企業側では、特定の技術分野に関して企業が所有する特許を集積して、安い実施料で希望者に実施許諾を付与する、「特許プール」を作って対処しようとする動きが見られる。しかし、より根本的には、特許制度そのものの改革が求められているといえる。

第4節　技術取引に関わる独占禁止法上の問題

技術取引において企業間競争に制約を加えるような条件が課される場合には、独占禁止法の適用があり得る。その典型例は、ライセンス契約に伴うカルテルである。

たとえば、業界で重要な特許をもつ企業が同業他社との間でライセンス契約を結び、その中で、当該特許発明を用いて生産される商品の価格の下限を決める場合が考えられる。あるいは、企業間で互いに特許侵害訴訟を提起し

合い、その和解の一環として締結されたクロス・ライセンス契約において、商品の販売価格が取り決められる場合もある。これらの場合、特許から利益を上げて研究開発投資を回収することは目的ではなく、特許のライセンスは、カルテルの実効性を高める手段として、あるいは、カルテルの実態を覆い隠すカモフラージュとして利用されているにすぎない。したがって、実施料そのものは通常のライセンス契約に比べて安いことが多い。この場合には、不当な取引制限の適用が問題となる。

それから、一対一のライセンス契約において課される諸条件が、不公正な取引方法となり得る場合が考えられる。通常、ライセンサーはライセンシーに対して交渉上優位に立てるから、ライセンサーがライセンシーに課す義務付けが問題になることが圧倒的に多い。そのようなものとして、たとえば、次のようなものがある。

- 特許発明の使用分野の制限
- 特許発明の実施地域の制限
- 特許の対象である商品の輸出制限
- そのような商品の販売価格の制限
- そのような商品の生産量の制限
- そのような商品を生産する際に使用する原材料の購入先制限（ライセンスに原材料の購入を抱き合わせる行為）
- 「グラント・バック」（ライセンスを受けた特許発明に対する改良発明に関する特許のライセンスを元のライセンサーに付与することを義務付けること）
- 「アサイン・バック」（ライセンスを受けた特許発明に対する改良発明に関する特許を元のライセンサーに譲渡することを義務付けること）
- 「不争条項」（ライセンスの対象となった特許の効力を公の場で争わないことの義務付け）
- 「非係争条項」（ライセンサーがライセンシーのもつ知的財産権を侵害していても公の場でその責任を追及しないことの義務付け）

独占禁止法を適用する際に問題となるのは、知的財産保護制度の趣旨をどのように考慮すべきかである。前述のように、独占禁止法は、知的財産保護制度の趣旨を尊重しつつ、その限度において「公正かつ自由な競争」を追求していると考えられるので、各行為が知的財産保護制度の趣旨に適っているかどうかの見極めが必要となる。

　なお、独占禁止法には21条という規定があり、そこでは、特許権、著作権等の「権利の行使と認められる行為」には独占禁止法を適用しないと定められている。ここでいう「権利の行使」の中味は、特許権であれば特許法の解釈によって導くことができる。しかし、どんな権利でも、その本来の趣旨とはかけ離れた目的で悪用されることを防げない。特許権等の知的財産権も同じである。問題の行為が知的財産法の解釈上「権利の行使」にあたるという理由だけで独占禁止法の適用を放棄したら、かえって研究開発の促進にもとる事態をまねきかねない。

　そこで、今日では、知的財産法の解釈上「権利の行使」と見られる場合であっても、知的財産保護制度の趣旨を逸脱し、または同制度の目的に反すると認められる場合には「権利の行使と認められる行為」には該当しない、つまり、独占禁止法は適用されるとする考え方が取られている（公取委「知的財産の利用に関する独占禁止法上の指針」〔平19・9・28〕）。だから、この意味でも、各行為が知的財産保護制度の趣旨に適っているかどうかの見極めが必要とならざるを得ないのである。

　この点、ライセンス契約に伴うカルテルの場合は、個々のライセンス契約上の義務付けそのものよりも、それを共同して行っていることが問題なので、不当な取引制限の要件を充たしていれば直ちに違反としてもかまわない。難しい判断を求められるのは、一対一のライセンス契約において課される諸条件の方である。行為類型ごとの検討は、ここでは省略せざるを得ない。行為類型ごとに詳細な検討が求められるとしかいいようがない。ただ、「前向きの」技術取引に伴う義務付けなのか、それとも、「後ろ向きの」技術取引に伴う義務付けなのかは、ひとつの重要な考慮要素となるであろう。

参 考 文 献

〈本書の全体および第1部に関わる参考文献・webサイト〉

①本書を読み終えた後に、より深く経済法・独占禁止法を勉強してみようという人のために、比較的最近刊行された文献を以下に紹介します。なお、これら以外にも優れた解説書はたくさんありますが、経済法、とりわけ独占禁止法は、近年ひんぱんに改正されていますので、できる限り最新版を入手することをお勧めします。

[経済法・独占禁止法の本格的な体系書]
- 岸井大太郎・向田直範・和田健夫・大槻文俊・川島富士雄・稗貫俊文『経済法──独占禁止法と競争政策〔第7版補訂〕』(有斐閣、2015年)
- 根岸哲・舟田正之『独占禁止法概説〔第5版〕』(有斐閣、2015年)
- 金井貴嗣・川濵昇・泉水文雄(編著)『独占禁止法〔第5版〕』(弘文堂、2015年)
- 菅久修一・品川武・伊永大輔・原田郁『独占禁止法〔第2版〕』(商事法務、2015年)

[本書とは異なる視角からの大学学部学生向け教科書]
- 白石忠志『独禁法講義〔第7版〕』(有斐閣、2014年)
- 川濵昇・瀬領真悟・泉水文雄・和久井理子『ベーシック経済法〔第4版〕』(有斐閣、2014年)
- 土田和博・栗田誠・東條吉純・武田邦宣『条文から学ぶ独占禁止法』(有斐閣、2014年)

[本書と同様に具体的事例に即した、本書よりも専門的な内容の教科書]
- 泉水文雄・土佐和生・宮井雅明『経済法 第2版』(有斐閣、2015年)
- 大久保直樹・伊永大輔・滝澤紗矢子(編著)『ケーススタディ経済法』(有斐閣、2015年)

[経済法・独占禁止法に関わる事例の概要を知るために有益な文献]
- 舟田正之・金井貴嗣・泉水文雄(編)『経済法判例・審決百選』(有斐閣、2010年)
- 金井貴嗣・川濵昇・泉水文雄(編)『ケースブック独占禁止法〔第3版〕』(弘文堂、2013年)

②なお、公取委のホームページには、本格的に独占禁止法を学ぶための資料が数多く掲載されています。以下では、資料が掲載されたwebサイトのうち、主要なも

のを紹介します。なお、アドレスは、2015年2月末現在のものです。

［審決・判決］
・「審決等データベース」（http://snk.jftc.go.jp/JDSWeb/jds/dc001/DC001）
［公取委所管の法令やガイドライン］
・「所管法令・ガイドライン」（http://www.jftc.go.jp/hourei.html）
［相談事例］
・「相談事例集」（http://www.jftc.go.jp/dk/soudanjirei/index.html）
［企業結合の審査結果等］
・「企業結合」（http://www.jftc.go.jp/dk/kiketsu/jirei/index.html）

③また、CRPC（競争政策センター）のホームページ（http://www.jftc.go.jp/cprc/）には、競争政策や独占禁止法の運用に関わる、有益な研究報告書が多数掲載されています。

〈第2部に関わる参考文献〉

［より専門的な内容の文献］
・今村成和ほか『カルテルと法（現代経済法講座・第2巻）』（三省堂、1992年）
［本書の内容に関連して読むことをお勧めする文献］
・池井戸潤『鉄の骨』（講談社文庫、2011年）
・橘木俊詔『日本人と経済』（東洋経済新報社、2015年）
・高橋洋一『戦後経済は嘘ばかり』（PHP新書、2016年）

〈第3部に関わる参考文献〉

［より専門的な内容の文献］
・川濱昇「競争者排除型行為規制の理論的根拠」公正取引671号9頁（2006年）
・塩見英治『現代公益事業―ネットワーク産業の新展開』（有斐閣、2011年）
・舟田正之「東京電力の料金値上げ注意事件について」公正取引744号47頁（2012年）
・舟田正之（編）『電力改革と独占禁止法・競争政策』（有斐閣、2014年）

〈第 4 部に関わる参考文献〉

［より専門的な内容の文献］
・川濵昇・泉水文雄・武田邦宣・宮井雅明・和久井理子・池田千鶴・林秀弥『企業結合ガイドラインの解説と分析』（商事法務、2008 年）
・上杉秋則・伊藤多嘉彦・山田香織『独禁法による M&A 規制の理論と実務』（商事法務、2010 年）
・林秀弥『企業結合規制—独占禁止法による競争評価の理論』（商事法務、2011 年）
・田辺治・深町正徳（編）『企業結合ガイドライン』（商事法務、2014 年）
・NERA エコノミックコンサルティング（編）『企業結合規制の経済分析』（中央経済社、2014 年）

［本書の内容に関連して読むことをお勧めする文献］
・山崎豊子『華麗なる一族』（新潮文庫、1980 年）

〈第 5 部に関わる参考文献〉

［より専門的な内容の文献］
・根岸哲・辻吉彦・横川和博・岸田雅雄『企業系列と法（現代経済法講座第 4 巻）』（三省堂、1990 年）
・金子晃・土田和博・和田健夫・藤田稔『流通産業と法（現代経済法講座第 6 巻）』（三省堂、1993 年）
・石原武政・矢作敏行（編）『日本の流通 100 年』（有斐閣、2004 年）

［本書の内容に関連して読むことをお勧めする参考文献］
・本間重紀（編）『コンビニの光と影』（花伝社、1999 年）
・高杉良『王国の崩壊』（新潮文庫、2005 年）

〈第 6 部に関わる参考文献〉

[より専門的な内容の文献]
・諏訪園貞明（編著）『平成 17 年改正独占禁止法』（商事法務、2005 年）
・上杉秋則・山田香織『リニエンシー時代の独禁法実務　グローバル経済下におけるコンプライアンス対応』（レクシスネクシス・ジャパン、2007 年）
・藤井宣明・稲熊克紀（編著）『逐条解説　平成 21 年改正独占禁止法—課徴金制度の拡充と企業結合規制の見直し等の解説』（商事法務、2009 年）
・岩城博夫・横手哲二・岩下生知（編著）『平成 25 年改正独占禁止法—審判制度の廃止と意見聴取手続の整備』（商事法務、2015 年）

判例・審決等索引

[最高裁判所判例]

最判昭和50・7・10民集29巻6号888頁（第一次育児用粉ミルク〔和光堂〕事件）.. 165
最判昭59・2・24刑集38巻4号1287頁（石油価格協定刑事事件）.......... 36, 44, 251
最判昭62・7・2民集41巻5号785頁（東京灯油損害賠償請求事件）................ 251
最判平元・12・8民集43巻11号1259頁（鶴岡灯油損害賠償請求事件）............ 248
最判平10・12・18民集52巻9号1866頁（資生堂東京販売事件）.................. 172
最判平10・12・18審決集45巻461頁（花王化粧品販売事件）.................... 180
最判平12・9・25刑集54巻7号689頁（東京都水道メーター入札談合刑事事件）..... 54
最判平19・6・11判タ1250号76頁（セブン-イレブン事件〔チャージ訴訟〕）....... 201
最判平22・12・17民集64巻8号2067頁（NTT東事件）........................ 106
最判平24・2・20民集66巻2号796頁、審決集58巻第2分冊148頁（多摩談合事
  件〔新井組〕）.. 25, 43, 244

[高等裁判所判例]

東京高判昭28・3・9高民集6巻9号435頁、審決集4巻145頁（新聞販路協定事件）. 24
東京高判昭28・12・7高民集6巻13号868頁、審決集5集118号、判時19号11頁（東
  宝・新東宝事件）.. 117
東京高判昭59・2・17行集35巻2号144頁、審決集30巻136頁、判時1106号47頁
  （東洋精米機製作所事件）.. 168
仙台高秋田支部判昭60・3・26審決集31巻204頁（鶴岡灯油損害賠償請求事件・控
  訴審判決）... 251
東京高判平5・12・14高刑集46巻3号322頁（シール談合刑事事件）............. 25
東京高判平6・9・14民集52巻9号1959頁（資生堂東京販売事件）................ 173
東京高判平7・9・25審決集42巻393頁、判タ906号136頁（東芝ケミカル事件）.... 28
東京高判平9・12・24高刑集50巻3号181頁（第1次東京都水道メーター談合刑事事
  件）... 266
東京高判平13・2・16審決集47巻545頁（観音寺市三豊郡医師会事件）............ 55
東京高判平16・2・20審決集50巻708頁（土屋企業事件）....................... 238
東京高判平18・12・15審決集53巻1000頁（大石組事件）....................... 38
大阪高判平19・10・30判タ1265号190頁（神戸市ストーカ炉談合住民訴訟
  事件）... 256
東京高判平20・4・4審決集55巻791頁（元詰種子価格カルテル事件）.............. 30

東京高判平 21・9・25 審決集 56 巻第 2 分冊 326 頁（ポリプロピレン価格カルテル事件）.. 26
東京高判平 22・10・1 審決集 57 巻 385 頁（損害賠償請求事件）................ 261
東京高判平 23・4・22 審決集 58 巻第 2 分冊 1 頁（ハマナカ毛糸審決取消訴訟事件）.. 160
東京高判平 24・3・2 審決集 58 巻第 2 分冊 188 頁（ストーカ炉事件〔日立造船〕）..... 47
東京高判平 24・6・20 裁判所 web サイト（セブン-イレブン事件〔代行収納・深夜営業の強制差止事件〕）... 202
東京高判平 26・4・25 公取委審決等データベース（奥能登談合事件〔大東建設〕）..... 48

[地方裁判所判例]
東京地判平 5・9・27 民集 52 巻 9 号 1923 頁（資生堂東京販売事件）................ 173
東京地判平 9・4・9 審決集 44 巻 635 頁、判時 1629 号 70 頁、判タ 959 号 115 頁（エアーソフトガン事件）... 60
千葉地判平 13・7・5 判時 1778 号 98 頁（ローソン千葉事件）................ 199
東京地判平 23・12・22 判タ 1377 号 221 頁（セブン-イレブン事件〔代行収納・深夜営業の強制差止事件〕）... 202

[公正取引委員会審決]
審判審決昭 24・8・30 審決集 1 巻 62 頁（湯浅木材工業事件）................ 28
審判審決昭 31・7・28 審決集 8 巻 12 頁（雪印乳業・農林中金事件）................ 73
勧告審決昭 43・11・29 審決集 15 巻 135 頁（中央食品ほか価格カルテル事件）........ 32
審判審決昭 56・7・1 審決集 28 巻 38 頁（東洋精米機製作所事件）.................. 168
勧告審決昭 57・5・28 審決集 29 巻 13、18 頁（マルエツ・ハローマート事件）........ 191
同意審決昭 57・6・17 審決集 29 巻 31 頁（三越事件）........................... 186
同意審決昭 63・5・17 審決集 35 巻 15 頁（東洋精米機製作所事件）................ 169
審判審決平 7・7・10 審決集 42 巻 3 頁（大阪バス協会事件）...................... 99
同意審決平 7・11・30 審決集 42 巻 97 頁（資生堂再販事件）...................... 179
勧告審決平 8・5・8 審決集 43 巻 209 頁（日本医療食協会事件）................... 81
勧告審決平 9・4・25 審決集 44 巻 230 頁（ハーゲンダッツジャパン事件）........... 181
勧告審決平 10・3・31 審決集 44 巻 362 頁（パラマウントベッド事件）............. 85
勧告審決平 10・7・30 審決集 45 巻 136 頁（ローソン事件）...................... 191
勧告審決平 10・12・14 審決集 45 巻 153 頁（日本マイクロソフト事件）............ 214
勧告審決平 11・1・25 審決集 45 巻 185 頁（浜北市医師会事件）................... 55
勧告審決平 13・7・27 審決集 48 巻 187 頁（松下電器産業事件）................... 209
審判審決平 13・8・1 審決集 48 巻 3 頁（ソニー・コンピュータエンタテインメント〔SCE〕事件）... 178, 233

勧告審決平15・11・25審決集50巻389頁（フォックスジャパン事件）............ 180
勧告審決平16・4・15審決集51巻412頁（山陽マルナカ事件）................. 186
勧告審決平17・1・7審決集51巻543頁（ユニー事件）........................ 187
勧告審決平17・4・13審決集52巻341頁（インテル事件）................ 77, 181
勧告審決平17・12・26審決集52巻436頁（三井住友銀行事件）................ 203
同意審決平19・6・22審決集54巻182頁（ドン・キホーテ事件）................ 182
審判審決平22・6・9審決集57巻第1分冊28頁（ハマナカ毛糸審決取消訴訟事件）.. 161
勧告審決平24・9・25.. 196
課徴金審決平27・6・4公取委審決等データベース（日本トイザらス事件）......... 188

［公正取引委員会排除措置命令］
排除措置命令平19・6・25審決集54巻485頁（新潟タクシー共通乗車券事件）...... 204
排除措置命令・課徴金納付命令平20・2・20審決集54巻512頁、623頁（マリンホース国際カルテル事件）.. 37
排除措置命令平21・6・22審決集56巻2分冊6頁（セブン-イレブン事件）......... 196
排除措置命令平24・10・17審決集59巻第1分冊199頁（高知県土佐国道談合事件）.. 48
排除措置命令平26・2・27審決集60巻第1分冊410頁（吉川松伏医師会事件）...... 55

事項索引

ア 行

アウトサイダー	4, 43, 45, 47
——物件	45, 47
アサイン・バック	278
意見聴取手続	231, 232
意識的並行行為	140
意思の連絡	24, 28-9, 34, 41-2, 44, 139
著しい損害	247
一括整理法	36
逸失利益	246
一定の取引分野	16-7, 33, 115, 119, 123, 127
一手販売契約	181
一店一帳合制	175
一般競争入札	38, 40
一般指定	14
一般指定 10 項	218, 223
一般消費者の利益	11
一般電機事業	97
——者	98
一匹狼企業（マーベリック、maverick）	141
因果関係	246, 248, 251, 255
インセンティブ規制	93
後ろ向きの技術取引	276-7, 279
営業時間の制限	70
営業秘密	274
FC ガイドライン（フランチャイズシステムに関する独占禁止法の考え方について）	193-4, 199-200, 202
FC 契約	193
FC システム	196, 198, 200
M&A	12, 114
押付販売	186, 187
おとり廉売	75, 157, 190

カ 行

買いたたき	187, 196
価格カルテル	23, 37, 208
価格の現状回復	237
課徴金減免制度	30, 242
課徴金制度	239, 242, 244
課徴金納付命令	227-8, 233, 245
下方への垂直統合	153
カルテル	4-5, 15-6, 22, 25, 28-30, 33-7, 115, 139, 239, 241, 277-79
——体質	36
——のやり得	241
——マインド	36
官公需法（「官公需についての中小企業者の受注の確保に関する法律」）	52
勧告審決	248, 251-2
官製談合	49
間接的競争阻害	188-9
間接の取引拒絶	62, 208, 211
感銘力	264
既往の違反行為に対する排除措置命令	237
企業結合	114, 118, 135, 140
——ガイドライン	115, 117, 126, 130
——審査	115, 120-1, 126
企業集中	3, 6
企業結合	114
——規制	12-4, 16, 114-5
技術取引	272-3, 275-6
規制	91
——緩和	7-8, 93
希望小売価格	165
規模の経済性	4, 15, 27
基本合意	39, 42-7, 270-1
ぎまん的顧客誘引	199-200
求意見制度	246
業界団体	12, 56, 61
供給義務	98
供給の代替性	116
競業避止義務	199-200, 202
供述調書	30
強制	221
行政調査	228
——手続	233
行政不服審査法	229

競争	10, 117	合意	24, 29-30, 33, 45
競争圧力	136-7	公益事業	92
競争手段としての不公正	222	効果主義	37
競争促進効果	178	公共の利益	18, 52-4, 61
——の実質的制限	34, 57, 72, 80, 85, 127, 146-7	——に反して	11, 52-3
		抗告訴訟	232
競争法	6	公正	10, 14, 19
競争を実質的に制限する	33-4, 104, 117	——かつ自由な競争	5, 9, 11
——こととなる	117, 121, 134-5	——競争阻害性	14, 20, 162, 165-6, 169, 171-2, 178-9, 185-6, 188
共同企業体（ジョイント・ベンチャー〔JV〕）	40	——な競争を阻害するおそれ	14
協同組合	56	構造的措置	145
共同行為	24	拘束	164-6
共同して	24	——条件付取引	74, 76, 85, 160, 173-4, 176-7, 180, 213
——……相互に	25		
共同遂行	271	公訴時効	270-1
——行為	24	効率性	141-3
共同性	24-5	国際カルテル	37, 57
共同の取引拒絶	204, 208-9	告発問題協議会	266
共同ボイコット	23, 25, 62-3	国境を越えた市場の画定	129
協調的行動による競争の実質的制限	119, 137-9, 141	国境を越えた地理的市場	129
		個別合意	42
金融機関の業務区分の緩和及び業務範囲の拡大に伴う不公正な取引方法について	203	個別調整	47
		——行為	42-4, 46
		コミットメント（確約）制度	189
グラント・バック	278	混合型	117-8

サ　行

クロス・ライセンス	275, 278	罪数論	269
経済規制法	91	再販	161, 164, 167-8, 176
経済的規制	92	再販売価格の拘束（再販）	85, 156, 160, 163, 174, 177
刑事責任の主体	263		
刑事訴訟法 250 条 2 項	270	差額説	252
刑事罰	262, 265, 271	差止	245, 247
継続犯	269-1	参入規制	92, 95
結合関係	124-5, 133, 135-6	参入障壁	16
厳格な地域制限	180	三罰規定	262
原価主義	99	事業者	11, 24-5, 50
原価割れ販売	191	——としての共通の利益	56
研究開発	272-4, 276-7	事業者団体	12, 23, 56-7, 59
現実購入価格	248, 252	——法	59
牽制力	136	事後規制	115
権利の行使	279	事実上の推定	248-9, 251, 253
——と認められる行為	279		
故意・過失	246		

事項索引　　289

自主規制	60, 63	上方への垂直統合	155
市場	16	消費インテリジェンスに関する懇談会報告書	167
市場画定	125		
市場シェア	118-9, 134, 136-7, 170	消費税転嫁カルテル	36
市場支配力	10, 15, 17, 34-5, 46, 80, 89, 117, 136, 213	消費税転嫁対策特別措置法	36, 190
		商品市場	17-8
市場分割	37	情報交換	32
——カルテル	23, 41	情報提供義務	199
市場メカニズム	3, 5, 7	食料品製造業者と卸売業者との取引に関する実態調査	184
自然独占	95		
——性	92	除斥期間	42
事前届出制度	115, 120	職権行使の独立性	9, 228
下請代金支払遅延等防止法（下請法）	20, 196	審決	229, 231
		——案	231
執行管轄権	37	——取消請求訴訟	231
実施許諾	275	審査官	229
実質的証拠法則	231	新電力	97
実施料	275, 277	審判	229
実体規定	13	審判官	231
実用新案権	89	審判手続	229, 231-2
指定再販制度	175	随意契約	40, 268
私的独占	12-3, 72, 76, 78, 81-2, 115, 181, 189	遂行行為	267
		垂直型	117-8
支配	72-3, 76, 83-5, 88-90	水平型	117-9
支払遅延	196	——企業結合	133
指名競争入札	38, 40, 49, 266-8	数量制限カルテル	23
社会的規制	92	SSNIPテスト	18, 116
自由意思の侵害	188	正常な商慣習に照らして不当に	14
従業員等の派遣要請	186-7	正当な理由	62, 168
自由競争基盤	19, 186	——がないのに	14, 208
自由競争減殺	19, 222	製品差別化（ブランド化）	163
従たる商品役務	220-2	政府規制	6-7, 110
集中度	119	セーフハーバー	125, 130, 133
集中率	16-7	接続料金	107-11
住民代位訴訟	258	設備拘束性	92, 95
主たる商品役務	220-1	前後理論	254-5
受注調整	44, 266, 268, 270-1	専属管轄	231
需要者からの競争圧力	119, 134, 137, 139	専属告発	227
需要の代替性	115-6, 127	選択的流通	180
需要面で代替可能	17	専売店制	157, 169-70
受領拒否	187, 196	占有率リベート	79, 171
仕様書入札	40	専用実施権	276
状態犯	269-1	総括原価主義	98
——説	271		

総合関係	115
総合評価方式	40-1, 49
相互拘束	41-2, 84, 267, 270
──行為	24-5
──性	45
想定購入価格	248-9, 252-3, 257, 260
想定落札率	261
送配電事業	98
損害	246, 248, 250, 252, 259
──賠償	245, 247-8

タ 行

第1次審査	120
第2次審査	120
第1次石油ショック	250
第一種電気通信事業者	107-8
大規模小売業者	154-7, 182-5, 187, 191
──による納入業者との取引における特定の不公正な取引方法(大規模小売業告示)	183-4, 187
代金減額	196
対面販売	173-4, 176, 178-9
──義務	172-3
抱合せ	99, 220-1
ただ乗り	274
立入検査	229, 233
棚卸ロス原価	201
単価同調方式	268
談合金	41
談合罪	50
単純一罪	268, 270
単独行動による競争の実質的制限	118, 137-8
単独の間接の取引拒絶	213
単独の直接の取引拒絶	211-2
単独の取引拒絶	204, 212-3
ダンピング入札	41, 45
地域外顧客への販売制限	180
知的財産の利用に関する独占禁止法上の指針	279
知的財産保護制度	273, 275-6, 279
地方自治法242条の2第1項4号	256, 258
チャージ(ロイヤルティ)	198, 200
中小企業	51, 53-4
──基本法	51-2, 54
──団体の組織に関する法律	35
中小企業者	51-2
──に関する国等の契約の方針	52
帳合取引	157, 180
直接の取引拒絶	62, 208
直前価格	249, 252-4
著作権	275-6
──法	275
地理的市場	17-8
地理的な隣接市場からの(競争)圧力	128-9
通常実施権	276
適用除外	104
──カルテル制度	36
──制度整理法	36
テリトリー制	157, 175
転換率	147-8
電気事業法	96
電気通信事業法	108, 111
同意審判	169
同一地域同一運賃の原則	206
当該商品又は役務	238-9, 243-4
投入要素	273
道路運送法	100-5, 205
特殊指定	14
独占禁止法違反に対する刑事告発に関する公取委の方針	265
独占禁止法に関する相談事例集	66
独占禁止法の究極目的	11
独占的状態についての競争回復措置命令	233
特定規模電機事業者	97
特約店契約	154, 168-9, 172
独立系発電事業者(Independent Power Producer)	96
特許権	275, 279
特許侵害訴訟	277
特許制度	275
特許庁	275
特許プール	277

特許法	275, 279
独禁研報告書	170
取引拒絶	110-1, 204
取引先選択の自由	211-2
取引費用	143

ナ 行

仲間取引の禁止	157
ナショナル・ブランド（NB）	155
二重処罰	241, 245
24時間営業	202
日米構造問題協議	265
日本国憲法39条	241, 244
入札談合	23, 41-2, 47, 54, 89-90, 258, 260, 270
入札談合等関与行為	50-1
――の排除及び防止に関する法律（入札談合等関与防止法）	50
認可	205-6
――運賃	100-1, 103-5
能率競争	19

ハ 行

ハードコア型カルテル	23, 41
HHI（ハーフィンダール・ハーシュマン指数）	125, 133
バイイング・パワー	182, 193
廃棄ロス原価	201
排除	72-3, 79-80, 82-4, 88-9, 108, 110, 181, 213
排除型私的独占に係る独占禁止法上の指針	73
排除措置	235
――命令	10, 226, 228, 231, 233, 235, 237, 245
排他条件付取引	81, 157, 160, 169-71, 176, 213
幅運賃	103
ハブ・アンド・スポーク型のカルテル	31
破滅的競争（過当競争）	4
犯則事件	228, 264
犯則調査権限	265
反トラスト法（Antitrust Laws）	6

販路・顧客制限カルテル	23
被害者	245
非価格制限行為	177-8
非係争条項	278
被審人	231
非ハードコア型カルテル	23
百貨店業における特定の不公正な取引方法（百貨店特殊指定）	184
百貨店特殊指定	187
表示カルテル	36
不可罰的事後行為	267, 269, 271
不公正な取引方法	12-5, 62-3, 76, 84-5, 115, 170, 177, 278
不正競争防止法	274
不争条項	278
不当景品類及び不当表示防止法	19
不当な差別的取扱い	98
不当な従業員派遣	187
不当な取引制限	12-3, 22-3, 33, 38, 50, 84, 139
不当な値引き	186-7
不当な返品	187
不当に	208, 212, 222
不当廉売	81, 99, 110-1, 157, 189-90
不服申立て	229
プライスキャップ方式	93
プライベート・ブランド（PB）	155, 187
――商品	196
ブランド間競争	165, 168, 171
ブランド内競争	165
フリー物件	45, 47
併合罪	268, 270
並行輸入	181
米国水平合併ガイドライン	124
返品	186
法益侵害	268-70
包括一罪	268, 270
法人の刑事責任	263
法定再販制度	175
法の域外適用	37
保護法益	65, 267, 269

マ 行

マージンスクイーズ	111
前向きの技術取引	276, 279
まちづくり3法	158
見切り販売	198
民営化	91
民事裁判	245
民事訴訟法248条	254, 257, 259-1
民法709条	245, 248
問題解消措置	121, 133, 139, 144-8
──ガイドライン（Antitrust Division Policy Guide to Merger Remedies）	146

ヤ 行

ヤードスティック方式	93
安値入札（ダンピング入札）	40
優越的地位	186, 188, 195, 201-2
──の濫用	94-6, 157, 182-90, 196, 200, 203
ユーザー料金	109-11
ユニバーサル・サービス	7
輸入圧力	134, 138
輸入総代理店性	181
予定価格	45-6

ラ 行

ライセンサー	275, 278
ライセンシー	275-6, 278
ライセンス	275, 278
──契約	276-9
落札率	45-6, 257-8, 260-1
リージン判決	167
リサイクルガイドライン	68
リサイクル市場	68-9
立法管轄権	37
リニエンシー	30
──制度	242
リベート	78-81, 154, 160, 165, 171, 181, 189-91
略奪的戦略	81
流通・取引慣行に関する独占禁止法上の指針（流通・取引慣行ガイドライン）	25, 80, 164-5, 167, 171, 176-8, 180
流通系列化	156, 160, 163, 170, 174-5, 255
流通取引	152
料金規制	93, 98-9
両罰規定	262-3, 265
隣接市場からの競争圧力	127-8, 137
累進的なリベート	171
レジ袋有料化	68
ロイヤリティ	194, 198, 200, 275
──計算式	199-200, 202

■編著者紹介■

宮井雅明（みやい・まさあき）
　　立命館大学大学院法学研究科博士前期課程修了
　現　在　立命館大学法学部教授
　専　攻　経済法
　主要著書（共著）
　　川濵昇・泉水文雄・武田邦宣・宮井雅明・和久井理子・池田千鶴・林秀弥『企業結合ガイドラインの解説と分析』（共著、商事法務、2008年）
　　金井貴嗣・川濵昇・泉水文雄編著『ケースブック独占禁止法［第3版］』（弘文堂、2013年）
　　泉水文雄・土佐和生・宮井雅明・林秀弥『経済法　第2版』（有斐閣、2015年）

　　　　　　　　　経済法への誘い

2016年4月7日　第1版1刷発行

編著者 ── 宮　井　雅　明
発行者 ── 森　口　恵美子
印刷所 ── 壮光舎印刷㈱
製本所 ── ㈱グリーン
発行所 ── 八千代出版株式会社
　　　　〒101-0061　東京都千代田区三崎町2-2-13
　　　　TEL　03-3262-0420
　　　　FAX　03-3237-0723
　　　　振替　00190-4-168060

　　＊定価はカバーに表示してあります
　　＊落丁・乱丁本はお取り替えいたします

Ⓒ 2016 Masaaki Miyai et al.
ISBN 978-4-8429-1675-0